蘇格拉底靈魂論與
佛教輪迴說之比較研究

李 開 濟 著

輔大學術叢書 1001

文 史 哲 學 集 成
文史哲出版社印行

國家圖書館出版品預行編目資料

蘇格拉底靈魂論與佛教輪迴說之比較研究 / 李開濟
著. -- 初版. -- 臺北市：文史哲，民 90
面；　公分. -- (文史哲學集成；447)
參考書目；面
ISBN 957-549-394-x (平裝)

1.蘇格拉底（Socrates,469-399 B.C）學術思想
2.靈魂論　3.輪迴
216.9　　　　　　　　　　　　　　90018719

文史哲學集成 ㊷

蘇格拉底靈魂論與
佛教輪迴說之比較研究

著　　者：李　　　開　　　濟
出 版 者：文　史　哲　出　版　社
登記證字號：行政院新聞局版臺業字五三三七號
發 行 人：彭　　　正　　　雄
發 行 所：文　史　哲　出　版　社
印 刷 者：文　史　哲　出　版　社
臺北市羅斯福路一段七十二巷四號
郵政劃撥帳號：一六一八○一七五
電話 886-2-23511028・傳真 886-2-23965656

實價新臺幣 四八○元

中 華 民 國 九 十 年 十 月 初 版

蘇格拉底靈魂論與
佛教輪迴說之比較研究

目　錄

第一部

蘇格拉底
的靈魂不朽論

蘇格拉底　　　　　　　柏拉圖

第一部　蘇格拉底的靈魂不朽論

壹、緒論

　　人類對於生命的態度普遍皆是好生而惡死，對於生命充滿好奇，例如：生命有無終極點？爲何要懼怕死亡？死亡之後是什麼？它只是一種短暫的現象？亦或是另一個開端？人有沒有自我主體性（靈魂）？如果有，如何證明？

　　本篇論文試圖對生命中最重要的「東西」作一理解，這個「東西」希臘人稱它爲 φυχή，西方人稱爲 Soul，印度人稱作 Atman，佛教稱 Alaya，平常人喚它靈魂。筆者的構想

是：

1.研究主旨：不像時下所流行的「死亡哲學」或「死亡心理學」，本篇論文研究的是靈魂不朽的論證，而非死亡；筆者一直認為：生與死之間有一條橋樑，這條橋樑即是自我主體性。死亡不是生命的完結，而是另一段新生命的開始，目前所需要的是提出具有說服力的論證。自古以來不斷有哲學家與宗教人士主張人有靈魂，死後靈魂不滅；但宗教界的理由總是偏重信仰而缺少理論，哲學界的理由也未必具有說服力，若問起醫學界，則根本嗤之以鼻，因為在解剖檯上或顯微鏡下是找不到靈魂的！

有一位心理學教授曾表示：她信奉天主教，相信人有靈魂，但只要相信就夠了，為何要證明呢？筆者告訴她：這就是信仰與哲學的差別所在，哲學的工作必需要有論證，也可以說：思辨是哲學的樂趣，論證是理性的成果。筆者發現柏拉圖的「回憶論」（Anamnesis）與禪宗的「頓悟說」有異曲同工之妙，而回憶論是證明靈魂有前世的理由之一，所以希臘哲學中也有輪迴轉世、前世來生、天堂地獄之說，此與東方佛教或印度宗教很類似；妙的是希臘哲學中也提及有一條遺忘河，喝了一定量的水就會忘記生前一切事情，然後投生去了！這與中國道家故事中的孟婆、忘魂湯、奈河橋都很相似，所以引起筆者研究的興趣，不過為了顧及文體結構，儘量避免傳說性的附會，只著重於理性思考層面，嚐試在哲學範圍內鑑定靈魂不朽的論證是否有效。

2.取材標準與依據：筆者所參閱的版本有著名的 Benjamin Jowett（AD. 1817-1893)的牛津英譯本，和 Loeb Classical Library〈洛伯古典叢書〉，及各種單譯本；英譯本頁側的分

段號碼是希臘文原著的欄碼與頁碼，由Stephanus地方的學者Henricus (AD. 1531-1598)在1578年所編定，爲一般學者所通用。

　　柏拉圖的希臘文原著在西元之初由Marsilius Ficinus譯成拉丁文，十五世紀在義大利佛羅倫斯與威尼斯二次付印，此後在十九世紀完成德文版與法文版。本篇所採用的頁碼是Jowett在1871年牛津出版的全集本，在英語界它是最流行的版本，它的特點是：文字流暢、易讀，本文、引論、分析都很詳細；短處是對於原文有節略之處，多處哲學術語翻譯的不夠精確。而〈洛伯古典叢書〉是在1935年付印的，比起前者要較新，相距六十四年，它是集聚多人所完成，特點在希臘文與英文相對照，也附有引言、附註，對於原文較忠實，也可以對查原來的希臘文名詞。

　　通常研究柏拉圖著作的人都有一些共同的困惑：分不清何者是蘇格拉底的思想？何者是柏拉圖的思想？會不會老是藉著蘇格拉底的嘴巴講出柏拉圖心中所想的話？對於這種情形，學術界只好稱它是「Platonic Socrates」—柏拉圖式的蘇格拉底。

　　筆者在浩翰如海的各種相關詮釋書籍中，遍尋與靈魂學有關的著作，在確定某些只是提到「靈魂學」，或某些在「討論」靈魂不朽說之後，試圖以列舉法與淘汰法取捨較重要的資料，直接相關的著作有十部：Charmides, Meno, Craty-lus, Phaedo, Repulic, Phaedrus, Philebus, Timaeus, Laws，其餘的雖然亦有提到靈魂，但只是輕描淡寫，並非在作論證，所以在全部柏拉圖的36部著作中，只採用十部作爲佐證，其餘次要的則暫時擱置。

3.研究的態度與方向：筆者希望以理性的思辨來瞭解蘇格拉底的靈魂論證是否健全有效，因此並不預設任何立場來為自己立新說。哲學史上對於靈魂這個問題原本就眾說紛芸，唯心論者同意有心靈主體性存在，而唯物論者卻大唱反調；欣賞格拉圖的人雖大有人在，但指摘毛病的人也不少，直到近代，歐洲人也未必能接受靈魂轉世輪迴之說，他們認為這是相當膚淺的「野蠻人信仰」。但筆者發現：在蘇拉底身上散發出二種特質，一是極其智慧，二是極為虔誠，這股虔誠也有人稱它是「神秘感」，試想：一個有智慧的人同時又是一個迷信的人，不可能吧！某些具有自明性的真理能否同時也具有普遍性？生命的真理對於蘇格拉底而言，是不證自明的，但對於其他人卻未必，所以本文也試著使靈魂不朽論從自明性的層次擴及於理論證明的普遍層次。在辨析方面，盡量不牽強，不預設立場，不排斥成見非議，無論正面或反面評議都兼容並蓄，儘量做到蘇格拉底的另一項特質：「不獨斷」。

貳、本論

第一章　蘇格拉底的思想淵源

　　蘇格拉底本身沒有留下著作，我們對他的瞭解大約可從四個人的著作上著手：與蘇格拉底同時代的喜劇詩人阿里斯多芬尼斯（Aristophanes）、及三位學生兼朋友：色諾芬（Xenophon）、柏拉圖（Plato）、阿斯契尼斯（Aeschines），經過長久年代諸多學者的研究，認為只有四篇著作能可靠地提供蘇格拉底的生平資料：色諾芬所著的《蘇氏回憶錄》與柏拉圖所著的《蘇格拉底答辯辭》（附帶柯利陀篇）、《費陀篇》、《響宴篇》。在這些著作中我們發現夾雜有神話傳說、希臘傳統思想、假設性傳說、或者宗教神秘故事，除了這四部書之外，或許可以走另一條路來研究：影響柏拉圖思想的根源或許也是蘇格拉底的思想來源，譬如說，先蘇時期的思想家一定多少對於蘇格拉底有所影響。

　　雅典是個商業發達的海港，在西元前數世紀是地中海的學術中心，人們對於自然科學與哲學的研究頗有興趣，雅典因地利之便成為人才匯集、思想交流的地方，蘇格拉底在很年青的時候就認識了巴買尼德斯與季諾，又與畢達哥拉斯學派的人相交往，與智者普羅大哥拉斯、高奇亞同時代，也相互交談過；有一陣子很欣賞阿納克撒哥拉斯，而且其學生阿爾克勞斯（Archelaus）正好是蘇氏的老師；他既然知悉巴買尼德斯的學說，當然也一定知悉赫拉克利圖斯的理論，因為這二派在當時是顯學，不可能不知道。

　　蘇格拉底既然常與畢達哥拉斯學派的人來往，也不可能不熟知奧耳菲宗教，因為在當時奧耳菲和畢氏學派是合起來稱呼的：「Orphic-Pythagorean Sect」，這樣子的猜測追溯並

不違背情理，在蘇格拉底身上很明顯的擁有二種特質：高超的智慧和極其虔誠的宗教情操，如此再配合先蘇時期的史料，不難做出輪廓式的探測，以下諸章節細述之。

第一節　奧耳菲宗教

關於遠古時期的奧耳菲宗教資料很難尋找，待找到一些之後又發現它語意含混，或者不夠明確，最簡略的是百科全書，說了等於沒說；其次是希臘學者希羅多德（他的同胞稱他是謊言之父）和普魯塔克認為此教派是根據埃及的太陽神崇拜而來；因為早期的希臘向埃及學習了雕刻、工藝等多種技能，所以宗教也是起源自埃及。劍橋三一學院的學者 Cornford 卻認為是起源於波斯宗教，在西元前六世紀時波斯與小亞細亞的愛奧尼亞殖民地有接觸，故宗教在此時傳入希臘（註1），關於輪迴紀元的「Great year」則可能是巴比倫教宗教的說法。（註2）

這個宗教在起源上是二個不相干的神話故事拼湊在一起的，為何被拼湊在一塊兒？也實在令人不解：

1.神話起源

文藝女神繆斯和太陽神阿波羅（另一說是色雷斯王 Oeagrus）生下一名有音樂天份的兒子 Orpheus，阿波羅為了獎勵他，送他一把七弦琴，奧耳菲不但歌聲好聽，琴聲也悠揚，各種鳥獸都聞聲起舞。奧耳菲曾經參加戰爭，在 Argonaut 一戰的遠征中，有女妖企圖以音樂誘惑軍士們，奧耳菲以自己所奏的音樂挽救諸軍士免於受到誘惑，故被人們視作英雄。

他出征歸來後娶 Eurydice 為妻，她不幸被蛇咬死，美麗

---

1 見 F. M. Cornford:《From Religion To Philosophy》, P.162.
2 見同書 P. 179.

的妻子被死神帶走；奧耳菲悲傷至極，入冥府救亡妻，以悲傷的音樂感動冥王，冥王願意放還其妻，但得附帶一個條件：不許回頭看。在最後一道關口時，奧耳菲重見陽光之際，他惟恐妻子沒有跟隨，不放心地回頭一看，卻只見到亡妻再度被拖回冥府，自此以後他不再張望任何婦人，使得色雷斯地方的婦女大爲瞋恨，在酒神節的狂歡會上，把他撕成碎片。

　　繆斯女神把他碎裂的肢體收集掩埋起來，他的七弦琴又回到天上，成爲「天琴星座。」

　　故事的後半段是：天神宙斯與地獄之后波賽鳳生了一名私生子 Dionysious Zagreus，嫉妒的天后希拉派出泰坦巨人去殺了情婦的兒子，泰坦很殘忍地把狄奧尼修斯切割成碎塊，吞食了他，只剩下一塊心臟還沒吃完，此時雅典娜趕來搶走這一塊心臟，把它交還給宙斯，宙斯也吞下它，再造了第二個一模一樣的狄奧尼修斯；宙斯以雷電擊斃泰坦巨人，泰坦的灰燼化生做人類始祖，自此人類有二種天性：一種遺傳自泰坦的邪惡天性，另一種是被泰坦吃掉的善良的神性，這是很古老的二元論來由（註3），有原罪的概念，也有善惡二種力量，一般人常將此神話比擬爲基督教思想中的罪性根源。

　　這前後二段故事實在看不出有何關聯，唯一牽得上關係的是酒神狄奧尼修斯，後來希臘習俗中酒神狂歡節是爲了紀念他而飲酒作樂、縱慾狂歡，婦女戴上假面具、藉酒裝瘋，眞的胡作非爲，這樣的酒神又豈會是宙斯所生的兒子呢？無論怎麼說，希臘人認爲奧耳菲宗教是一種神秘傳播的宗教，其詩歌箴言都是半神人奧耳菲所作的，在西元前第六世紀時，有一位學者 Onomacrtus 將遺傳的聖歌加以編輯，到了西元前第五世紀時已經有一種「奧耳菲運動」流行，由吟遊詩人或巡迴祭司來傳教，所傳佈的教義正是奧耳菲的故事和訓誨。

---

3 資料來自：G. Lowes Dickinson:《The Greek View Of Life》, P.30.31.

2.奧耳菲運動（The Orphic Movement）

奧耳菲宗教很強調人死後有因果報應和輪迴轉世。相傳在奧耳菲所作的讚美詩中含有一種神聖的性質，具有靈感與啓發性，它對於酒神崇拜的教義、教儀、與道德都有影響：

天神之子狄奧尼修斯受苦難、經歷死亡，而又重生，暗示了人類的命運也一樣有苦難、有死亡、且將重生。

殺人兇手泰坦是人類的祖先，所以人類都有原罪。

爲惡者應當受到懲罰，所以人類亦必定受到相當的懲罰。

靈魂是從天上星辰來的，因著罪惡而被禁錮在肉體之內，但每個人的靈魂裡都含有被吃掉的狄奧尼修斯成份，都有一點不會毀滅的神性，此點足以令人安慰。

在西元前六世紀所流傳的奧耳菲運動是以德耳菲神廟發出阿波羅神的神諭，和科林斯地方的酒神教條混合而成，有時候教徒們會生食牛肉，象徵狄奧尼修斯被殺且被吃，以此再度吸收神聖的本質。不過這種儀式又經過改良，後來正式的教徒改爲吃素，不再食肉，且穿白袍，過著克苦清修的生活，這些儀式上的改變與教義的逐步發展是有關聯的。

3.靈魂理論

奧耳菲教派所主張的靈魂理論與希臘傳統奧林帕斯山的諸神信仰大爲不同，儘管教主奧耳菲是太陽神與藝術女神的兒子，或者酒神是宙斯的私生子，這個後起的宗教主張：人死後有因果報應，且有輪迴轉世的歷程。

在義大利南部的 Thurii 地方，一座古墓被考古學家發掘出一件金質盤子，其上的文字被譯出來是：

「你將會發現在地獄的穿堂左側有一道水泉，種植著一棵白色柏樹，不可靠近它；你會另外發現有一

道流水從『記憶之河』所流衍，在其前有守護者。我是大地與星光燦爛的天堂之子，我從天堂而來，你自己也知道這一點，我因飢渴而焦乾得快要死了。快點兒！給我喝『記憶之河』中流出的清涼泉水，他們會讓你喝那神聖噴泉的水。」

根據這件金盤上的銘文和其他史料相參照，可以得到以下訊息：

a. 人死了以後靈魂會進入 'Αιζηξ（Hades），這是指幽冥世界、黃泉、等待發落的所在，但不是受懲罰的地獄。

b. 人類的靈魂來自天上的星辰，你我皆然，所以奧耳菲教徒有習慣在一大早登山，在山頂上等待太陽升起；而根據希羅多德的說法是：波斯人有習慣在山頂上祭祀，他們不像希臘人那般建築祭壇，或蓋廟宇，再不然雕刻神像，他們根本不認為至上之神會有人類的形像（註4）。

c. 人類既然來自天上的星辰，本來是具有神性的，但由於犯了罪，這永恆的神性被禁錮在肉軀中，必須要過著克苦自勵的清修生神，淨化靈魂，這個靈魂才能獲得解脫；此點強調「奧耳菲式的生活」（Orphic way of Life）就是苦修式的生活。

d. 靈魂在冥府中等待判決，倘若有罪，就要受罰，靈魂按照生前的行為一再的轉生入其他生命，或者較樂，或者較苦，這種「生命之輪」轉動不息，一直到靈魂淨化為止。照奧耳菲教的說法：靈魂是被神所放逐的，是個流浪漢，它期待再度與神相結合，但是必須要等到「the

---

4 資料出自 F. M. Cornford:《From Religion To Philosophy》, P.177.

Greet year」期滿之時才得脫離苦難（註5）。

e. 動物和人類本是有血親關係的，因為輪迴轉世之故所以才有形軀的不同，所以殘殺動物等於謀害自己的親人，為了淨化罪惡，克苦度日，必要絕禁一切的肉食，不可殺生。

　　這個教派混合有希臘本土與波斯外來的宗教思想，它主張嚴謹的生活規律，取代原有奧林帕斯山諸神的放蕩邪行，提出罪惡與良心的道德觀念，宗教的主要目標是淨化靈魂。這個教派在當時的確造成廣泛的影響，至少對畢達哥拉斯、巴買尼德斯、赫拉克利圖斯、和恩培多克利斯都有啓發示的衝激，也使得蘇格拉底一再強調：「照顧你的靈魂」。

　　最直接且最著名的影響應該屬於畢達哥拉斯學派，不但接受其輪迴理論，且採行他們的生活方式，吃素、不殺生、穿白袍子，其實這些特徵都與印度的耆那教（Janism）相同，但這個問題暫時擱置不談。

　　蘇格拉底同意人類靈魂是個囚犯，有神靈看守著，不得隨意脫逃，也不可隨意自殺，他認為這是一個極大的神秘問題，而其中的奧妙他也不完全瞭解（註6）。

　　柏拉圖不認為自己所犯的罪惡可以經由神棍們獻祭唸咒而得寬恕，但同意人性之中有神聖本性的想法，也同意靈魂與肉體是禁錮的對立關係，對於道德有嚴肅的標準，對於永生不朽也懷有希望。

　　此外斯多噶學派的泛神論、苦修主義也與奧耳菲有部份淵源，新柏拉圖學派更收集了大量的奧取菲教派的相關文件資料，以此而建構自己的神學體系，當然，它的地獄、煉獄、天堂、神子之被殺而重生，也間接對於基督教有所影響，今

5 同上，P.179.
6 出自《費陀》62b。

日雖然見不到完整的奧耳菲宗教，但可以間接尋得蛛絲馬跡。

第二節　畢達哥拉斯學派

　　在畢達哥拉斯主義運動（從西元前 580 年～西元 300 年）之後，一般學者共同認爲：前述的奧耳菲宗教是希臘酒神崇拜的重整運動，而畢達哥拉斯學派則可以被視作奧耳菲宗教的重整運動。二者的主要差別是：前者掌握的重點是呈現奧耳菲的形像，而後者是屬於阿波羅的個性。從神聖情緒的感動移向理性的明智，從宗教的訴求轉變爲哲學的探討。在學生與信徒的心目中，把畢達哥拉斯視作太陽神阿波羅的化身，阿波羅是智慧的象徵，所以在西元前六世紀時 Philosophia（愛好智慧的人）與 Pythagorean（畢達哥拉斯學派）是同義語，這個名字還有一個意義：「德耳菲城阿波羅神殿神諭的代言人」，以畢達哥拉斯爲阿波羅的代言人，這二者的關連是頗有趣味的。

1.傳奇的生平

　　畢達哥拉斯（Pythagoras, BC. 580～500）是薩摩斯島人，靠近小亞細亞，父親是寶石雕刻匠，大多學者都未曾提及他的師承，只有 Ignatius Brady 在他所著的《古代哲學史》中說：他是 Anaximander 的學生，並且熟知巴比倫和埃及的學問（註 7），相傳他在年青時遊歷過阿拉伯、敘利亞、腓尼基、卡底亞、印度、高盧，他回到家鄉後爲人提供一句格言：「到外邦旅行時不要帶著本國的成見。」

　　彼時薩摩斯島正施行獨裁政體，畢達哥拉斯認爲干擾到他獨立自主的生活方式，所以向西方移居至義大利的克羅通納（Crotane），在這兒創辦學園，男女學生兼收，人數在三

---

7 見 Ignatius Brady:《A History of Ancient Philosophy》, P.37.

百人左右，生活方式如隱修院一般，嚴格訓練沈默寡言，財產要共用，彼此間忠誠，不准食肉類，禁止傷害動物，也不准砍伐大樹，衣著簡樸，生活刻苦自勵。

畢達哥拉斯有宿命通，能知道自己的過去世，他告訴門徒：他曾經有一世是妓女；也曾經有一世是希臘古代英雄Euphorbus，參加西元前1192～1183的特洛伊戰爭，當年他所用過的盔甲至今仍被保存在 Argos 的神殿內，他能很清晰地辨認出來。

有一次他經過一戶人家，主人正在鞭打一隻狗，這隻狗被打得哀嚎聲連連，畢達哥拉斯為這隻狗向主人求情說：「別打了吧！從它的哀嚎聲中我聽得出，這裡面住著一位我朋友的靈魂。」（註8）

既然畢達哥拉斯能見到輪迴的實例，也知道每個人都有前世，所以他向門徒們保證：每個人都會有一個更好的轉世，只要他們努力地修德、淨化靈魂、彼此友愛、不殘殺動物及同胞，都可以再次的投胎轉世，獲得超脫，他的教團是倫理意味極強的學術團體。

2.宗教學術理論

畢達哥拉斯是哲學家，也是數學家，他所創立的學園雖然有濃厚的宗教意味，但他的思想卻有著原創性的啟發，對於柏拉圖和亞里士多德有深厚的影響，也促進西方理性主義哲學和數學的發展。

這個學派混合有很大不同的特徵，亦因某些特殊觀念而知名，像：數字的形上抽象觀念，實用上包括天文學和音樂，淨化心靈的道德哲學，天界是靈魂的歸宿，靈魂有輪迴，行為有賞罰等等；在中世紀時他被崇奉為算術、幾何、天文、

---

8 出自《希臘哲學》，苗力田編，頁51。

音樂四科的創建人，他的黃金分割律與比例和諧被運用在雕刻和美學上，人文學者認爲他是精密科學之父，十六世紀的哥白尼認爲畢達哥拉斯最早發現地動說，反正種種說法不外乎表示畢氏確實在理性主義哲學史上佔有一不可動搖的地位，本論文只著重其靈魂論部份：

　　a.靈魂有三種功能：推理、直覺、感覺。

　　　畢氏實際觀察人類的理性功能與情感反應，發現理智與感情之間會有衝突，腦部推理思惟，直覺在胸部，感覺則在於心中。動物與人類一樣，也具有感覺和直覺，但沒有理性，只有人類獨有理性。

　　b.靈魂是不朽的，它是自動的實體，一種永恆運動的實體，類似神，所以是不朽、不滅的。

　　c.人體在死後靈魂會轉生到另一個肉體上，任何靈魂都有機會進入任意的軀體之中。

　　d.任何生命只要是被生成而存在過，它將會以固定的循環方式再次的呈現，所以沒有什麼東西是「絕對的新」的。任何事物都會和它現在一樣再度出現。

　　e.所有一切有生命的個性應該一視同仁地對待，因爲都是同類。

　　柏拉圖雖然未能親自見到畢達哥拉斯，但聽過其高徒費羅 Philolaus 的演講，而蘇格拉底也曾與畢氏學派的人交往，所以多少受到其思想啓發，譬如《費陀》和《費利布斯》二篇論證靈魂不朽的方法，就用到「自動實體」說；而靈魂三分論更是對柏拉圖有明顯的影響，進而形成他的形上學思想，低層感情的功能屬於肉體感官世界，高層理性靈魂即屬於永恆的實在界，至於畢氏的數目字哲理是否蛻化爲柏拉圖的 Idea？也是一個耐人尋味的問題。

第三節　四位先哲的可能關連

1.赫拉克利圖斯（Heraclitus, BC.530～460,70歲）

柏拉圖與赫拉克利圖斯的弟子 Cratylus 很熟，所以我們推斷柏拉圖多多少少有受到間接的影響，例如：變化與生成，眾多與單一，相反與相成，分散與集合，抵觸與諧調......等，這些對待的性質。

赫氏最著名的說法是：萬物流轉，無一物能常住，這個觀念為柏拉圖設定了現象界變化虛幻不實的想法；他認為萬物出自於一，一生出萬物；分散和集合是同一的，相反的力量造成和諧，就像一把琴與一支弓，方向雖然交叉，卻可奏出和諧美妙的樂音。

他說：

　　向上的路和向下的路都是同一條路。

　　海水是最潔淨也是最骯髒的，對魚兒來說，它能喝且是有益的，對人來說不能喝且有害。

　　不死的是有死的，有死的是不死的。

　　在圓周上起點和終點是同樣的一點。

　　生與死、睡與醒、老與少，是同一的，前者變化了就是後者，後者變化了又是前者。

這位以弗所人很強調變化的多樣性，像火苗一般地竄動，也像流水般永不止息地衝擊，他觀察到現象的多樣變遷，使人類的感覺產生不穩定的訊息。他以格言的體裁表達思想，但令人感覺太深奧，又把它貯存在神殿中，今日留存殘稿有130件，不易解讀，只能猜測他給予柏拉圖的影響大約是多變的現象世界。

2.巴買尼德斯（ Parmanedes, BC. 515～440 ）

巴買尼德斯被歐洲人尊稱爲形上學之父，他居住在意大利西海岸的 Elea 小鎮中，在學習經歷中，他受到前賢 Xenophanes 的引導，也曾跟隨畢達哥拉斯學派的人學習，有天文學的愛好。他爲 Elea 城制定法律，深受當地政府的欣賞，也獲得人民的敬愛，在當地的訴訟案件之審理都是依照他所制定的法典爲依據。他的思想特點是否定比他稍早的赫拉圖利克斯，赫氏是流動變化不穩定的哲學，而巴買德斯卻否定運動變化，主張一元的唯心論。

目前尙遺留有 160 節的哲學詩作，據他自己說：有一位女神交給他一份啓示錄，裡面說的是：萬物是一體的，運動、變化、發展都只是表面現象，不眞實，是不可信賴的，只是感官的幻相，在多變的幻相之下，實在存有著一個不變、不動、不可分的靜止之「一」，這是唯一的存有，唯一的眞實。

外在世界的始與終、生與死、形成與毀滅都只是形式，眞正的實體是不開始也不結束的，沒有生成變化，只是靜靜地存有。

他認爲：

「存在的東西無生無滅，它完整、不動、無始、無終，它既不在過去，也不在將來，而是整個地在現在，爲單一且連續……它要麼永遠存在，要麼根本不在。

存在的東西怎麼能滅亡呢？又怎麼能生成？如果在過去或將來生成，那現在就不在，所以生成是子虛烏有，滅亡同樣不可名言。」（註9）

這種意見如果應用在人的靈魂上，將是不難理解的，靈

9 見苗力田編《古希臘哲學》，頁856。

魂旣已經存在，就不會消失毀滅，且永遠存在；不難猜測巴買尼德斯對於存在的觀點予以蘇格拉底或柏拉圖論證靈魂之不朽是有強勁基礎性的，因爲在邏輯理念上講，多變的表象之下的確要有一個穩定不動的底基存在，否則表象之變動從何而來？

他有另一首哲學詩如此寫道：

「同一件事旣存在又不存在，事物若於此地存在就不會在 Libya 城，那些存在於 Libya 城的就不會在 Cyprus 城，依此類推，萬物皆如是。所以說每件事物同時旣在又不在。」（註10）

這種同時看到事物的二面眞相與印度耆那教的知識論很相像，不過耆那教認爲同一件事物可以有否定面、肯定面、不確定面共七種可能性，巴買尼德斯的這種客觀觀察法在當時被衆人稱爲「智者術」，多少予人以困惑，蘇格拉底年青時（約 BC. 450 年前後）見過巴買尼德斯，在思維方式上，或多或少會有一些影響吧！

很確定的是柏拉圖的確對伊利亞學派所提出的辯論困惑過，他在著作《巴買尼德斯》、《西亞特得斯》、《智者篇》等中都表現出，他所瞭解的是：此派的基礎根源是建立在邏輯上，而非宇宙論的困難上。

柏拉圖的貢獻在：把赫拉克利圖斯的變化流動論與巴買尼德斯的至一不變論綜合起來；他提出假定：有二個世界，一個是經常有流變的感覺世界，另一個是統一的觀念界，無法爲感官所見，卻可以由思想得知。更進而他衍申出表象的不確定意見和實體的眞實知識是有所區分的。

---

10 摘自 Jonathan Barnes:《The Presocratic Philosophers》, P.169.

3.亞納克薩哥拉斯（Amaxagoras, BC. 550～428）

　　亞納克薩哥拉斯是一位自然哲學家，對於宇宙自然有純然的興趣，爲了探索日月星辰及繪製天體圖，不惜傾家蕩產。他是小亞細亞附近的 Clazomenae 地方人氏，二十歲時來到雅典，他提出「心智」（Nous）一詞，解釋宇宙的開展是由心智掌理秩序，使混沌一片趨向有秩序的運行結構，在當時大家給他取的綽號就是「Nous」。

　　柏拉圖的《費陀》篇中蘇格拉底承認自己在年青時代很爲亞納克薩哥拉斯的心智之說著迷，心智是一切自然法則的根本，也是人類行爲整治的根源，然而二人的性向與興趣不同，蘇格拉底對於自然科學沒有多大興趣，而亞納克薩哥拉斯卻不斷地說到星系旋渦、地水火風、隕石元素、萬物種子……蘇格拉底對這些沒興趣，所以自我解嘲地說他毫無自然科學的頭腦（註11）

　　亞納克薩哥拉斯的衣缽傳人阿爾克勞斯（Archelaus）正是蘇格拉底的老師，約從十七歲時開始，後來當沙摩斯島叛變時，雅典派兵封鎖該島，蘇格拉底與其師共赴戰役，一齊去過沙摩斯島。根據史家研究，蘇格拉底確實是阿爾克勞斯學派中的一員，爾後亞納克薩哥拉斯在西元前 450 年被迫逃離雅典，由阿爾克勞斯接掌學園；待阿爾克勞斯退休之後，雖然沒有任何紀錄說蘇格拉底是繼任人，但事實上蘇格拉底身邊總是聚集了一群年青人，他走到哪裡，這些年青人就跟到哪裡，所以在《自訴篇》中難怪有人要控告他教壞年青人；無風不起浪，蘇格拉底一輩子是與這個學園多少牽扯上關係的！

　　蘇格拉底認爲亞納克薩哥拉斯的心智在人生哲學方面派不上多大用途，只不過是些粗糙的物理學揣測，但這個心智

11　此段可參考《Phaedo》96b～99c.

卻對於柏拉圖多少有些啓發，例如《弟買伍斯》和《法律》二篇，用來解釋這個世界的運作、安排、秩序的規劃，對於後來的新柏拉圖學派也有些許幫助。

4.恩培多克里斯（Empedocles, BC. 493～433）

恩培多克利斯是 Gorgias 的老師，是西西里島上 Acragas 城人，他曾經在畢達哥拉斯學派中待過一段時日，可能是因爲洩露一些神秘教義而被開革。雖然離開該學派，卻仍然奉行教中戒規，不食肉類、不碰觸豆子，深信輪迴轉世之說，勸告人們應當禁絕婚姻、生育，晚年時是一位虔誠的傳道者。

他既是哲學家也是醫生，留有著作《論自然》和《淨化》五千行詩文，《論醫學》六百行。在思想上他是一名綜合家，認爲每一個學派都有其道理，在他之前的泰利斯說萬物之根原是水，赫拉克利圖斯認爲是火，亞納克曼尼說是氣，恩培多克里斯認爲都有部份道理，但尚不是全部，依他看：宇宙中有形物體的元素應該是火、水、土、氣，四種根原，它們是永恆的，藉著混合與分離才發生各種變化，真正運動的本原是愛和鬥爭，四種元素在愛與恨的作用下時合時分，故在數目上有六個，它們之間有順序排列：愛→火→水→土→氣→恨（註12）

愛與恨是抽象的心力，也隱含有另一種意義：愛是善事物之因，恨是惡事物之源；愛能形成結合，是善的原理，恨會造成分裂，是惡的原理。

由於他能見到自己的前世，知道自己曾經是童男、是少女、是一叢灌木、一隻小鳥、和一隻深海中的大魚，如此又再印證了四大元素之說：男孩、女孩、和灌木是土、小鳥是空中的氣，那隻魚是水，人類的轉生投胎過程也與四大元素

12　見 F. M. Cornford:《From Religion To Philosophy》,P.233.

相配合。

由於他在當時是名醫，應當見過許多生理上或醫學上的怪例，這些事在二千五百年後仍然令人覺得不可思議，他記載道：

「有許多動物兩面都有臉，兩面都有胸，還有人面牛形，牛首人身的東西，更有雌雄一體，半男半女的生靈。」（註 13）兩面都有臉的可能是連體嬰的變形，至於雌雄一體、半男半女是陰陽人，而「人頭牛」、「牛頭人」可能是違反倫常所造成的。

他很清楚地說：「他是被神所放逐的流浪者，靈魂的過程也有愛與恨，分與合，起始於與神的分離，將結束於與神的結合。」他所認為的神是無形無象的，不能以眼見，不能以感覺觸碰，是純然的心靈體。他反對食肉類，因為這是同類相殘的行為，他相信所有的人都曾經是神，因為犯了罪而被轉世為人，他能在靈魂中感覺出自己生前神聖的本質，很確信自己是由神所降生。

恩培多克利斯的物理學與倫理學可以很融洽地結合成一種神學：宇宙中有神聖的力量控制萬物生成變化；人世間有神聖的力量掌控人類靈魂與其輪迴的命運，必須淨化靈魂，才能與神聖的根源再度結合。

13　見苗力田編《古希臘哲學》，頁 117。

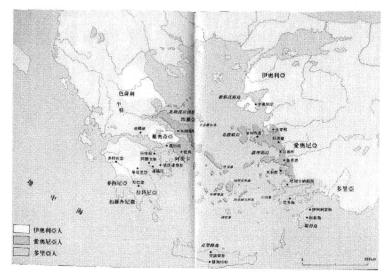

希臘移民圖

第四節　神諭的使命感

蘇格拉底在《自訴》篇中對五百位法官表白：神諭指點他，付予他使命感，讓衆人瞭解「照顧靈魂」的重要性，若要他放棄這項使命，就等於要他違抗神旨，他是寧死也不從的！所以沒有一件事能阻止他執行這項使命，換言之，他是寧願死也不肯閉上那張嘴。

這段事件的來龍去脈記載在《自訴》篇的 20e～22a，好朋友 Chaerephon 跑到著名的 Delphi 神廟去問阿波羅神諭，對於神諭，筆者作了相關的研究：

希臘人民族性雖然多疑、善變，卻對於占卜和星象、解夢、神諭著迷得很，每逢出發征戰前，一定會請一大群祭祀者、占卜家、預言家來研究一番；在當時各個家庭、軍隊，

甚至於政府朝廷專門僱用職業預言家是不足為奇的，雖然將軍們未必十分虔誠，但幾乎所有希臘人都一樣的迷信，也因此會有某些哲學家因為說出「太陽只是一堆燃燒的石頭」而被判處死刑！

希臘各地都有神廟，但神廟中的神諭有二處最出名，一是 Dodona 地方的宙斯廟神諭，另一處即是與蘇格拉底有關的德耳菲地方阿波羅廟的神諭。不但希臘本地人來此請問，外邦人甚至於羅馬也派遣使者專程到此來請求神諭。

阿波羅神廟中有男祭司也有女祭司，其中選擇三位特別有靈通力的女祭司加以訓練，三位當中某一位擔任主事者，才特地稱為 Pythia，並不是三人都叫 Pythia。

在神殿的下面有一口地穴，常年噴出一股氣體，傳說是古代阿波羅殺死一條蛇，正在此地穴中化解；在此洞穴的裂縫之上安置一只三腳高高的凳子，這隻高腳凳象徵著宇宙的神奇力量；當主事的 Pythia 坐在上面時，口中要嚼著有麻醉成份的月桂樹葉，鼻子裡嗅著地下冒出的氣味，或許受到類似催眠的作用，精神呈現恍惚狀態，可能受到神明的啟示，說出一些話語，由一側的男祭司作解譯員，回答給發問的目睹者。附圖中的上幅是阿波羅做示範，親自坐在神凳上教女祭司；下幅是 Pythia 坐在神凳上，聆聽阿波羅的教誨。

通常宣佈神諭時的聲音都很美妙、悅耳、溫和，予人一種主導的力量，大多神諭都指導人節制修德和政治智慧，為希臘人提供寶貴的教訓，也協助制定法律，鼓勵解放奴隸，對於希臘各城邦提供相當的道德良知與教化。（註 14）

神諭的內容對於蘇格拉底有絕對的影響力，這件事情的發生約略是在他 38 歲之前，也就是伯羅奔尼撒戰爭（BC. 431~404）之前，當然，蘇格拉底也不至於天真的以為自己眞

14　參考 Will Durant 著：《希臘的興起》，頁 282～283。

的很聰明，而是他很誠懇地坦誠自己實在無知，承認無知確實比自大狂要高明些！神諭帶給他責任使命感，使他想從實際生活面來印證阿波羅所講的神諭究竟是眞還是假？他這種務實的態度很耿直，卻也爲自己招來怨恨，他先從上階層的政治家中去找，找不到眞正有智慧的人；接著又在詩人中找，也失望了；後來再到商人與工匠中去找，結果依然。找不到也就罷了，旁邊跟隨的那一大票年青人在看到知名之士或名高望重的長者受窘受難堪之際，紛紛哈哈大笑，令那些政治家、名詩人、有錢人皆心中懷有怨恨，乃至終於爲他招災惹禍。

　　在今日看來，神諭也不完全圓滿，因爲一個眞正有智慧的人是不隨意惹人怨恨的！

圖畫中刻了手連神身刀羅的三腳座椅，自耳阿波羅及其女祭司覺坐的地方，有誰人在神殿重大決定以前，必先請求神示。

Delphi 神廟 Pythia 聆聽阿波羅的教誨

第二章　蘇格拉底方法論

通常學者們在論及蘇格拉底的辨證方法時，一定會引用亞里士多德的權威之語以作詮釋：

> 「有二件事情應該歸功於蘇格拉底－歸納論證與普遍定義。這二件事都與科學的起點有關。」（見亞里士多德《形上學》第八書第三章，編號 1078，第 27~30 行）

其實亞里士多德的這種評價雖然有理，卻有待添加說明：蘇格拉底雖然愛用歸納論證，並不顯示他愛好邏輯學，只不過以歸納論證作為他的方法，以取得普遍性的定義；有時候談了半天卻也得不到一個結論。其實，他亟亟欲取得普遍定義是另有一目的：在他認為年青人不必急著學習辨論術，而是應當先根植正確的思想在心中，有了正確的思想才能有善良的行為，缺乏正確思想而偏又懂得辨論術的人，會淪於詭辨，做起壞事時更是變本加厲（註 15）。可見他的真正動機是倫理學，辨證只是方法，是為了得到真正的普遍定義。所以嚴格說來，定義是論證的目標，亞里士多德所說的二件事不宜分開來看。

第一節　廣義的辨證法

一般人所說的「蘇格拉底的辨證法」與後來柏拉圖、亞里士多德乃至於斯多噶學派、黑格爾的辨證論是不同的，他的辨證法其實就是「對話法」，當時在雅典流行的談話方式不外乎二種：一是長篇大論的演講，以表現個人的豐富辭藻，

15　見 Xenophone：《追思錄》卷第四，三節。

修辭的優雅美妙與文思才華之敏捷；另一種是一問一答往來反覆的交談。談話能提供人興趣，正猶如富人家在宴會中花錢請歌女來唱歌是一樣的，這些有錢人缺乏學問與口才，所以只好花錢請人表演；然而文人雅士是可以自己一展長才的，提供眾人娛樂與獲得景仰。

蘇格拉底的論證法也不全然是歸納法（Inductive），他也做了許多的分析論證（演繹法 deductive），類比論證（Inductive Analogies），有時候用直接論證，如感官經驗之自明性；有時候用間接論證，這間接論證就是爭議之所在，有人稱它是歸謬論證（reductio ad absurdum）。蘇格拉底的歸納法並非從個別判斷的真實性推論出一般判斷的真實性，也不是自然科學或社會科學中推論因果關係的狹義歸納法，他只是專門注意倫理概念，分析個別特殊的倫理事實行為，以確定普遍的倫理概念或定義，他的歸納過程一切是為倫理概念尋找上層的普遍共相，歸納過程只是定義的手段，定義是歸納的目標。當然，蘇格拉底的對話法對於柏拉圖是有啟發作用的，後者發展出「分」與「合」的概念形式，但實際上前者的方法比較簡略，也比較主觀，所以有人稱之為「主觀辨證法」，或者「廣義的辨證法」。這種辨證法也不是蘇格拉底發明的，在他之前早已有人使用，至少芝諾是個實例。

1.來　　源

依照 Protagoros 的說法，「智者術」（Sophist's Art）的由來已久，它是一門很古老的技藝，古代老早有人實施它，但又懼怕人言，所以改變形式成為「文學詩藝之類」（註16），真正的起源於何時已不可考了，但可以確定的是：蘇格拉底認識芝諾（BC. 490~430），依照亞里士多德的說法：

---

16 出自柏拉圖：《Protagoras》316d。

是恩培多克利斯發明修辭學，芝諾發現辨證法（註17）。

芝諾的方法又稱爲 Puzle 或者 Paradox，是故意以某種無法接受的結論來駁斥其理論，最著名的例子是他爲其師巴買尼德斯辯護「一」的理論，其方法就是證明「多」之不可能，一與多既然相反、相排斥，那麼證明「多」之不可能即隱含承認只有「一」才正確。根據柏拉圖對話錄《巴買尼德斯》篇127b、c、d、e：蘇格拉底年輕時期聆聽芝諾的演講，他聽了一次尚覺不夠，要求主講人把第一篇論證的第一道假說再重講一次，然後他發問：「……你的意思是不是說萬物不是『多』？你是否把你的每一個論證都當作結論的證明？你文章中的每一個論證都只是用作證明『多』不可能存在？我這樣瞭解得當嗎？」

可以發現蘇格拉底不但聽到了「結論」，他更注意到論證的手法；爾後蘇格拉底也用相似的技巧，他不急著否定別人的意見，而是不慌不忙地假設對方的立論能成立，接著他構思根據這樣的立論將會發生如何荒唐的結果，如此一來對方的立論就顯得有矛盾而不能成立。

2.反諷法

蘇格拉底的譏諷法（Ironical way）是很有名的，起先他很誠懇地承認自己無知，雖然無知但仍很努力地尋求答案，請對方「有以教之」；他向人們發出各種問題，要求確切的答案，但他很狡滑地讓自己不會受到對方的盤問，因爲他總是先承認自己無知，以封住別人的口；等到別人試著摸索出一個可能的答案時，他又反應很快迅地爲人推理出下一步可能的荒謬結論，如此會令對方愕然，好似掉落入一口陷阱中，而這個陷阱還是自己挖的；通常這種譏諷法一定有一個荒謬的結論，讓隨侍在旁的年輕人幸災樂禍，也讓當事人感到快

17　參考《古希臘哲學》，頁92。

然沒趣，所以文學上稱之爲反諷法。

3.假設法（Method of Hypothesis）

比較晚近的學者在研究柏拉圖思想時，大多愛用語言分析法和邏輯學做研究，像 Kenneth M. Sayre 作有《Plato's Analytic Method》，裡面列舉假設法有二條路：向上與向下（The upward way, The downward way）有 collection 和 division，比較著重邏輯趣味；本文所謂的假設法只是扣緊蘇拉底對於倫理學和認識論上的樸素原則而發。

他先從某一命題開始，姑且假設它爲眞，蘇氏自己會說：「如果此一假設成立的話，再接下來是什麼？」這是初步假設；再依此初步假設推演出可能的結果。其實在推論之前應當先檢證命題之眞，如果命題是眞，且推理健全，則結論也眞；萬一命題是假，而推理健全，則結論有眞有假，就會鬧出笑話。而蘇格拉底卻故意不先追究命題之眞假，反而假設它是眞的，順此推演下來，無論答案是什麼都把它視爲眞，與此相違者視爲假，這時就會發現推理與事實不相符，而全盤推翻，只好再重頭回到開始的地方。

蘇格拉底把假設的命題當作辯論的出發點，也是參與討論者的共同論據，如果結論是受人非議的，那就要再換一個比較根本、比較不受人非議的假設命題來，他在《費陀》篇101d、e中教導年青人：「掌握你自己的假定命題，接著讓你的答案要跟隨它；萬一有人吃緊了你這道假設命題，那你就別去回答他，一直到你仔細考慮清楚它的結論是否能正反二面都相互一致。當你必須要設立假定命題時，你就得順勢發展，盡量多多揣摸於你最有用的命題解說，直到你找到一個最滿意的。」

這種假設法中還含有多方嚐試的不斷試練，所以我們看他的對話錄中，往往一道問題一來一往得相當長，似乎在引導對方思考；他不直接講出答案，而是讓對方一步一步地推

理；前題的設立未必保證有答案，中間的思惟過程往往更精彩，更引人入勝。以今日的教學眼光來看，蘇格拉底的對話法正是「啓發式」的思考方法。

4.辨證法 (Dialectic)

照德國學者文德班（Wilhelm Windelband）的說法是：蘇格拉底所用的歸納法很孩子氣的簡單，也不完備；它缺乏專家的謹慎，也欠缺方法學的週詳考慮（註18）。

蘇格拉底有自己的一套歸納法，除了歸納以外尚有演繹推理，但畢竟沒有制定完整的邏輯學說。在與人攀談時，他總是主動地要求對方給一個名詞下釋義，他審查這個解釋，通常藉此以揭露其缺失；他又繼續引發問題，使得釋義更爲充實完美；但是他通常扮演督促者的角色，他本身不肯下達這樣的定義。有時候他朝向一個概念發展，有時又展開一長串特殊情況的調查，用以發掘另一項觀念；由於他愛好日常生活中的實務，舉例常用到：馬鞍舖子、補鞋匠、搔頭皮癢、老鼠的生涯……這會予人很雜碎的不雅觀感，怎麼談論哲理時牽扯這些無聊的事物呢？

蘇格拉底的思維型態是有條有理的，他不但能刁鑽古怪地一問一答，也能作長篇大論，喜歡先分類事物的性質，而後再做比較。在他來說，他這種追問不捨的態度是「詳審」（Scrutiny），細心地辨別事物的一種藝術，也是「產婆術」，爲柏拉圖的辯證法奠定下基礎。其實前面的假設法正是他辨證的方法，是一長串的過程，而非後來發展出的「正、反、合」三段式論證法。

---

18 出自 W. Windelband：《A History of Philosophy》, P.97。

5.定義

蘇格拉底在推演倫理概念的定義時，會用到種概念和屬概念，他發現：若要給某一概念下定義，就要尋找一個更寬泛的上層概念，即是共相。對話的過程中可能從一個不恰當的定義再發展向比較恰當的定義，也可以從個別的事件中設想出一個普遍的定義，但是有過程卻不一定有結果，有時候是達不到確定目標的。論證的過程一定是從個別物到普遍物，從不完美到比較完美，例如定義何謂虔誠？正義？勇敢？善？友誼？美？……等等。

蘇格拉底每每在與人交談時，對方向他請教問題，他不直接回答，反而教人先為自己的名詞下定義，這是因為他有一種認定：一個人要能先知道事物的本質，然後才能向其他人解釋明白；不知道事物本質的人，不但自己犯錯，也帶引別人犯錯，所以他有習慣先在談話開始時，先敲定本質定義，不厭其煩地一而再、再而三地尋思；萬一不成，又再回到基本問題上，務必要使對方覺得概念清楚了，才再深入問題詳談；他認這是最穩當的方法，也可以說，蘇格拉底的個性有穩打穩紮的踏實作風。

從前面的敘述來看，蘇格拉底的辨證法可以細分作數個步驟：反諷法→假設法→辨證法→定義。前階段是後階段的先決條件，後階段不可能單獨存在，必須要有前階段為發展基礎，所以這些方法是一大套程序當中的一部份，彼此相關。

第二節　態度是智者術亦或接生術？

究竟蘇格拉底是不是一位懷疑論者？從他的行徑來看，他會晤過智者學派的諸多哲學家，像：Parmanedes, Protagoras, Gorgias, Prodicus, Hippias, Thrasymachus，這些晤談的經過都重現在柏拉圖的對話錄中，必定取信於當時人，沒有缺陷指證這些記錄是虛假偽造的；他的個性又固執而好辯，十

分善於提出巧妙的問題，擾亂別人的信念，但自己又提不出更堅定的信念；他可以指出諸多答案的不適當，但卻說不出什麼才是最適當的；他知道所有的問題，可是答案卻一個也沒有。他除了知道人容易犯錯之外，對任何事情都不敢確定，也沒有一套堅定確實的教條理論，這實在惹火了當事人。

Hippias 對蘇格拉底還擊回去：「除非你自己先清楚地說出『公正』是什麼，否則你是不會聽到我的答案的！你取笑別人，盤問責難又質詢考驗所有的人，自己卻不肯講出一個道理，也不說清楚對事情的看法，我實在受夠了！」（註19）

可以看得出來，這位智者學派的著名人士，他本身學問淵博，口才很好，但已經對蘇格拉底失去耐心了。

另一位年青人 Callicles 在《Gorgias》篇中與蘇格拉底針鋒相對：「一個人若是沒膽量敢講出自己的想法，那他就是被逼得自我矛盾；你老是要這種技倆，在談話中玩得很不漂亮，別人以傳統的立場來討論，你就偏偏要問自然科學的定義；要是人家在談自然哲學，你又倒過來問別人傳統性的說法……。」（483a）

Callicles 很冷靜地發現蘇格拉底在玩弄技倆，常在不知不覺中轉移論點，令得對方發窘，後來不止一次地與蘇格拉底發生口舌之戰，索性他乾脆地說了：「可不可以爽快一點？你一個人自問自答，你愛問什麼，就自己講出答案來，別牽牽扯扯的！」（505D）

那些討厭他旳人認為他否定每一個答案，但自己一個答案也沒有，他試圖著手澄清觀念，但等到結束時，觀念比先前更加模糊。若有人機靈地反問他問題，蘇格拉底會更機警地把答案用另一個問題來代替，即使他答應對方「只答不

---

19 出自 Xenophone：《回憶錄》卷第四，第四節。

問」，但他的承諾維持不了多久，又依然故我；如此看來，他的談話方式其實與其思考方式有關，他不承認他是 Sophist，儘管雅典人認為他是詭辯學家，蘇格拉底坦承這一招是學自他的母親 Phaenarete，還教 Theaetetus 幫他保守秘密，別講出去！

在柏拉圖對話錄《Theaetetus》中寫得很傳神，蘇格拉底以類比的方法做了比喻：

1. 他自己是接生婆，專門為思考真理的人接生。

2. 接生婆是為別人接產生，可不是自己生；所以他幫助別人思索真理，自己無所生產。

3. 思考期猶如懷孕期，有蘊釀、有陣痛；生產時生理上既有痛苦，同理，思考時精神上也一樣有痛楚。

4. 生產過程中生理的陣痛有時是假象，並非真的要臨盆生孩子。
   思考時精神上的錯誤幻覺也只是假象，不是真實的真理。

5. 助產士必須為不良的受孕做流產的工作。
   蘇格拉底也必須為學生澄清概念，刪除掉不正確的意見。

6. 人性之常會有捨不得的反應，產婦流產時會發怒、會傷心，對著助產士大吼大叫，還要咬人。
   與蘇格拉底談話的人也會有情緒反彈、受困窘，對他發怒、惡言相向。

不過最後蘇格拉底保證：他這份「助產士」的工作是上天指派給他的，要幫助別人產生智慧，而神性是從來沒有惡意的！他對於工作也盡忠職守，決不允許愚蠢來欺壓真理（註20）。

---

20 參考 Plato：《Theaetetus》, 150c～151d.

　　這段話既傳神又感人，蘇格拉底其實是「眞理的鬥士」，爲了護持眞理而幫助年青人展開智慧，他承認這種看似「詭辯術」的方法應當是「接生術」，事實上他與當時的「智者學派」也有所不同：

1. 他拒絕收學費，因爲眞理不是他能給予人的，而是別人自己發展出來的，他只不過在一旁「催生」罷了！

2. 他並不刻意重視修辭，此點與一般的智者作風不同。

3. 他重視道德哲學，可以說他最關心的是「人」，做人最重要的是立身處世的品德，品德比其他知識更爲珍貴，品德是靈魂的內涵，靈魂是理性智慧與德性之所在，人生最重要的事是「照顧你的靈魂」，意謂理智地思考與善良的修德。

4. 他不崇尙空談，不好漫無邊際的玄學，他認爲學習知識要掌握某種實用的程度，譬如學幾何，不必學到難以辨認的程度，只要能夠正確地丈量土地、分配土地、收回、出讓土地等一切工作便足夠了。又如學天文學，不必多花心思在天體、軌道上，只要能知道時刻、晝夜、遠行、航海、守夜、打獵等工作也可以了，不必虛耗時間在與實際生活不相干的事務上。這一點又與智者學派的純理性趣味不同。

　　他與智者的差異至少有這四點可以做證明，所以他的狡獪只能說是「接生術」，而非智者術；他把眞實的定義視作接生的結果，思辨的過程是分娩的手續；想想！他一定很細心地觀察母親的工作歷程，他得自於母親的「心法」、「秘訣」，一定受用無窮，也可以體會到他如何忍耐他那著名妻子的潑辣，這其中的寬容可能得自於對母親的懷念與感恩！

第三章　柏拉圖著作篩選

　　如何精確地辨認「真實的蘇格拉底」思想，在過去一直是個棘手的難題，在未來，相信也一樣不可能！學者們努力於辨認正確的蘇格拉底哲學旨趣，採行有各式各樣的方法，然而所得的結論依然是懷疑加上不肯定。本文先從蘇氏弟子身上著手，看看有幾家資料？在柏拉圖以外是否還有其他管道可以得知蘇氏思想？

第一節　資料辨認

　　在蘇格拉底的年代，雅典正流行著戲劇，而非散文，所以蘇格拉底本身未曾留下自己思想的記錄；在他生前由於出名而出現在三位喜劇作家的作品中：Aristophanes 和 Amipsias，在西元前 423 年把蘇氏當作笑柄，放在滑稽戲中以增強逗趣效果；Eupolis 在西元前 421 年也在笑劇中加入名人蘇格拉底以與觀眾同樂；如今這些劇本只有 Aristophanes 的《雲》被保存下來，這是唯一在蘇格拉底生前論及於他的資料。

　　蘇格拉底去世以後有三個人對其師作有記載：一是陪伴蘇格拉底赴刑時親自在場的 Aeschines，此在《費陀》篇 59b 有記載，他對其師所作的斷簡殘篇被後人認為是最精確的蘇氏形象，只可惜資料太少。

　　二是當時 32 歲的將軍 Xenophone (BC. 431~354?)，他留下的作品有十四篇，其中關於蘇氏的是《回憶錄》與《自辯詞》（註 21），在他筆下的蘇氏個性平實、忠厚、誠懇，是個護衛道德的好好先生，對於不符實際的思索和純科學知識

21　見克舍挪方著《蘇格拉底追思錄》附錄三：作品名稱表。

認為是無用的。

三是柏拉圖，當時 28 歲 (BC. 427～347)，他的著作至今完全保存下來，因為當時已有學院存在，他的全部對話錄手稿都被弟子們妥善地加以珍藏，不但沒有流失，反而更增加，這是某些疑偽作品添加所致。柏拉圖筆下的蘇氏是個神秘學家、思想家、兼詩人，有很確定的形上學思想，常作抽象性思維，他倒不像 Xenophone 所說：蘇氏常與凡夫走卒聊天，而是只跟有教養的哲人智士辯論，這二種形像究竟哪一種才是真實的面貌？

學者們認為：要是蘇格拉底真的像大將軍色諾芬所描述的那麼平板老實，就決不致於勞師動衆地要五百人當法官來投票賜死於他，最適中的方法是：以資料豐富的柏拉圖說法為底本，再用色諾芬的說法作修正，把柏拉圖式的才氣煥發、玄思入微的蘇格拉底拉回到現實人間，使他恢復一些人間的凡俗氣味，再除去他的天才，所剩下的「柏拉圖式的蘇格拉底」才是比較可信的。

我們也可以從反面來看：蘇格拉底若真的像色諾芬所說的那麼平凡、瑣碎，就不致於吸引如此多的年青人跟隨他學習，也不致於四處嘻嘻哈哈地嘲弄於人，讓大夥兒開心！這些靈巧聰慧的一面讓善於觀察的柏拉圖描述出奇異的資質，以文學戲劇的手法表現出來，只能說色諾芬的洞察力不如柏拉圖，在文學天份上也差了一截！

至於二人所記載的內容沒有什麼大衝突，多半是相符合的，甚至於色諾芬還會引用柏拉圖的對話錄《費陀》篇，這表示至少色諾芬認為真實可靠所以才會採用。

根據傳統的觀點，有些話的確蘇格拉底未曾說過，而是柏拉圖藉著他最敬愛的老師的口中道出來的，為什麼他敢這麼做？因為柏拉圖判斷，蘇格拉底既有的思想若再發展下去，應當會得到這樣的知識論與存有學的諸種理論，他以數學推

演的方式，推衍出他老師將說而未說出的話，這也是一貫相
承的思想，可以視作是蘇氏教誨的後續發展，不算是捏造。

第二節　十二項差異與著作分期

最早的目錄學家把柏拉圖的著作加以分類的是西元前三
世紀的拜占庭人士 Aristophanes，他把 36 篇對話錄分作三大
類，後來隔了二百年，在紀元之初又有一位人士 Thrasyllus 把
柏氏著作分劃作四大類，或九組，此後大都不出此二種分類
法；三分法是前、中、後三時期，四分法是：蘇格拉底時期、
轉變期、成熟期、晚年期。

辨別柏拉圖的著作真偽與辨別柏拉圖與蘇格拉底的思想
界限是二回事，先從範圍寬廣的柏拉圖著作說起。

通常判斷要有標準或證據，證據可從二方面來看：

一是內在證據（Internal Evidence）：要從柏氏著作的內
容中尋找，經由a.文字措詞用語，b.當時流行的成語風格，c.
文理結構，d.柏拉圖自己的文筆風格，e.柏拉圖的思想內容，
經由這五種角度以為考量。

二是外在證據（External Evidence）：倚重亞里士多德的
著作，有一些是他直接徵引其師的著作，並討論內容；有一
些只提到名稱，作間接引用；或者引用而未標明出處。在判
斷的外在證據上，亞氏佔有關鍵性的地位，因為凡是經由亞
氏徵引過的文章，應當是真實的柏拉圖著作，這是相當可靠
的來源之一。

柏拉圖的寫作生涯前後長達六十年，在這一甲子之久的
期間，寫作風格與思想內容不可能一成不變，在所有較早期
的對話錄中，蘇格拉底一直是談論場合的峰頭人物，但常常
無甚結論，留給參予者一份自由構思的空間。

在較晚期的對話錄中只有《費利布斯》蘇氏仍然是談論

問題的領導人物，除此之外就有轉變了：在《詭辨家》、《政治家》、《弟買伍斯》中他雖然有出席，卻未參加討論，《詭辨家》與《政治家》中的政治理論學說是由一位從伊利亞來的客人說出的，《泰買伍斯》中的自然學說是某一位畢達哥拉斯學派的人所說的，《法律》一篇是柏拉圖死後才出版的書，內中沒有蘇格拉底，而是由一位雅典的不知名人士說出。

看得出來，柏拉圖在晚年的著作中風格有所改變，從前巧妙曲折的戲劇性佈局不見了，特殊的個性化角色也沒蹤跡，代之以沈思健全的結構，圓熟深奧的哲理；我們能夠得知的是：

a. 在柏拉圖所有的著作中，篇與篇之間有思想發展的先後脈絡，此種連繫是不可否認的。

b. 在時間上當然有先後順序，柏拉圖著作的時間有前後之異，事件發生之當時也有先後之別，所以「著作時間」與「事件發生」時間是二回事，是二套系統。

c. 語錄本身有寫作風格的變化，今日以文體變化作為研究方法稱 Stylometry Investigations，有時運用辨證法，有時不是，代之以個人思想之直接敘述。

d. 語錄中人物有主導性與配合性，有時具稱人名，有時不具人名；有時蘇格拉底會出現，有時他根本不在。

e. 有些對話錄有高度戲劇性的曲折起伏，像《費陀》和《饗宴》，有些平舖直述地在說理，像《巴買尼德斯》、和《西亞特德斯》。他的思想內容有的著重理型論，有的發展靈魂論，更有的推展政治抱負，對於 36 篇著作來說，雖然確定的順序無可考，但相信其中是有脈絡體系的。

以下根據大多數學者的意見，採擇最廣為人接受的方案，分作四期簡述如次：

第一期：蘇格拉底時期，相當於柏拉圖 40 歲以前，以初次赴西西里島為劃分點，作有九部：Aplolgy, Crito, Euthyphron, Laches, Ion, Protagoras, Charmides, Repubiic I, (Lysis，此項存疑)。

第二期：轉變時期，柏拉圖 40 歲以後，開始發展自己的思路，但尚未完全成熟，有七部：Hippias I、II, Gorgias, Meno, Euthydemus, Cratylus, Menexenus。

第三期：成熟期，約當柏拉圖 400 歲之間，於第一次從西西里回來，到第二次再去西西里之前。有四部：Symposium, Phaedo, Republic II, Phaedrus。

第四期：晚年期，相當於柏拉圖 606 歲之間，於第二次與第三次去西西里之間完成：Theaetetus, Parmenides, Sophists, Philebus；在 66 歲以後至去世之間可能完成：Timaeus, Critias, Laws, (Epinomis)，一般把最後一部當作《法律》篇的附論，書信十二封中確信第七篇是柏氏自己的手稿，如此或多或少，數目從 21 篇、25 篇、27、28、29、乃至於 36 篇者皆有。

在經過冗長的比對之後，幾乎歐美的每一位柏拉圖學者都有一套自己的分類法與鑑定標準，更有人對於蘇格拉底和柏拉圖之間作出精細入微的比較，例如 Terry Penner，作有令人信服的對照，一共列舉出十二項：

1. 與蘇格拉底有關的對話錄通常篇幅較短，其他無關的對話錄則很長。

2. 蘇格拉底的個性通常不太下結論，給予旁聽者一種啓發或刺激，讓對方明白自己的無知；而其他對話錄則明顯地有結論，主角會立下肯定的論點。

3. 蘇格拉底的個性愛開玩笑、好嘲諷、個性外向、快活、樂觀、愛搗蛋捉弄人；其他的語錄則是流露出靈感才

華、內向、悲觀、沈思憂慮。

4. 蘇格拉底只對倫理學情有獨鍾，他專門跟人家談論個別性的道德問題，再不然教導勸誡別人「照顧你的靈魂」，這種話題既對自己胃口，也有益於年青人；但是其他的對話錄卻有廣泛的、普遍性、多方面的興趣，並不只局限於倫理學。

5. 對於靈魂不朽論，蘇格拉底對話錄中無甚多少興趣，因爲在《自訴》篇中他還表示不肯定的語氣；但是在《高奇亞》中卻出現了肯定的可怕神話，《法律篇》和《克利陀》的末後結尾處皆然，有可能是柏拉圖受到畢達哥拉斯的影響，而《費陀》篇更是肯定靈魂的不朽性，毫無懷疑的餘地。

6. 蘇格拉底認爲 Virtue 是一種專業技能、像科學、工藝、藝術，或者像其他行業如醫師、航海者、補鞋匠、拳擊手、馴馬夫、數學家、幾何學家……，這些專家要具有智能上的專門訓練，而且能傳授技巧予他人，相當於「Knowing How」，而非今日所說的情感或意志力層面的道德。但在其他對話錄中 Virtue 不但包括專業智性，也包括情感與態度的訓練，譬如在教育過程中應當對孩童講述正確的故事，讓他們聽正確的音樂，認爲這種態度與情緒的訓練是 Virtue 的先決條件。

7. 對於修辭學，無論是蘇格拉底或者柏拉圖都對它評價不高，不把它當作是一門正經的學問，不過這其間稍微有一些差別：依蘇格拉底來看，一門眞正的學問是能教導別人，使對方從無知到達眞知，爲對方設想而眞正的了解；但修辭學不是這樣，所以算不得是一門眞正的學問。柏拉圖的意見也差不多，不過稍微多一點：修辭學有時候可以用訴諸感情的方式達到說服人的目的，不一定要教導人。

8. 蘇格拉底並不特別重視數學與幾何學，它與拳擊或補鞋子的技巧差不多，只要實用就夠了。但其他的對話錄顯示出對數學、幾何學的特別推崇，它的地位相當於正義、善、美等觀念，是很崇高的。

9. 蘇格拉底對於 Virtue 有一種整體的看法，他認為一個勇敢的人就應該同時也是自我節制的、聰明的、公正的、和孝順虔誠的。這個人如果是自我節制的，他就應該是勇敢的、智慧的、公正的、孝順的、虔誠的，依此類推，反正只要具備一項，就應該同時具備其他項，這是一種聖人型態的完美型。但在其他對話錄中卻不同，分化作三種階層：軍人階級有勇氣，平民階層有自我節制，管理階級有智慧，看來似乎只能有其一，不能同時兼具其他項。

10. 蘇格拉底認為慾望也是出自理性，人們只有在認為對於自己是善的時候才會去做，所以「沒有人故意為惡」。但柏拉圖反對此說，他認為只有靈魂當中的理智成份才會為善，靈魂中尚有野蠻的非理性成份，像感情與食慾等，這些就未必為善了。

11. 依蘇格拉底，沒有人志願犯錯，除非由於無知；但柏拉圖認為原因不只有這樣，可能是由於肉體的不良狀況，也可能是管教不良。

12. 蘇格拉底對於知識的效用看的很簡單：只是用作避免猶豫而已，再不然頂多是能克服感情慾望的侵襲；但在柏拉圖則加強知識的效用，從幼年時期的訓練，適當的音樂，適當的故事，適當的體能訓練、軍事操練，如此五十年的知識教育才能克制誘惑，避免危險的感情慾望，他對於知識的評價很高，加強其重要性（註22）

從以上這些辨析的觀點可以覺察到：歐美的柏拉圖學者

花費了如何的心力在細微的線索上追蹤，也瞭解到研究蘇格拉底思想的困難度與複雜性，說是「剝繭抽絲」也不算誇張！

第三節　與靈魂論直接相關的著作

柏拉圖作品中提到靈魂的至少有十三部，但未必全都在作論證不朽的工夫，故只留取十篇以為考量，這十篇的旨趣也不盡相同，對於靈魂的描述也不一樣，它們是：

1. Charmides：重點在研究σωφροσύνη（Sophrosyne，自我節制），談話的主人 Charmides 是柏拉圖母親表兄的舅舅，算是柏拉圖的舅公，他說他病了，蘇格拉底告訴他：你若是眼睛病了不可能只治療眼而不管頭部，同理可推，你的身體病了不可能只醫身體而不醫治靈魂；除非整體是完好的，否則其中部份不可能也是完好的！無論善與惡，它的源頭是從靈魂來的，如果你希望頭部和眼睛都健康，你就得先治療你的靈魂，這是最重要也是最根本的事。在靈魂中種植下「節制」的品德，如此才是健康之道。（156e~157a、b）

2. Meno：著名的回憶論，以回憶前世已知的東西為知識論方法，蘇格拉底提出他那有名的 Paradox 一似是而非的吊詭：「你不可能去找你已經知道的，因為你既然已經知道了就用不著再去探討；你也不是真的不知道，你若是真的不知道就不曉得自己要尋找什麼了！」（80e）

看起來很有理，但又令人迷糊，於是進一步提出論證：由於靈魂是不朽的，它已經轉世過好幾次了，

---

22 以上參考 Terry Penner：《Socrates and the early dialogues》，收錄在《The Cambridge Companion to Plato》中，頁 121~130。

在此世與彼世都已見過許多事情，也就是說學習過；所以我們若是能記得 Virtue 的相關知識的話，實在也不足以爲奇！那是它自己老早擁有的。知識的本性是同類相通的，靈魂可以學習任何事情，若是一個人可以學會一件事情的話，他也可以發現其他的。你必須要有勇氣去追尋，其實追尋和學習就是去回憶。（81c、d）

3. Gorgias：在 493a 蘇格拉底告訴 Callicles：著名的悲劇詩人 Euripides(BC. 480~406)曾說過「生即死，死即生」，蘇格拉底同意這種看法，說不定我們現在雖然形軀活著，其實靈性卻是死的，蘇氏曾經聽到一位智慧的人說，我們的身體是個墳墓，我們的靈魂有一部份居住著慾望，靈魂受它擺佈得搖搖幌幌，其實我們現在的靈性是死的。

　　本篇 504c、d蘇格拉底告訴Callicles：「身體有規律時的狀態，我們稱之爲健康；而靈魂有規律時的狀態，稱之爲守法，例如自我節制或者公正之類。」蘇格拉底較喜歡用類比法，以具體的東西用作抽象靈魂的類比。

　　他在 506e繼續發揮：靈魂擁有適當的規律秩序要勝於雜亂無章，所謂秩序，就是自我節制，節制的靈魂才是善的。

4. Cratylus：蘇格拉底談到幾個希臘名詞：σωμα(body)，σημα（grave），φυχή（soul），他他認爲奧耳菲宗教是最早發明「肉體是靈魂的墳墓」者，因爲這兩個字σωμα和σημα很像，身體是生命的來源，給人呼吸和維生的能力，如果這種存活的能力消失的話，身體也會毀滅而亡，這個叫做 Psyche（註 23）。

奧耳菲宗教認爲：靈魂爲了有原罪而自作自受，身體

就是靈魂的監牢，靈魂處於被監禁的狀態，一直到它的罪過贖清。（400a、c）

5. Phaedo：這是論證靈魂不朽的鉅著，其中從 72e～77a 分別提出四種論證：1.生死對立相生論，2.回憶論，3.靈魂是不可分的單純體（又名本體論證），和 4.本質定義論，靈魂本性即生命，生命非死亡，故說靈魂不朽。

本論文用到此對話錄甚多，在十篇相關著作中，《費陀》篇佔有首要位置。

6. Republic 第四章 436b：靈魂有三種功能：理智、意志、感情。像學習能力、發脾氣、和營養、歡樂、傳宗接代的慾望，都是出自靈魂。

卷十講解靈魂有三部份（triparite）：最高貴的在頭部，司理性功能，相當於發號司令的管理者；其次在胸腔部位的意志，相當於軍人。最低的部份在腹部，司慾望功能，相當於老百姓。

柏拉圖以雙馬車和駕御者為比喻，二匹馬中一黑一白，一者良馬一者駑馬，理性即駕御人，三者為一體，從凡間駛向天堂。比較有趣的是，在 621 段提到有一條河流，名叫「遺忘之河」，凡是過往投胎的靈魂都一定得喝這條河流的水，喝過後就忘掉前世的事，接著就下降投胎去了！這與中國道教的故事「孟婆的忘魂湯」和「奈何橋」有一點相似，通常學者們認為這只是神話，未能再作進一步研究，不知是得自畢達哥拉斯學派的傳說？還是得自柏拉圖個人的靈

---

23 一般人把 Psyche 當作人的心靈、心智、心理，或精神，但在希臘當時顯然與此有異，他們傾向於生理法則的解釋，通常又把譯作 Psyche，我們把 ψυχή 譯作 soul，所以若把心靈的 soul 當作生理法則就會產生歧異。

感？若論及後者，則歐美學者又爲了柏拉圖本人是否爲一「神秘學家」而爭論不休，這些雖然有趣，但不在本文的研究範圍內。

7. Phaedrus：本篇從 245c～246a 都在講解第一原理－自身變化運動者爲永恒不朽。所有的靈魂都是不朽的，因爲它始終在變動之中；如果一物的運動是得自他物的推動，那遲早會停止運動的，也就是停止生存；唯有本身自行變動者才不會中斷它的運動；由於事物不可能捨離自己的本性，所以這個自行運動者是其他被動之物的來源，也是運動的第一原理。

　　這個會運動變化的自身可以直截了當地等同於靈魂，靈魂旣無生，且無死。

　　此篇對話錄與《理想國》一樣，也講到雙翼馬車，用以與靈魂功能做類比。

　　本篇對話錄的「自動論證」未曾出現在《費陀》篇，後者立有四種靈魂不朽論，再加上這一項，共有五項。

8. Philibus：內容雖然是蘇格拉底和 Protarchus 在對談，但依據學者們考證，這一篇對話錄是在柏拉圖 60 歲的時候完成的，不是早期作品，意謂思想雖然成熟，但不是其師的意見。

　　在 34a、b、c 段中蘇格拉底把記憶μνημη(Memory)和回憶αναμνησνζ（Recollection）作比較，Memory 指我們生活中感官知覺印象的留存，如果靈魂失去了這種感官知覺的印象，也就是不記得了，失去了記憶，那麼我們可以藉著學習，重新得回記憶，這種過程稱作 Recollections，先失去了記憶，而後才有回憶。

　　在中文裡，記憶可用作動詞和名詞，而回憶也可

以作爲動詞和名詞，的確不易分辨，所以必要時代之以英文較易區分。

9. Timaeus：此篇對話錄著重在宇宙創造的工程，性質上是宇宙論。柏拉圖認爲有一位純善無惡的神，創造人類靈魂，在建構宇宙之時，他把智力放入靈魂中，再把靈魂放進身體裡（30b、c）。

　　本篇也類似《理想國》和《費得魯斯》，認爲靈魂有三種等級，代表社會的三種階層：知識階層、軍人階層和生意人。本篇完成於柏拉圖 67 歲到 80 歲之間，是晚期作品，柏拉圖不似其師，認爲靈魂整個兒都是不朽，而是主張靈魂當中的理智部份才是不朽，其餘的感情和食慾這些是會毀滅的。理智居於大腦中，精神在心臟或喉部，食慾在腹部或者橫膈膜之下方。內中也提到有地獄、煉獄，認爲人是從天上的星辰而來的。

10.Laws：柏拉圖爲靈魂下定義：靈魂是一切運動變化的起因，是一切動作的來源，自動自發者，完全屬於自己，是最神聖的成份。

　　與《費得魯斯》很像，認爲靈魂先於肉體，靈魂是一切存在物的泉源，也是運動因，靈魂控制肉體，肉體是被統治者（891c~899d）。

　　柏拉圖認爲靈魂有多數，世界上不僅只有善的靈魂，還有超過一個以上功能的靈魂。他在 896e98 中說：靈魂至少有二個以上，不過這不代表他是泛神論，也不認爲「只有二個靈魂」，因爲「最好的靈魂」在字義上已經表示不會是唯一僅有的靈魂。

　　所謂惡，是指無秩序的變動，因雜亂無章而產生惡。

從以上十篇對話錄的分析，可以綜合得到下列資訊：

提到靈魂不朽的有：Phaedo, Phaedrus, Meno, Timaeus, Laws, Republic 六部。

提到靈魂先在論的有：Meno, Phaedo, Timaeus, Republic 四部。

對回憶論作出論證的是：Phaedo, Meno, Philebus 三部。

靈魂自動論有：Phaedrus, Laws 二部。

認為靈魂是宇宙起因的是：Cratylus, Philebus 二部。

此外提到畢達哥拉斯和諧論的有：Phaedo, Protagoras, Republic, Philebus 四部。

其他各篇對話錄或許也有提及靈魂，像《饗宴》與《自訴》篇，但因其內容不是論證性質，故不在引徵之列。

第四章　靈魂不朽論

　　蘇格拉底的靈魂觀念與柏拉圖不同，柏拉圖的較爲複雜，蘇格拉底對靈魂的看法也與傳統希臘人的看法不同，此乃語意上發生變化。

　　希臘文中的φυχή相當於Psyche，本義是生命的原理（The principle of life. Renders the body alive）（註24），使身體活存的原理。當希臘人觀察到人類不同於樹木或石頭，人類可以自由活動，有行爲動作，其中有一個特別的東西：就是φυχή，它平常讓人活潑躍動，一旦死亡時，它就消失了，像空氣、像煙霧一般地分散消失；希臘人的本意並未認爲φυχή是純粹的精神，只是很單純地認爲是一種「生命的原理」（註25），換言之，這種生命原理含有物理性或生理性的特質，像是鐘錶固定運作的原理，一旦壞了，咕咕鐘不會叫；蘇格拉底之前的希臘人尚未把它作更深一層的形上思考。

　　先蘇時期的確從未有人把最珍貴的「生命原理」當作知識的來源或善惡的開端，蘇格拉底是第一位正視這個問題的人，他把φυχή定位爲「眞實的自我」，它值得吾人關注、照顧，他對於生命充滿著道德性的關懷，要正確地認知，以理智指導慾望。在自我的發現與理智功能發揮上，他確實比傳統的希臘人擴大了φυχή的字義。很牽強的，這個字在英文中相當於 Soul，意味「人的主體性」，而不是照譯音而有的 Psyche，後者只表達了心智、心理，只是精神功能的一部份，而非指人的主體性，此乃語言文字上的轉變與差異。

24　出自《Protrait Of Socrates》, P.176 注 3.
25　出自《蘇格拉底的肖像》導言，頁 54。

第一節　靈魂概說

　　無論對於蘇格拉底或者柏拉圖，靈魂都是理智和道德的
位格體，不同的是：於蘇格拉底而言，此理智道德主體是人
類唯一且最重要的東西；但對柏拉圖而言，理智與道德不是
靈魂的全部內涵，它們只是靈魂的一部份而已。

　　不能否能的是，柏拉圖看待身心宇宙世界是二元論的看
法；有不朽的觀念界，有變化無常的感覺界；若論起人，則
有不朽的神性一面，也有遭受因果報應、轉世輪迴的凡性一
面。除了二元論的看法以外，他還向畢達哥拉斯學派學習到
「靈魂三分說」：靈魂並非只有單純的理性，尚有難以控制
的情感與意志力。若論起永恒不朽性，死後理性靈魂得以不
朽，但感情與意志力卻非如此，所以靈魂三分說尚與活存空
間與時間有關，三分說只適用於「現世」的靈魂，若用在過
去或未來則增加困難。

　　柏拉圖的師承至少有二大來源：他從蘇格拉底處學到靈
魂的「位格性」，從神秘的畢達哥拉斯學派學到靈魂的「神
性」。在人身上不但有凡俗的人性，也兼備有超凡脫俗的神
性，人的靈魂是從天上星辰下來的，人身上具有神性這個觀
念對當時的希臘人並不足以爲奇（註26）。

　　由於人類本身具有神性（divinity），神性在字義上就是
「不被毀滅」，「不可摧毀」，不需要由更高階層的神明來
賜予，所以它應該是永遠存在的，不論生前死後，它會一直
生存，以各種不同的形態，直到掙脫輪迴的鎖鍊，得到最後
的解脫。

　　「永恒不朽」正是靈魂的屬性之一，它從另一個上階層

---

26 人性中有神性是從酒神崇拜而來，像畢達哥拉斯被百姓尊奉爲阿波
　　羅神下凡，像恩培多克利斯能以咒語爲人治病，也被人認爲是神。

的地方來到人間，那個上層世界只有純粹的形式和宇宙大魂，不同於此地的感官世界。

　　塵世的生命有一部份是罪惡的，理應在煉獄受到懲罰，以淨化靈魂。這種善惡的賞罰報應會造成輪迴運轉的中途干擾，人類在世間應當有使命感，但不要停滯太久，柏拉圖把這種來世因果報應說看得很認真，常以宗教神話的型態來描述，此點令人有從理論層面跳到宗教層面的斷層感，也有眞實知識與信仰意見混雜的模糊感。

　　畢氏學派的前生來世說對柏拉圖的影響頗大，爲他提供知識理論的根基，不過人類理性知識卻往往藉由感官知覺來吸收，感官知覺的重要性未能獲得應當受到的重視，此外，柏拉圖也未能解釋爲何靈魂會被禁錮在身軀內？當然，根據傳說是因爲人類有罪性，但有罪性的靈魂爲何要以此種形軀來受罰？這些問題是柏拉圖在其師思想之上發展，但未能充份解決。

　　下文將研究著名的五大論證：對立相生說、回憶論、形式單純論、本體學論證和自動論證，依次如后。

第二節　五種論證

一、對立相生說（The Cycle of Oppisite）

　　此說在《費陀》篇的70c~72d，認爲生從死而來，死從生得來，死亡是生命的根源，生是死的原因；雖然與蘇格拉底對話的人是畢達哥拉斯學派的Cebes，但他對於自己教派的理論卻不甚瞭解，倒過來還要蘇格拉底教他。

　　在蘇格拉底當時的年代確實盛行著一種虛無主義：認爲人死以後就煙消雲散，此般記載可從《費陀》的80d、e得知，爲什麼當時人會認爲「煙消雲散」？這又與先蘇時期愛

奧尼亞學派的科學論有關：Anaximenes(BC.588~542)認為生命的原質是「氣」，空氣是生命的原理，以人為例，人可以不吃、不喝，但絕不能不呼吸，所以在印度哲學中《奧義書》認為氣息是生命原理，而希臘哲學也類似地把氣息當作生命的原理，阿納克西曼尼斯在斷簡殘篇中說：「我們的靈魂是空氣。」（註27）當人類吐出最後一口氣時，體內的靈氣便和外在空間的大氣混合，所以 Cebes 有這種想法是符合傳統的。

蘇格拉底對於這種死後斷滅論不贊同，他相信人死後會再生，提出第一個論證：循環相生說（Cycle recurrence），或者是對立相生說（Cycle of Opposites）：有生皆有死，有死必有生以為還擊。其實這不是蘇氏的創見，而是源自Heraclitus。

赫氏的斷簡殘編有此記載：是聚集又是分散，是協調又相抵觸。不死的是有死的，有死的是不死的。這一些生就是那一些死，那一些死就是這一些生。生與死、醒與睡、少與老，都是同一的，變化了前者就成為後者，變化了後者又成為前者。冷變熱、熱變冷、濕變乾、乾變濕（註28）。

從大自然生滅變化的觀察中得知：某一物會發生溫度先後的變化，或冷或熱；會發生意識清醒與模糊的變化，或睡或醒；會發生成長的前後變化，或年少或年老；依此類推，有生必有死。

英國牛津大學的 R. W. Livingstone 院長對此提出的疑問是：事物變化的狀態未必都會到達對立的程度，可能中途停頓；我們也沒有把握讓一個已死的人回轉活來，像一堆已滅

---

27 參考傅偉勳著《西洋哲學史》，頁 19。
28 參考苗力田編《古希臘哲學》，頁 270。

的火再次點燃；即使這個論證在推理時很健全，也不能保證生命的永恒，因為生命的確已經走到盡頭（註29）。

還輯上的推理過程健全並不能保證結論的眞值。

生長過程與消滅過程是不同方向的二條路，亦或是同一條路的二個極端？蘇格拉底以圓形發展來看待生命的發生與衰老過程，他不認爲是一去不回的直線，而是以圓環形來看待，正如赫拉克利圖斯所說：「生與死在生命的圓形上是同一點」，但我們不得不提出一個疑點：冷與熱、乾與濕，是發生在同一件物體上；人，從生命的發展來看，是單向性的，只能向前走，不能回過頭；起初有生，後來有死，這種過程是不可逆轉的；生在死之前是固定的，至於死了以後未曾見到有哪一個能活轉回來，理論與事實經驗不同，歷史上也只有一個赫拉克利圖斯，不是嗎？

有的學者提出意見：若是對立相生說能成立，那世界上豈不是無從發生「新生命」了嗎？（註30）換言之，新生命都是從「舊生命」變化得來的，那就沒有新鮮事了！此點缺乏邏輯的必然性。

對立相生說是一項未經證實的假設，它的適用性有待商榷，用在物理現象上可行，但用在精神對象上則有困難；某些事在短期間內可以發生，像睡與醒；但在長期間則未必，如「一睡不醒」。這個論證有一項隱藏的寓意：靈魂是獨立於肉體的，它不受肉體生住異滅的侷限，它在體內時給予身體活力，它離開身體時，身體即死亡。但蘇格拉底在第一論證中沒有談到身心分離的問題，只是很「相信」他會有一比較好的來生，這種「信念」認爲靈魂有其獨立活存的能力，對於靈魂的獨立性尙須再做研究。

---

29 見《Protrait Of Socrates》, P.109.
30 見《Plato's Phaedo》, P.64.

二、回憶論（Recollection）

回憶論的出處有二：

《費陀》篇的 72e~77d，和《米諾》篇的 80e～86c，此二文的旨趣不同，《費陀》是發生在蘇格拉底臨受刑之日，與年青人討論靈魂的性質，從學習的過程推論到出生以前，證明有前世；《米諾》的重點在知識論，探討 virtue 能否被教？如果知識是出生之前已經知道的，學習過程不過是回憶，德性知識不算是別人教給你的，而是你自己回憶起來的。以下分析之：

a.《費陀》篇回憶論：人類靈魂在與肉體結合之前已經獨立地存在於另一個世界裡，且認識這些知識，在出生之時也依然「擁有」知識，但後來遺忘了。原文提到 reminded, conscious, suggests，一下子談到藉著感官知覺得到觀念，一下子又說遺忘就是失去知識，在文理上並不相連貫，有數項疑點值得思考：

1.從外在物聯想起主人，可能是一件樂器，一件外衣，或者一幅肖像，都會令人聯想到東西的主人；這其中有相似性，由相似性的提醒（remind）我們會意識到主體物，從看到一樣東西讓我們聯想（suggests）起另一樣東西，這就是回憶的起因（註31）。

我們可以作如此思考：空間中的物體有並列性也有先後性，看到、聽到任何東西都是感官知覺的對象，依柏拉圖的理論：感官知覺界所能給予我們的只是多變化的意見，不是真實的「知識」，而回憶論的訴求是真實的知識，真實的知識只有上階層的觀念界才能有，這其中是如何過渡的？從多變化的「意見」如何轉變成真實的「知識」？

在《費陀》的 a 與 b 段中曾說：「through the senses that

---

31 見《費陀》74a.b.c.d。

we obtained the motion....」，和「We began to see and hear use our other senses we must somewhere have acquired the knowledge that there is such a thing as absolute equality.」如何從感官知覺能到達絕對的真知識，這只能說是柏拉圖的推理佈局不夠周密，從感官知覺的能見能聽一下子跳躍到前世回憶中的相同經驗，這種直觀的經驗並不是每個人都能領悟的。

其次，講到意識（Conscious），有的人敏銳覺知，也有人懵懵懂懂，如何以意識來做確認？其實直觀是一種理智的觀照，或者說是意識深層的反省，柏拉圖在此處的心理學發展當然未能到達今日的精深細密程度。

2.《費陀》75d:「To know means simply to retain the knowledge which one has acquired, and not to lose it, Is not what we call forgetting simply the loss of knowledge, Simmias?」柏拉圖認為：「知道」就是重新獲得已經得到的知識，而「遺忘」就是失去知識。事實上如果知識完全都是一再重覆，那麼人類就不可能進步，一切科學技術的創新與價值也予以抹煞了！如此一再重覆，人類豈有文明發展可言？

遺忘也不全然是知識性的，它的範圍還包括印象、感情，及其他諸多不值一提的瑣碎事，這些應當屬於心理學的範圍，值得另外再作探討。

在《費陀》76 說道：「When we speak of people learning, they are simply recollecting what they knew before.」如果學習完全只定位在回憶上的話，這會與現實經驗不符，因為古代與現代的確是變異太大，知識領域急速擴張，這句話若是稍作修改：「某些學習只是單純的回憶。」這就有可能，例如像莫札特三歲時就會彈鋼琴，巴斯噶十二歲就會算歐幾里得的數學，但這些都是少數的特殊例子，不是普遍現象。

3.《費陀》76c：「Our souls had previous existence, Simmias, before they took on this human shape, they were independent of our bodies, and they were possessed of intelligence,」於此推論出靈魂有前世,也明白地說靈魂是獨立於身體的,在生前尚未投胎之時能獨自存活,當然在死後也能獨立的存活,在 77c 段 Cebes 提出問題:回憶論就算能成立,頂多只能證明靈魂有前世,怎麼說靈魂也有來生呢?生前與死後,一前一後,畢竟是不同的啊!蘇格拉底的解決方法是:要配合「對立相生說」來看,「循環相生」已經證明了生與死相互依存,所以既然靈魂有前生,當然有死後。

　　從前世(Pre-existence)推理到輪迴轉世,相關的對話錄尚有《Timaeus》、《Republic》、《Phaedrus》,經詳查各種譯本,西方學者對於 Transform, Transmigration, incarnation, reincarnation 有不同於東方的看法:

　　Transmigration 相當於希臘文的μεταβάλλοντα,意爲 alter, change,用在文章中等於 change into,有階層的差別,亦即從人身投胎入野獸的身體,中文譯作「輪迴」。

　　Reincarnation 相當於希臘文的ειζβιοω,意味 to live, a course of life,用在文章中等於 pass into,中文譯作「轉世」,乃循環的方式,只限於高等生命,如神、人,不能用在畜生身上。

　　在英文中輪迴與轉世指涉不同對象,方式也不同,在東方印度,「人」不過是六道之一,沒什麼特別的,所以輪迴與轉世可以通用,也可以互換;嚴格而言,希臘文是沒有這個專有名詞的,βιος的意思是生活,μεταβάλλω是改變,不是什麼特殊用語,所以在英譯本採用「輪迴」、「轉世」是意譯法,而非直譯。

　　假如輪迴說能成立的話,回憶論只能算是輪迴轉世的一項特徵,因爲「回憶」是純屬於理性功能的,但輪迴所承受的並不只有理性,也有個人的罪業、個性、喜好、興趣……諸多因素,所以若以單一因素「回憶」來推衍輪迴是不夠充份

的，低等動物的輪迴很可能泯沒理智，根本不知「回憶知識」為何物，但仍然可以在生命之輪中運轉。不過，以神學立場來看，這依然有其貢獻，畢竟這是柏拉圖的「自然神學」方法之一，以理性思辨的方式來證明生命的不朽性。

b. 《米諾》篇回憶論：

本對話錄的特點是對知識論提供一個方法，最著名的是蘇格拉底所提出的雙刀論證：「He would not seek what he knows, for since he knows it there is no need of the inquiry. Nor what he does not know, for in that case he does not even know what he is to look for.」（80e）某人或者已知，或者未知。如果已經知道，他就不需要再去找；如果不知道，他也不知道如何找？或要找什麼？

在《米諾》篇的 81b、c、d 段，蘇格拉底坦承：他是從男祭司和女祭司那兒學來的。他們說人的靈魂是不朽的，已經投胎了許多次，無論在此世間或在另一個世界，都已經看過所有的事物，每件東西都學習過。所以我們若能回憶起德性之知的話也不足以為奇，因為這是本來就擁有的。一切自然物皆相互關連，靈魂已經學過一切了，所以一個人可以只回憶起一件事物，而連帶地發現到其他一切。尋找與學習的過程就是回憶。

《米諾》篇的說法正好與《費陀》篇說的順序顛倒，前面提過，在《費陀》是講我們有回憶的能力，如此證明有前世；由於有前世，配合運用「循環相生說」而推理出有前世必有來生，合觀前世、今生與來世，所以可證知靈魂不朽。

《米諾》篇正好相反，先引述希臘宗教裡男女祭司告訴他的話：靈魂是不朽的，因為不朽故有過去、有現在，因為在過去都已經學過了，所以後來當然能記得，且可以舉一反三，聞一知十，這種說法是「先驗性」的說法：the soul prior to recollection，先驗性的說法只能算作是 belief，不能認定是

眞知識，先驗的理性推理也未必等於預先存在，畢竟，思想
面與存在面是二回事。

　　回憶論的最大作用是在解決蘇格拉底所提出的雙刀論
證，由於有前世，所以已經知道，學習只是發現的過程，不
過有學者提出質疑：回憶的「對象物」是什麼？可能是天文？
地理？科學？難不成漫無限制？

　　86a 中說：「His soul has been forever in a state of knowl-
edge.」靈魂永遠處於已經知道的狀態，那又爲何會忘記呢？
此點未能作出合理的解釋，若說因罪過而輪迴，像《理想國》
第十章所說的，經過一條「遺忘河」，喝了「忘魂湯」，所
以忘記前世的事，這是從理性跳躍到宗教，也不能令人信服。

　　有時候人們也會有「似曾相似」的錯覺，把不同的二個
人或不同的二件事錯認爲一，這是現實經驗中常有的，我們
如何確定這種心理狀態必然與前世有關呢？熟習感可以由現
世的習慣中得來，它與印象的重複累積有關，《米諾》篇對
於心理狀態只作有主觀性的認定，欠缺客觀的辨認標準。

　　柏拉圖的回憶論對於說明潛意識能力的開發也有些許助
益，每個人的資質與努力程度皆不同，有的人愚魯，有的人
穎悟，的確能舉一反三，若依照回憶論的說法：「所有的知
識早已呈現在靈魂內」，只是潛藏的，非明白浮現的，平常
人們所說的「學習」、或者「發現」，都只是隱藏知識的再
重現而已，只是把它再提昇到意識層面，以便清楚確認。靈
魂是靠什麼爲引導呢？靠直覺嗎？一種模糊的熟悉感？一種
不確定的知覺？如何使不清楚的潛意識內容呈現爲清楚的意
識層？這當中的判斷以何爲依據？是否越發內傾？純屬主觀
的意識在作用？

　　有關前世與靈魂轉世之說，的確不是蘇格拉底或柏拉圖
的創見，而是奧耳菲宗教傳給畢達哥拉斯學派的，這可以從
南義大利 Thurii 古墓所發掘的奧耳菲金盤子上得到佐證，不

過柏拉圖把回憶說運用在幾何學的推演，倒也有其巧妙的創新，對於他的論證過程，如《費陀》篇所見，零零碎碎，缺乏條理，有閑話家常的味道，缺乏嚴謹的結構，在德國學者文德班看來：徹頭徹尾是方法論的個性，不是適當的邏輯。

英國人與德國人看法不同，柏拉圖的回憶論倒是爲英國文學家帶來靈感，像 Henry Vaughan 作有名詩《Retreat》，Words Worth 作有《Ode on Intimations of Inmortality》，除此以外，英國人也對超心理現象有較大的興趣，對於直觀與自明性內在眞理有較多的關注，這種差別只能說是天賦與民族性所致吧！

三、形式論證（物理論證）

本論證的範圍從《費陀》篇的 77e 到 84b 段，內容是化解 Cebes 對於死亡的恐懼，文中把肉體與靈魂作二元論看待，一者可見，會毀滅；另一者不可見，恒存不毀滅，近似於永恒的神聖；靈魂是一種單純而非組合的東西，屬於不可見的屬次，它的屬性是不變化，不被析離的，與 μορφη（Form）相近似，肉體屬於可見物的層次，它的屬性正好相反，會起變化，也會朽爛；對於這種二元對立的分析，亞里士多德稱之爲「物理論證」，前面回憶論稱爲「邏輯論證」（註32）。

對於靈魂的本質定義：不可見的、不變化的、不可析離的，這樣的想法可以溯源於巴買尼德斯，在其斷簡殘編第八說到：

> 「存在不可分，它整個完全相同。
> 存在的東西整個連續不斷。
> 存在被局限在巨大的鎖鏈裡靜止不動。
> 它無始無終，生成和消滅已被眞實信念所逐。

32　此語出自 A. E. Taylor 所著：《Plato, The man and his work》, P.189.

　　它保持著自身同一。」（註33）

　　巴買尼德斯認爲「存在」不是由特殊固定的各種部份拼湊起來的，如果可以組合起來，也一定可以被拆開，如果本質非組合體的話，就無從被拆開。

　　除了這一條線索之外，我們也可以聯想到亞納克薩哥拉斯，他認爲理智（νοuζ）是一切萬物中最純粹的，它具備一切的知識，在斷簡殘編十二中如此說：

　　　「只有νοuζ是無限的、自主的，它不與任何東西相混合，是單一、獨立自爲的。

　　　在萬物之中它是最精粹、最純潔的。它對萬物有一切知識和最大的力量。nous 主宰一切有靈魂的東西，也主宰著旋渦運動。」（註34）

　　這兩位先哲都可能對蘇格拉底與柏拉圖發生影響，比較奇怪的是：各部銓釋書中對於西布斯的死亡焦慮不太在意，頂多說他是虛無主義或者唯物論調，不太關心生命的終極問題，事實上簡單的類比就可以讓人透澈了悟生死大事嗎？靈魂既不可見，所以與神聖的Forms相似，因而不會煙消雲散；但是神聖的 Forms 也是不可見的，把不可見的靈魂不朽論又建立在不可見的觀念不朽論上，這在邏輯推理上是欠缺說服力的，也就是基礎不穩固。

　　靈魂不朽的信念很薄弱，而身體一日一日的衰老腐爛是事實，如何才能明悟洞澈呢？諸多學者都認爲這個第三論證在邏輯上欠缺說服力，不予多談。

　　比較值得注意的是，在《費陀》81e~82a、b 蘇格拉底談到死後投胎的法則是「業習相感」，如是因，如是果，你生

33　摘自苗力田編《古希臘哲學》，頁86。
34　摘自《古希臘哲學》，頁142。

前是什麼樣的個性，在來世就會繼續發展下去，有的學者稱呼此點是「因果報應賞罰說」（註35），並不完全適當，這將會在論文的第三部份唯識學中再做說明，此處之所以會感到有趣，是從《費陀》的 80d~82c 的文字中領略到：蘇格拉底平日對於「死亡觀」（Practicing death）頗為精熟，他對於人心中七情六慾的安排處置，盡力轉化為理性智慧的追求，時時以死後的出路為念，在生前做好死後的歸宿安排；他在此處的措詞用語和前面論證時不同，前面用語比較不確定，「近似」resemble, like, akin, probable, assume......，在後面卻沒有這些猶疑，反而篤定明澈，令人深信這是從實際親身體驗出的靈性智慧，從反省觀照中得來，無含糊之語，是精神修養顯露出的特殊風采。

四、本體論證

本論證範圍在《費陀》篇 102a～107b 段，認為靈魂的本質定義就是生命，是活生生的狀態，它使得身體得以生存下去，根據「三一律」中的同一律與不予盾定律，活的不會是死的，所以生命不會與死亡共存，就像冷與熱不同時並存一般，生命就是活生生的狀態，靈魂的本質就是生命，所以不會有什麼「死的靈魂」存在，這是自相予盾的。

由於靈魂不死，故而也不朽，不可被摧毀，故說靈魂不朽；當肉體死亡時，靈魂就抽退離去，將生存在下一個世界中。

可以從語意層面來講，當我們為「靈魂」一詞下定義時，已經說：「靈魂給予身體生命。」就不可以再說靈魂又同時擁有它的對立性質「死亡」，從字義上來看，靈魂是不死的（αθανατος, undying, deathless），而一個「死的靈魂」即是對立的矛盾語，根據人類思考法則：A=A，「一物決不

35 例如曾仰如，見其《柏拉圖的哲學》，頁91。

等於它的對立物」來看，靈魂既是生命，就決不會有死，由於它的不死(αθανατον)所以才是不毀滅的(αθανατον)，由此證明其不朽性。

　　學者們認為：死掉的身體是事實，身體死掉以後有沒有靈魂是一回事，而靈魂在死後是否仍然存續又是第二道問題，相信死後有靈魂是一種信仰，不是科學論證。靈魂的「神性」是建立在不朽的希望上，靈魂的神性是一種理性信仰的前題假設，這種假設尚有待於更深層的考驗。

　　除了以三一律中的不矛盾定律來支持語意描述之外，這個本體論證與前面的「對立相生循環論」也有著矛盾，前面已經證明過：有生必有死，生死是相循環的，那麼此處又排斥生命的對立面，表示靈魂有生而無死、有死的是肉體，給人造成一種印象：凡事要看待雙面，但又斥除雙面中之一，這是一種困惑。

　　所以劍橋大學的Hackforth認為：四個論證中只有前面的回憶論能為人接受，這個論證在語意上有語病，若說靈魂是「無死的」（deathless），或許可以成立，但不能馬上跳躍過去，成為「不朽的」（immortal），當然他也同意這其中牽涉到希臘文字的翻譯問題（註36），有些希臘文在英語中找不到符合語義的名詞，所以傳譯也有困難。

　　把火焰與冰雪，寒冷與炎熱的物理現象比附作生與死的現象，這其中都是相排斥、相對立的，這種類比是否適當？我們可以觀察到：冰點到沸點之間是有中間滑動過程的，把雪塊放入火炭盆中慢慢融化，也有液態與氣體發生，但是生與死之間呢？有沒有「半生半死」的中間狀態？當人體完全沒有生命跡象時，才稱之為「死的」，是死的就不會有些許生命徵兆，這種類比並不完全相同，以物理的例子來比附心

36　參考 R. Hackforth：《Plato's Phaedo》, P.163～164.

靈，實在有待商榷。

當然，對話錄的思維發展從理性思辨滑向宗教信仰，這一點對於某些嚴格的理性主義者而言，多少是有所指摘的。

五、運動原理

此項理論出自於《phaedrus》245c~246a，和《Laws》893c~897b 這項論證若是以三段論式列出，即是如此：

大前題：凡是能自動且推動他物者是不朽的。
小前題：靈魂總是在自動，且推動其他物。
結　論：所以靈魂是不朽的。

《費德魯斯》篇認爲：靈魂是其他事物的運動根源，也是運動的第一原理，第一原理是不會被創生的，因爲它創生其他萬物，由於第一原理不被生，所以也不會毀滅。這個「自我運動者」（The self-mover）就是運動的第一原理，它只能被自己所推動，所以是不朽的，簡言之，這就是靈魂的本質定義，身體就是從它得到運動。

《法律》篇的思想在繼續補充說明：靈魂先於肉體存在，它掌管一切事物的實際秩序，身體是被管理的，所以可證明靈魂比身體年長，靈魂的個性也比身體要優先；依此類推，凡是心中各種願望、習慣、思考、判斷、目的，和記憶之類，都優先於生理的高度、呼吸深淺，總而言之，靈魂優先於身體。

靈魂控制宇宙間萬事萬物，推動它們運行，像天空、星辰、海洋，或者像愛、恨、痛苦、希望、是非、對錯、判斷、反省……等。如果智慧是靈魂的助手，那麼它就會令一切事情都很正確，也很快樂；若靈魂與愚蠢爲侶，則一切事情就很會糟糕。

靈魂論證的前面四項都出自《費陀》，這項「自動動力

說」在《費陀》篇中未曾出現，有的學者認爲：這一條是柏拉圖的創新，他的老師蘇格拉底並不知道有這麼一種說法；不過也有學者反對，所反對的根據是從亞里士多德的著作中尋找間接資料，據聞義大利南部的 Crotona 地方，有畢達哥拉斯學派的哲人 Alcmaeon，是他最早提出自動不動說，他的年齡早於蘇格拉底，他對於經驗心理學有獨到的研究，而且還傳授靈魂和諧說，認爲靈魂是肉體和諧所發出的樂音，這種理論在《費陀》篇中蘇格拉底還爲了它與 Cebes 和 Simmias 暢談了好一陣子，所以蘇格拉底不可能不知道此說（註37）。

此「原動不動者」（Unmoved Mover）當然也和亞納克薩哥拉斯的 Nous 有關，Nous 推動外物運動，Nous 是運動的本原，這些說法多多少少與柏拉圖的想法相近似。

自動不動論對於亞里士多德的啓發是直接且明顯的，形成亞氏形上學中的基礎思想，而亞氏對於中世紀的多瑪斯「五路證明」更是直接相關，不過有趣的是：柏拉圖的原動不動者是多數，至少有善根原與惡根原二個以上，以此善惡二根原才會推動並管理世間一切善惡之事，這樣的發展就從形上學走向神學，所以學者們稱呼這種神學爲「自然神學」，不同於基督宗教的啓示神學。

從以上五項論證來看，「柏拉圖式的蘇格拉底」是主張靈魂不朽的，然而有一點差別：蘇格拉底把靈魂當作一個整全不分的單一體，似乎是整個兒都不朽；柏拉圖提出靈魂三分論：理智、意志與感情，由於有上、下階層二元論的看法，猜想應當是理智的形式部份不朽其餘的帶不走；這二種說法都需要再加以論證，還不能令人完全信服。

以現代的眼光看，柏拉圖對於意識流的深淺層面未能像今日這般深入，對於人的自我意識也比較冷淡，這是由於他個人的特徵：冷靜、理智掛帥之故吧！

37　參考 A. E. Taylor：《Plato》, P.184.

第五章　蘇格拉底的生命哲學

　　他蘇格拉底的思想特色是將希臘人原本關心的外在物理自然世界予以大轉向，把心思轉向人類，包括倫理、性格、人生目的；他所關心的不再是遙遠的星球起源，而是人生價值與知識。色諾芬說：「他所討論的總不離開人的事務。」他的兩句名言：「了解你自己」與「照顧你的靈魂」都與宗教有關，前者是刻在德耳菲阿波羅神廟牆上的字，後一句是他接受奧耳菲宗教的理念，相信人有靈魂，且死後得以不朽，根據這種信念，他發展出一套自己獨特的倫理觀。

　　在歐洲歷史上蘇格拉底應該是第一位把靈魂定位為「理性與道德位格」的人，他把「照顧靈魂」當作是宗教義務，通常人只是照顧身體，哲學家應當漠視身體而看重靈魂；通常人只是照顧家庭子女，蘇氏卻是照顧眾人的靈魂；藉著承認自己真正無知，以追求善的知識而促進心靈；他的特殊氣質使得他對於道德、知識、死亡、靈魂等都有特殊的看法，以下擇要略述之。

一、哲學家的任務：勇敢的面對死亡

　　哲學家的任務是要勇敢的面對死亡，時時刻刻準備好「欣然就死」，因為蘇格拉底的宗教信仰昭示他：死亡是另一扇大門，由此而進入更美好的新生活。所以一位真正有素養的哲學家是在生前就「Rehearsal of dying」，這個 rehearsal 在希臘文是 μελετη，相當於 practice，中文譯作「預演死亡」、「預習死亡」，好像排演戲一樣，常常將劇情默記在心中，哲學家的工作就是演好死亡的角色。

　　「預演」死亡不是「觀想」死亡，practice 不是 Meditate，後者是沈思冥想，前者是真實演練，從字義上來看，不

斷地「演練死亡」的人稱爲「philosopher」，追求人生智慧的學問即是 philosophy，這個字實在與今日的含義有出入，它有很特別的意思，由於最早用這個字的人是畢達哥拉斯，所以根據他的思想來下定義比較接近眞相，他的意思專指：奉獻生命於拯救靈魂的專門學問（註 38），如此看來若是某位學哲學的人不承認靈魂不朽，或不關心靈魂，這個人就不是眞正的哲學家，如此說來是可理解的。

既然早死早解脫，那人們可不可以自殺呢？這就形成了一項弔詭，蘇格拉底說：不可以自殺，因爲人的生命不屬於自己，是屬於神的，人無權自己隨意亂處置神的財產，未到死亡的時候是不允許偷偷溜走的。

依據奧耳菲宗教神話，靈魂是人有了罪性而被禁錮在身體內，離開身體才能解脫，所以何不早早解脫呢？自殺是一種方法啊！然而蘇格拉底不贊成自殺的行爲。

勇敢地面對死亡是一種充滿希望的精神狀態，這種希望是建立在神的善良旨意上，而不是靈魂的自然毀滅；死亡並不可怕，靈魂從身體脫離，獨立而得到解脫；哲學家與一般人的看法不同，通常人以爲的「生活」在哲學家看來是死去的生命，一般人以爲的「死亡」才是靈魂眞正的活著，所以非但不必畏懼死亡，反而還要欣然地迎接死亡，蘇格拉底做到了！他坦然地期待另一個更美好、更善良的新生命。

二、淨化靈魂：捨棄感官慾望

哲學家的任務是在平素做好淨化心靈的工作，使得精神獨立於慾望之外，別花太多心思在色身上，它是有限且不值得的。

在從事清心寡慾的淨化時，人的心智變得越來越專注集

38　參考 A. E. Taylor：《Plato》，P.179.

中，ωφροσύνη（Sophrosyne, temperance）是務必要練習的德性之一。這個字在英文中不易翻譯，只能說它相當於節制，自我收斂，自我管束。這個字的起因可以從希臘人的民族性中看出：希臘人大多敏感、性急、情緒化，所以這個單字是針對此種特性而發的，意謂希臘人需要多多自我節制，它的反面就是過度、過激、超過應當的界線。自我節制是用以對治放縱，使得人們能在危險的懸崖峭壁中安全的走過。

這個 Sophrosyne 也不等同於 Temperance，儘管時常如此代稱，它強調的是 vritue 的整體性，是一種靈魂的內在和諧，在行為和態度上能合理地展現自己。蘇格拉底的德性觀與柏拉圖不同，後者認為不同階層的人有不同的美德，例如武士們以勇敢為美德，管理者以理智為美德，商人以節制為美德；但蘇格拉底是整體看待的，他認為某個人如果正直的話，他就應當是善良的，若是善良的話就應當是公正的，若是公正的話就應當是虔誠的......。他對於道德的看法是整體合一的。

Sophrosyne 是避免心理上的偏激，像言語的誇大不實，傲慢、自伐、恃才傲物、或者眼高手低。經常希臘人只要一喝醉，這些現象都出籠了！這項氣質對於公共人物或政治家來說更是困難，很難在社交活動與政治活動場合找到它的蹤跡，而在戰時，那就更是蕩然無存了！

Sophrosyne 也是一種踏實的個性，不做過度的智力浪費，換言之，就是心智的健全，收斂的本質，不任意侵犯別人，這種德性出自於內在的智慧，只有智慧才是這個字的力量來源。

蘇格拉底的倫理學特色是這項素質，在生活中他也言行一致地奉行，從「照顧靈魂」的行動來看，增進品德不就是在照顧靈魂嗎？他在生命中最關心的就是倫理學。

三、宗教使命感：宣揚靈魂的不朽

　　希臘宗教中靈魂原本從天上星辰下凡，多多少少帶有神性，divinity 的意思中本來就有不可毀滅之義，既然神性不朽，人的靈魂在死後也是不朽的，這是一種理性信仰的前題假設；蘇格拉底在平素每逢遇有選擇性的猶豫時，耳邊就會響起一種聲音，告訴他：「不要走那一條路」，「不要做那樣事」，於是他會放棄其一而選擇其二。他一生中都遵守神意，也相信德耳菲神廟對他所降的神諭是要引人為善，值得去做，所以他竭盡所能地說服別人，將智慧與品德放在物質慾望之前，視城邦的正義先於城邦的利益，他關心人格的高貴德性，代替神在人間宣揚「教義」，這種教義其實是強調道德的位格，理智的自我，要人們專務追求智慧與美德。

　　蘇格拉底期盼靈魂不朽是基於道德的理想，與一般迷信的宗教不同，這種信仰靈魂不朽的價值是建立在理智的自我與道德位格之基礎上，死後身體是留不住的，但是善行與美德卻成為永恆的生命，「照顧靈魂」是一種永恆的生命哲學，它並不困難，也不抽象，其實靈魂就是每個人的道德自我，照顧靈魂相當於中國人的「敦品勵行」、「克己復禮」，並不虛玄，形軀的我無法留存，但道德自我卻是永恆長存的，為了這個目標，值得人們去努力！

獄中的蘇格拉底

正在服毒的蘇格拉底，他旁邊的門生爲其師蘇格
拉底之死而悲傷痛哭。

臨死前的蘇格底-猶高談闊論，不畏死亡

參、結論

　　由於蘇格拉底本身未曾留下哲學性著作（註 39），若想瞭解他就非得藉由其弟子的作品來著手不可，所以有不少學者認為：是柏拉圖假藉他老師的嘴巴說出自己想說的話，所以我們不妨從這個疑點做一些追蹤。

一、柏拉圖能否正確地代表蘇格拉底？

　　研究柏拉圖的人很多，各式各樣的註釋書中也不盡然完全是贊同之辭，至少有四個人如此認為：

　　John Jay Chapman，《Plato and Greek Morals》：「蘇格拉底是一位前基督教時期的殉道者，但柏拉圖在非有意的狀況下錯誤地表現其師。」

　　Warner Fite，《The Platonic Legend》：「柏拉圖在代理蘇格拉底發言時，前後表現不一致，不過蘇格拉底也不見得比柏拉圖好多少。」

　　R. H. S. Crossman，《Plato Today》：「柏拉圖在無意識的情況下誤把蘇格拉底表彰成一個偉大的靈魂。」

　　K. R. Poper，《The Open Society and Its Enemies》：「柏拉圖在有意或半故意的情況下背叛蘇格拉底，而蘇氏在任何時代都是一位最偉大的人。」（註 40）

　　這種負面的評語在諸多論述之中顯得頗為特殊，看來並不是所有的人都一味地崇拜柏拉圖。比較溫和的批評是以適

39　據《費陀》所說，蘇格拉底在獄中一個月曾作有音樂、詩與寓言有關的作品，但未能保存下來。

40　參考 Levinson：《In defense of Plato》，P.47.

度的懷疑做深入分析，以柏拉圖前後期思想發展的脈絡爲判斷依據，像 F. M. Cormford 就認爲《費陀》中的不朽理論絕非蘇格拉底所教，因爲蘇格拉底在《辯護》篇中的口氣並不十分篤定，而《費陀》裡的推理卻是很冷靜肯定，前後態度不一致，所以持這種懷疑的學者有好幾位。

在《辯護》中蘇格拉底對於死後究竟有沒有靈魂，或者靈魂是否眞的不朽保持一種客觀的不肯定態度，他從來不會承認「知道」他所「不知道」的事，對於「死後會如何」他眞的不知道，這種坦誠很符合他踏實的個性；死亡很可能是一場無夢的睡眠，也可能往赴地府黃泉，前者根本不必擔心會受到夢境的干擾，後者他就可以會晤那些特洛伊戰爭中的史詩英雄們了！「如果別人告訴我們的是眞的話，那麼死亡是不朽的，而我爲了執行神聖的宗教使命所受的死刑也不會是眞正的死亡。」這一段話發生的場合是在嚴肅的五百位法官之前，蘇格拉底以他出生入死的大無畏勇氣表現出他的冷靜、理智與幽默，他對衆人判決後的反應並非咆哮怒吼，也不是悲哀怨恨，反而是不改他平素開玩笑的幽默風趣，表現出對於未來永恒的樂觀意志，在法庭上面對衆人，面對死刑的判決，他的表現不亞於在另一種形式的人生戰場上。

柏拉圖寫出《辯訴》篇應當在距離其師死後不久，想必不致於有僞飾自己理論以利用其師的動機，在經過相當歲月之後，柏拉圖已經有更成熟的自我發展，他把靈魂定位爲「眞實的自我」，蘇格拉底的靈魂是「理性的自我」，這二者在文字層面上雖然小有差異，但在精神內涵上是可以相通的；所以在成熟時期所作的《費陀》篇，主人翁不再是虛無主義，也不是勇赴黃泉的角色，而是一種超越純淨的抽離、已經了解人體禁錮中的神性、有信心能解脫這道禁錮的篤定心境了。

柏拉圖之所以膽敢假藉其師之口說出四種不朽論證，是因爲他以內在的智慧洞視蘇格拉底的眞實心意，他肯定：他這些觀點是蘇格拉底思想的延續發展，如果蘇氏仍然在世，

必定會有相同的後續發揮，人同此心，心同此理，畢竟「我想的到的，你也想的到！」所以他才以豐富的才華構作出如此一篇動人的對話錄。從這樣的角度看起來，柏拉圖不僅傳承蘇格拉底的思想精華，也青出於藍地充份發揮天份，師徒二人在西洋哲學史上都有永不磨滅的功勳。

二、蘇格拉底的貢獻

到目前為止，歐洲哲學史上創造靈魂概念的人是蘇格拉底，他給予希臘文φυχη新的含義。對於赫拉克利圖斯，他所認為的φυχη是躍動的火，神聖的火，也是 Logos。在奧耳菲宗教乃至於畢達哥拉斯學派，它是被囚禁在身體中的神。而蘇格拉底首先把它認作是道德與理性的位格，是它使得人成為一個真正的人；經過蘇氏積極「代天行道」，四處與人談論，宣揚他的「倫理教義」之後，至少有一種狀況是真實的：希臘人已經逐漸能接受「靈魂是人的位格」、「照顧你的靈魂，因為它是生命中最重要的」，這些觀念越發普遍化了，對於希臘哲學而言，這的確是最重要也具有決定性改變的地位。

三、柏拉圖的貢獻

柏拉圖的著作殊多，此處只講他的靈魂不朽論，至少對於後來的基督宗教做了舖路的工作。他的靈魂論由於繼承畢達哥拉斯學派的三分說，更加以精深的發揮，所以對後代的心理學家啓示良多。他主張靈魂如一輛雙馬拉著的車，一左一右分別是意志與感情，那位駕御馬車的是理智，理智有責任指導且控制其他的情緒慾望，將不善的意念導之於正，此對於倫理學的構作影響深遠。

德行之尊貴在於理性能自立，若是理智泯弱於情慾，此人豈非是情慾的奴隸嗎？理智的可貴在於能獨立自主，不但

能控制情慾，且要指導改正情慾，柏拉圖的心理學是在倫理觀的基礎上發展出來的，所以若稱呼它是「倫理式的心理學」也不無道理。

　　柏拉圖雖然是一位有神論者，但並未以宗教人士自居，他的宗教思想屬於「自然神學」的範疇，透過後繼者新柏拉圖學派的媒介，對於初期基督教有巨大的影響，像教父奧斯丁（St. Augustine, AD.354～432），他把柏拉圖著作中的 Demiurge 詮釋成創造萬物的宇宙神，把 Form 當作模型因，神藉此而創造一切萬物；原罪的觀念得自於人的劣根性，靈魂脫離肉體的解脫，象徵著靈魂與天主合一而終於得救；這其中相符的跡象是很明顯的。

　　至於士林哲學大師多瑪斯雖然得惠於亞里士多德，但亞里士多德正是柏拉圖所調教出來的，無論亞氏對其師是贊成、是反對，終究擺脫不了其淵源，所以柏拉圖對於基督宗教是有著舖路打基礎的功勞的。

蘇格拉底(城墙上的壁畫)

希臘文、英文對照關鍵字

1. 'Αιδηζ	Hades	地府，黃泉
2. αναμηαιζ	a n'amnesis	回憶
3. ανταποδοσιζ	opposite	對立
4. αρειη	virtue	德行
5. ανωλεθροζ	imperishable	不滅的
6. αρμονια	harmony	和諧
7. βιοζ	pass, go	投生
8. γενεσιν	birth	投胎
9. δοξα	belief	信念
10. ειδοζ	idea, form	觀念，形式
11. θαναιοζ	death	死亡
12. ιδεα	form, idea	種類
13. λογοζ	logos	道
14. μελειη	practice, rehearsal	練習，預習
15. μειαβάλλοντα	transmigration	輪迴
16. μνημη	memory	記憶
17. νουζ	reason	理智
18. σοφια	sophia	智慧
19. σωφροσύνη	temperate	節制
20. φυχή	soul	靈魂

第二部

魏晉南北朝
佛教神不滅論

第二部　魏晉南北朝佛教神不滅論

自從印度佛教傳入中國後，信奉佛教者與排斥佛教者之間產生不少歧見與摩擦。以傳統思想來講，佛教的善惡因果報應說予人以熟悉之感，因為《易經》中也說：「積善之家必有餘慶，積不善之家必有餘殃。」從道德層面來看是有警惕之功的！但六道輪迴之說卻是儒家一向沒有談到的，甚至於孔夫子對學生的好奇心給予現實感的棒喝：「未知生，焉知死！」這等於是封閉了思索生前死後這道問題的大門，然而，人性中按捺不住的求知慾與未知的價值感催促知識份子向自身生命心靈中思考，並不因儒家傳統的壓力而卻步；從東漢末年佛教在中國傳譯，乃至於到了六朝，佛教與儒家知識份子之間不斷地展開認真又熱切的議論，有些是從文化角度來談，如夷夏之爭；有的是專注於生命本性的研究，也可稱之為主體性的論證，本文試從輪迴與報應的承受主體來作分析。

第一章　魏晉以前的神識思想

承認人在死後有善惡果報者認為：承受果報必先得有一主體存在，人生與人死是同一生命主體的二種現象，神識住宿在肉體之中，並不隨著身軀死滅，而是繼續轉宿於另一肉體中。人經過前世、今生、來世三種階段，輪迴於六道之間，必定自身相應感受到自己生前的一切所作所為，這種論點稱為「神不滅論」，最早出現於三國初年的吳・牟融所作的《理惑論》中，從此論也反映出當時持反對論者是站在中國傳統儒家的排斥鬼神立場，以否認人有三世、有輪迴、有善惡果報之主張，因為這些都是傳統的四書五經上未曾說過的，故而也極力抵斥佛教，主張人死後心神必定隨著形軀散滅。魏晉以前較出名的論據以牟子《理惑論》和三國維祇炎所譯的《法句經》為例說明之。

第一節 牟子《理惑論》

牟子,名融,是東漢末年蒼梧郡人,年輕時先讀儒家經傳諸子之書,認爲神仙之說皆虛構荒誕之言,待入中年以後,天下大亂,與母親逃難於交趾,由於歷經戰火與親人流離喪生,心有所感,乃志歸佛門,除了本來的儒學之外,兼通道家老莊與佛教經典,他的思想融和儒釋道三家,算是中國歷史上最早以文章表達出三教合一的思想家。

牟子的著作《理惑論》又稱《牟融辯惑》,成書時期約在東漢獻帝初平二年(西元191年)左右,全書分三十七章,文中除了讚美佛教義理精深之外,也不斷廣採儒家經書和老、莊文句,印證三家其實觀點一致,並無排斥矛盾之處,此文如今收錄在《大正藏》第五十二冊《弘明集》中。

《理惑論》的表達方式採問答體:

有人問牟子:「孔子明明說過:『未能事人,焉能事鬼?未知生,焉知死?』爲何佛教動輒談論生死之事?這些事人家聖人都不談的,佛教老愛談這些,顯然不是聖哲之語!」(註41)

牟融的回答是:「您說的話雖然出自《論語》是沒錯,但沒有把問題看清楚,這段事情是發生在孔子生病的時候,子路去探望先生的病,放著正經事不問,卻問起如何事鬼神?所以孔子才沒好氣地回答他:『你連活人都照顧不了,還去侍奉什麼鬼神!』子路又不聰明地追問:『死後是怎麼一回事?』這時孔子更不高興地回他一句:『連生命的奧秘都探究不了啦,還去管什麼死後之事?』此段文句出自於《論語》先進章第十一篇,除了《論語》之外,《孝經》

---

41 出自《弘明集》卷一,《大正藏》第52冊,頁3。

也說：『爲之宗廟，以鬼享之；春秋祭祀，以時思
之。』又曰：『生事愛敬，死事哀感。』這不就是教
導人們事鬼神而知生死嗎？此外老子《道德經》也
說：『知其子，復守其母，沒身不殆。』這不正是在
講生死之所趣，吉凶之所在嗎？

至於魂神是何相狀呢？牟子的想法是：

　　「魂神固不滅矣，但身自朽爛耳。身譬如五穀之
根葉，魂神如五穀之種實，根葉生必當死，種實豈有
終已？得道身滅耳！」

牟子以五穀的種子與株芽根莖的成長關係，來比喻人類
靈魂和形體之間的關係。吾人可以觀察到：植物根莖在收成
之後被連根拔起，形軀可以曬乾蓋茅屋，也可以當作柴火燒，
但種子卻留存下來，作爲來年春天播種之用，如此一年復一
年的，種子無盡地綿延下去，植物根莖一生一死地輾轉循環。

這個論證是類比法，嚴格而言，是不當的類比，人是靈
性動物，豈可比擬爲植物？性質不同是不適合做類比的。其
次，一株植物可以結出好幾束的穀穗，上面結實累累，這些
種子又可以再下種，成爲更多株植物，若依此類比，那不是
主張一人可以分身化身成爲百千位後代了嗎？是邪？非邪？
增人困惑！

當然，植物分公母，人類分雌雄，植物種子如何發芽生
長？若在生物學家來看，大約會以植物生長激素，DNA去氧
核醣核酸……來解釋，向此路走就是物理論證，但古代的中國
尚未有這些系統觀念，牟子只是很明確地指出：形與神是相
分離的！這個有限的形體終有朽爛的一日，但存在其中的魂
神是不爛、不壞的，牟融的思想疏忽了一點：魂神是無形無
相的，豈可以種子來譬喻呢？「形神分離說」在此處顯然論
據不夠充份。

　　《理惑論》是中國佛教初期的理論文獻，論證根本佛教觀念，儘管主題讚同佛教，但立場並不違背傳統儒家與老莊思想，對於後世作爲榜樣，影響頗大，無論在歷史上或哲理上都具有相當的參考價值。

第二節　三國時期《法句經》

　　佛教思想剛傳來中國時就已經包含有輪迴報應的想法，報應主體在佛學中是十二因緣的「識」支，「無明緣行，行緣識，識緣名色，名色緣六入，六入緣觸，觸緣受，受緣愛，愛緣取，取緣有，有緣生，生緣老死。」是爲完整的一連串人生過程，其中第三項的識正是由五蘊結合所成的生命主體，但由於翻譯過程的複雜，常常在語詞中與精神、心神等詞合用，形成「識神」、「神識」等新增名相，在中國士人看來它們與魂、靈、精神等同義，其實佛教正確意義的「識」與中國語意的「神」在內涵、外延上都不一致。

　　佛教初期翻譯典籍中比較完整地介紹輪迴思想的有《法句經》，這是三國時印度僧維祇難與竺律炎，和西域的居士支謙等人共同合作譯出的，（約在西元224年）卷下第37品「生死品」中有言：

　　「生死品者說諸人魂靈亡神在隨行轉生」，此句如何斷？如何下句讀？殊爲有趣，元、明版本爲遺落一個字，假設加一「身」字將會比較好懂：「說諸人魂靈，身亡神在，隨行轉生」（註42），人的形軀雖滅亡，但神靈仍然存在，尾隨人的行業善惡而投胎轉世出生。

　　「生死品」共有十八章，以印度文體來說是十八首四句偈，其中與生死流轉相關的文句是：

42　見《大正藏》第四册，頁574下面橫行註解。

第二偈：「受形命如電，晝夜流難止。」（註43）

第三偈：「是身爲死物，精神無形法，假令死復生，罪福不敗亡。」

此偈解釋人的精神比前述牟子《理惑論》要精煉，精神是無形無相的，但是生前所造的罪業與福份在死後依然存續，表示罪與福也被包含在精神之內，雖然無形相，但有其作用在。

第四偈：「終始非一世，從痴愛久長，自此受苦樂，身死神不喪。」

此偈十分明確地主張：人的身軀雖然會死，神識卻不會失散，它的功能在受苦受樂，痴迷於恩愛之中，如此生生世世，不斷反覆，人類並不只有一世的生命。

第五偈：「神止凡九處，生死不斷滅。」

神識的居止之處有九，經文並未明講是九識還是九竅？但清楚地說生命現象是不會斷滅的。應當分辨的是：佛教所謂的「不斷滅」並不等於西方人的「永恆不朽」論，否定詞的功能只是在遮撥一項錯誤觀念，並不等同於建立另一項肯定觀念，所以佛教後期才有「中道」觀的成熟理論，即是指出這項分野。

第十二偈：「識神走五道，無一處不更，捨身復受身，如輪轉著地。」

此偈明指輪迴的承受主體是識神，把「識」與「神」二字二合用，這是印度名相與中國文字的相互結合，爲中國辭彙增加新的名詞。識神遊走於五道之間，捨此舊身再受新身，好似換衣裳一般。

---

43 以下經文出自《大正藏》第四冊，頁 574。

　　第十三偈：「如人一身居，去其故室中，神以形
為廬，形壞神不亡。」

　　此偈是明喻法，也是類比思考，神識居住在身形之內，
以身形為屋廬，人可以在房子中進進出出，神識也一樣可以
在身形中出出入入，所以身形朽壞了而心神不會衰亡。

　　我們可以提出二項問難：

　　第一：人在搬入遷出故居之時是在意識清醒的狀態，自
己能夠自覺到在做什麼事，以及搬遷時的一切過程細節，而
神識在投胎出生之時和死亡遷出之時意識狀態是蒙昧的，人
們可以在新居回憶故居，卻很難在此生回憶前世，此二者之
間的意識明晰狀態是有分別的。

　　第二：人們有能力為新居做環境選擇，可以主動的安
排，但投胎轉世卻是不得不然，受業力左右，此二件事一主
動，一被動，也是不同的，《法句經》的作者法救對此疑點
未能更深入釋疑。

　　第十四偈：「精神居形軀，猶雀藏器中，器破雀
飛去，身壞神識生。」

　　此偈再度以譬喻的方法做類比性推理思維，我們捕捉鳥
雀後把它關在瓶器中，一旦這只瓶器打破了，其中的小麻雀
就飛走啦！好像人死之後神識飛走一般。前一首偈以地面固
定性為喻，這一首偈以天空中的輕靈性為喻，不過都同樣留
有一項缺憾：以有形像比喻無形像，不但牽強，也未必適當。

　　無論是牟子《理惑論》或者《法句經》，二種講法都共
同主張形與神相分離，這就成為二元論，但未能說明二者之
間如何形成禍福善惡？是身形造善惡而神識有禍福？還是神
識造善惡使身形享禍福？孰是孰非？未能深入探討，只能說
魏晉以前的三國時代這項問題含有本質定義和物理論證，但
尚未形成有系統的研究。

第二章　東晉時期

　　神不滅論反映出中國士子對佛教理論瞭解的進況，從三國初期延續到隋朝，中間約有四百二十年之久，最具有代表性者爲東晉的盧山慧遠（西元 334～416 年），他主張形盡神不滅，謂心神從一形體輪迴入另一形體，繼續存在而不消散，猶如柴火之燃燒，一木燃盡再點燃另一木，他以木柴與火的關係比喻形體有限含藏心神無限的關係。

　　由於慧遠弟子衆多，本身道德顯著，與西域高僧往來頻繁，故他與鳩摩羅什書信來往中亦討論到法身與色身的問題，當時在政治上很有地位的羅君章作有《更生論》，意謂人與物之神皆有更生之義，死後可以復生。鄭鮮之也相互應喝，作有《神不滅論》一篇，發揮精神不滅的思想，以下篇章以圍繞慧遠爲主，作此問題的橫剖面觀察。

第一節　盧山慧遠形盡神不滅論

　　慧遠出生於東晉元帝咸和九年（西元 334 年），雁門樓煩（山西）人，先讀儒書，後究老莊，二十一歲時在太行恆山聽道安講般若經，感嘆過去所讀之書皆爲秕糠，遂與同胞兄弟俱投道安門下，剃度出家。

　　慧遠悟性極佳，口才亦好，二十四歲即登講席，深精般若性空之學，爲了使座下一般士子易於領解，故引莊子之文以說明佛教性空實相，獲得士子大衆之讚賞，道安亦深感此子大有法緣，能獨立化度一方。

　　五十歲時慧遠奉師命南下渡化，安住於盧山東林寺，從衆甚夥，由於本身孜孜致力於講學與研究，發現江東之地經典不夠齊全，禪法亦不如北地嚴謹，律藏更是殘缺，所以派

出弟子遠赴西域求經，延請梵僧住山傳譯，對於西域三藏極為禮遇。晉孝武帝太元十六年（西元 391 年）迎請罽賓沙門僧伽提婆入山，譯出阿毘曇心論、三法度論、與中阿含經。

慧遠與僧伽提婆朝夕相處，思想上當然受到薰陶，僧伽提婆譯的是犢子系「有我論」的學說，與原始佛教所主張的「無我論」顯然有異，慧遠既然欣賞僧伽提婆的有我論，必然主張神不滅論。

慧遠在 69 歲時碰上大將軍桓玄下令沙汰沙門，令沙門務必禮敬王臣貴族，慧遠針對這次政治干涉宗教之事挺身而出，衛護佛教，主張保有佛門一貫傳統，僧尼既已出世，對於王權並無屈服之必要，故而作有《沙門不敬王者論》一文，此文共分五章，第一章「在家」，第二章「出家」論述佛教徒出家修行的動機與目的，出家過出世的生活，是超越世俗生活的。第三章「求宗不順化」謂欲求佛道者不必隨順世俗，在本質上已經否定世俗生活的心態。第四章「體極不兼應」，謂已經體會得佛法滋味者不再有順應世俗之必要。最後第五章「形盡神不滅」論，標出修道人的理想價值觀，謂肉體遲早終將有死，但精神卻永不滅絕，言下之意亦謂王者雖然能以法令干擾沙門，但沙門的堅強內心是不因外力而動搖的！

《沙門不敬王者論》採用問答體作辯論，今收錄於《弘明集》卷五中（註 44）。有人問慧遠：

> 「夫稟氣極於一生，生盡則消液而同無神，雖妙物故，是陰陽之化耳。既化而為生，又化而為死。既聚而為始，又散而為終，因此而推，故知形神俱化，原無異統。」

這道問題採取《易經》和老子的想法，以對立相生說來

44　見《大正藏》第 52 冊，頁 302。

看待世間萬物。萬物之所以有生命是由氣稟而來，因爲有氣所以有陰陽、有生死、有始終，這是觀察大自然可以發現的。

　　「精粗一氣始終同宅。宅全，則氣聚而有靈；宅毀，則氣散而照滅。散則反所受於大本，滅則復歸於無物，反覆終窮，皆自然之數耳！」

　　此段以類比法思維，認爲人體好像一棟宅舍，若房屋修葺得完好，則身體健康有力，內中氣聚才有心神的作用，如果屋舍倒塌毀壞了，內中的氣也存留不住，精神功能亦喪失殆盡。人氣消散後回歸於大自然虛空中，心神喪滅後什麼也沒有，整個兒看起來，人生的過程不過是大自然的一個定數罷了！

　　此種觀點是斷滅論，也是唯物論，他認爲形體完好才有精神的功能，形體毀喪則精神功能無從發揮，精神之有功能是建立在先有形體的前題條件上，沒有形體就沒有精神，這是唯物的觀點。

　　人死了後復歸於無物，生前的一切努力作爲、道德品性、善惡、恩怨，是非……全都一筆勾消，如此因果無法存在，時間之流是呈現缺口的，這種意見是爲斷滅論。持斷滅見的人在中國讀書人中是頗爲常見的，這可能和民族性的現實感有關，中國人大多愛談現在所能掌握的，不太關注死後的世界或死後的可能遭遇，此點與印度人或西藏人都很不相同。

　　問方又舉《莊子》爲例，提出疑難：

　　「神之處形，猶火之在木，其生必存，其毀必滅。形離則神散而罔寄，木朽則火寂而靡託。……有無之說必存乎聚散，聚散氣變之，總名萬化之生滅；故莊子曰：人之生，氣之象。聚則爲生，散則爲死。」

　　問者以類比法思維形與神的關係，比附於木與火的關

係，但世間常有未點燃之木，豈有「無神之形體」？有哪一個人是失神之形呢？此位人士持「聚散氣變之」的立場，氣變總名爲萬化之生滅，所以稱他爲「氣化論」應當是無誤的；氣化論的危險是有可能落入唯物論一流，也有可能走入玄妙神秘的唯心主觀之地，它本身立場不定，容易遭人誤用。

對於以上的三種問難：對立相生說、斷滅論、氣化論，慧遠作出以下答覆：

「夫神者何耶？精極而爲靈者也。」慧遠先爲討論的主題「神」下定義，掌握住根本立場後才能確定言談的範圍，這種方法與蘇格拉底如出一轍，先從根本著手。「神」是人體內至精至極而有靈性的一部份，火對於木柴而言可能具有靈性嗎？人不同於物，由此一定義即可了然！

「神也者，圓應無主，妙盡無名，感物而動，假數而行。感物而非物，故物化而不滅；假數而非數，故數盡而不窮。」形與神的關係是一還是二呢？能否獨立而分離？慧遠提出形神的行爲原理：「感物而動，假數而行。」神靈感動物體，卻假藉先天的定數有所行爲。此文所言之「數」承襲漢代緯讖之術的定數思想，是中國學術中至爲玄妙的一部份，當然也和《易經》之變數有關。

心神既然能感物，顯然本身非物，是爲抽象主體，所感之物即有限的形軀，終有物化朽滅之時，心神既然非物質體，當然不會消滅，不會伴隨物質一同朽滅。

神靈行動之時必須假藉先天定數作爲，所以心神不是定數；定數終有窮散耗盡之時，心神既非定數，當然不會附隨著定數而耗盡。慧遠的語法是採用般若性空的遮撥手法，不作肯定的主張，而用否定的確認。心神本身「非物而不滅，非數而不窮」，這種論理屬於本質定義，也是本體論證。

「有情則可以物感，有識則可以數求。數有精粗故其性各異，智有明闇故其照不同。」人除了有形、神以外，還有

感情，更有意識功能，這是除了靜態因素外也體認到人的動態因素；感情能與外在環境交流影響，意識心念的變化可以從前定之數窺測之；每個人的運數有高下粗細不同，正代表著每個人的本性不一樣；每個人的智慧也有明利闇鈍的差別，所以在洞察反照之時反應也不一樣。慧遠從個體的殊相來討論人世間的複雜，除了形、神之外，他增加了情、識，一共四種成份。

「化以情感，神以化傳。情為化之母，神為情之根。情有會初之道，神有冥移之功。」生死輪迴在魏晉之時以「化」稱呼，變化、生化、轉化皆從感情發生，在此生死輪迴之際神靈得以傳延下去，有感情必有生死，有輪迴必有神識。感情即是生死輪迴的來源，人類之所以有七情六慾也正是因為有無明之神識。慧遠這些簡單的文句完全符合唐朝般剌密諦所譯的《首楞嚴經》思想，若欲斷生死輪迴必先斬斷情根，所謂情根即是我愛執纏，當然未能讀到《楞嚴經》的慧遠在分析結構上不能與前者相比，但能提出這樣一針見血的立論也已經是十分精彩的！

慧遠因應問難者所提出莊子思想之反論，作此解釋道：「以實火之傳於薪，猶神之傳於形；火之傳異薪，猶神之傳異形。前薪非後薪，則知指窮之術妙；前形非後形，則悟情數之感深。」

這段文字的背後是有著典故的：莊子《養生主》中說：「指窮於薪，火傳也。不知其盡也！」以火與木柴比喻形與神的關係，除了莊子以外，中國自兩漢以來有不少經書都提到木火的例子，像《易經繫辭傳》、桓檀的《新論》、《淮南子》等，都不約而同地以火燃之喻類比於形神關係。

其實佛教原本主張無我說，但經過上座部與大眾部的分化，到了犢子部卻主張有補特伽羅我（Pudgala），此補特伽羅的意譯是數取趣，意即數次在六道輪迴中打轉兒，輪迴必

得有一主體，這個主體在唯識學或毘曇論中稱作「識」
（Vijñāna），此非印度婆羅門教的「我」（Ātman），印度
教的 Ātman，可以還原爲 Puruṣa，它是超越在形體和精神之
上的另一種宇宙心，犢子部的補特伽羅只指數數輪迴於六道
中的識神，前面曾提及的僧伽提婆正是犢子部學者，所翻譯
的經典《阿毘曇心論》主張補特伽羅是勝義有，而非假有，
正巧慧遠一向很關切法身存在問題，這可以從他和鳩摩羅什
所往來的書信中得知，慧遠把補特伽羅與法身問題連貫起來，
成爲凡心與聖境的層次差別。

　　在東晉當時清談之風與奢靡之風皆爲流行，不少短見自
棄之人感嘆生命如草芥，短暫如朝露，所以持神滅論，慧遠
以形盡神不滅論來作爲反駁，以本體論證對抗當時的氣化論、
斷滅論，是強而有力的反擊，所以引起其他人的重視與興趣，
一一作出回應。

第二節　羅什與姚興《通三世論》

　　鳩摩羅什（Kumārajiva，西元 344～413 年或 350～409
年）乃龜茲國人（今新疆疏勒），中國四大譯經家之一，七
歲從母入道，遊學於印度，博聞穎悟，屢參名僧，譽滿五天
竺。二十歲歸國受具足戒，王舅奉爲國師。前秦符堅因道安
之推荐遣將呂光率兵迎請，但龜茲國王不願失去羅什，故而
兩方交戰，龜茲戰敗，呂光遂得羅什；返國途中適逢內地作
亂，前秦符堅戰敗沒身，呂光不再向東行，於河西自立爲王，
羅什亦受困於此十七年。直到後秦國主姚興攻破呂光，迎請
羅什到長安方得脫困，此時爲東晉安帝安五年（西元 401
年），羅什已經是五十多歲的人了。

　　羅什通達多種語言，所譯經論文體簡潔，曉暢雅麗，一
生中致力最深的法門爲般若系大乘經典，譯出龍樹、提婆之
中觀部論著，被後世尊爲三論宗之祖。

　　盧山慧遠聽說鳩摩羅什入關中，立即派遣弟子道生、慧觀、道溫、曇翼等共赴長安師事之，學習龍樹一系的大乘空觀法門，自己雖然年邁不下山，但常以書信與羅什往來，研討義理，所傳書信共有十八章，今收錄在《大正藏》第 42 冊，名稱是《鳩摩羅什法師大義章》，或稱《大乘大義章》。

　　鳩摩羅什談論主體性問題與中土人士不同，他不用「形」、「神」等中國名詞，而用印度佛教的術語和方法來思考問題，他認為：

　　「從心生心，如從穀生穀，以是故知必有過去，無無因之咎。」心法與心念都是心的內涵，從一心法產生另一心法，就像是五穀雜糧的生長過程，只要因緣具足就會生生不息。所以用類比法可推理出：此一穀粒能生下一穀粒，也被前一穀粒所生，凡物必有過去、現在、未來，是一連串的接續過程，如此可避免「無因」之過。在印度因果律是十分被重視的問題，若是不承認因果律即是否定現實，會被人冠上「無因論」或「邪見論」的大帽子，無因論是自我懷疑的矛盾，也予人道德律紊亂的恐慌。

　　「六識之意識，依已滅之意為本而生意識；正見名過去業，未來中果法也。十力中第二力知三世諸業，若無過去業，則無三途報。」（註 45）現在我們正運用思考的意識從哪兒來呢？它是從過去已滅之意產生的，念念相續，形成一道意識流，其實此水非彼水，此一念非彼一念，但念頭相續不斷，看起來好像綿延不絕。

　　正見是八正道中的第一項，之所以有正見而非邪見，這是由過去行業所得來的，有正確的觀念後才會有正思惟，所以在未來有其相應的果報。

45　出自《廣弘明集》第十八卷，《大正藏》第 52 冊，頁 228。

　　如來十力中的第二項「知三世業報智力」（註 46），謂如來於一切衆生之現在、過去、未來三世業緣、果報、投生之處，皆悉徧知，若無過去之業即無現在未來之果報，業緣與果報是內在因果關係，承受因果者爲誰？是業力主體，又名業識，此處羅什並不明確地立名，他提到心，提到第六識、意識，也提到三世業報，但就是不指明主體，這是因爲他學性空思想，以烘托映襯的方式，用背景反映出主題，但又不明指主體，爲的是怕落於執著主體性。一但有所執著，那又不是般若性空了，所以從簡單的文句上可以發現：印度式的思考的確不同於中國人士的理論方式。

　　羅什作有《通三世》短文二行，其文如下：

　　　「衆生歷涉三世，其猶循環，過去未來雖無眼對，其理常在。是以聖人尋往以知往，逆數以知來。」（註47）

　　以輕描淡寫的語氣，道出衆生的生命是循環不斷的，三世與七世、九世無甚差別，只是過去、現在、未來三種階段的代稱，過去之前仍有過去，未來久後更有未來，可以無限擴張，雖然對凡夫人而言是看不到的，但眞理常在；羅什以直觀法道出眞理，直觀法不須論證，知道就是知道，所以聖人、得道者都可以起心尋求過去，知道衆生過去所發生的事，也可以推測衆生未來將會發生的事。從直觀而成就知衆生三世業智力，在修行者看來是附隨發生的能力，不是刻意勉強求得的。

46　如來十力乃：(1)知覺處非處智力，(2)知三世業報智力，(3)知諸禪解脫三昧智力，(4)知諸根勝劣智力，(5)知種種解智力，(6)知種種界智力，(7)知一切至處道智力，(8)知天眼無礙智力，(9)知宿命無漏智力，(10)知永斷習氣智力。以上出自《大智度論》第 25 卷，《俱舍論》29 卷。

47　此文出自《廣弘明集》卷 18，《大正藏》第 52 册，頁 228 下欄。

　　鳩摩羅什的三言兩語，意境高超，不落形迹，他並不明確地談形論神，而是輕描淡寫地提到時間、三世、業報，以背景烘托主題，這個輪迴的主體要被稱呼為什麼並不重要，反正知道有這麼一個主體就行了。

　　與羅什同時代的後秦國主姚興（西元 366-316 年）是甘肅的羌人，父親姚萇叛前秦苻堅，據關中自立是為後秦。姚興繼承父位，建都長安，在位二十二年，信奉佛法，迎請鳩摩羅什入長安，居於逍遙園，為建草堂寺，提供一切物質供應。當時有三千位學僧在此學習，聚集道俗數萬人，從事講譯、禪修的生活。當時關中義學大盛，這是姚興大力護持的功勞。

　　他也作有《通三世論》，文中曰：

　　　「五陰塊然，喻若足之履地，真足雖往，厥跡猶存。當來如火之在木，木中欲言有火耶？視之不可見。欲言無耶？緣合火出。」（註48）

　　姚興認為：我們的身體存續與否，就像腳步與腳跡，雖然雙足已經走過，但地上仍然留有印痕，這是指一切行為皆留下業力。他也引用木火之喻，木中有火，火在木中，這是一種隱藏的潛能，待點燃後才有火光發出，但事先是看不出來的，這好比神隱藏在形體之中，無形無相，要有作為之後才能推理得知；若是執意看不到的就不存在，為何等待條件具足時一點火就引燃了呢？先前沒有的，未來為何會有？顯然這說不通。之所以會有火，是因為先前呈現潛伏狀態，原本就有，只待緣合罷了。

　　姚興的思惟方法雖然也是以木火之喻為類比，但他更深一層的指出潛能狀態的因，唯有內在之因配合外在之緣，條件具足之時才有引燃之火。木柴有燠性，能被燃燒，此燠性

48　此文出自《廣弘明集》卷18，《大正藏》第52冊，頁228中欄。

是爲內在之因。姚興身爲一國之主，見理深刻，論證有力，
若與其他中土人士相比是有其特色的。

第三節　羅含《更生論》

東晉政治家羅含，字君章，與方外人士往來論交，作有
《更生論》一篇說明萬物之有限，獨精神長存，此文收錄在
大正藏第五十二冊《弘明集》卷五。他立足於道家自然觀，
發現天地之所以運行不止，生生不息，是因爲自然萬物不斷
地反覆再生之故，反覆再生必有其內在不變的本體。精神與
物質，人生之聚與散，生與死，都是一體之二面，他以道家
的對立相生說來解釋佛教輪迴的本體論。

「今萬物有數而天地無窮，然則無窮之變未始出
於萬物。萬物不更生則天地有終矣！天地不爲有終則
更生可知矣！」（註49）

萬物的生存是短暫有限的，在一個定數之內，但自古以
來天地是無窮無盡的，不曾見它終止過。羅君章以否證法解
決這道難題，他無法直接證明萬物能更生不斷，但可從反面
來看，如果萬物都只有一生一世，那天地也是只有一生一世，
早就結束了！可是如今見到天地仍然延續，萬物仍然滋長，
故可以得知：萬物會不斷地反覆，重新生長。

「人物有定數，彼我有成分；有不可滅而爲無，彼不得
化而爲我。聚散隱顯，環轉我無窮之途，賢愚壽夭，還復其
物。自然相次，毫分不差，與運泯復，不成不知，遐哉邈乎？
其道冥矣！」此段文字道家思想極爲明顯，必須注意的是：
環轉我無窮之途，此語有佛家六道輪迴的意味。

「神之與質，自然之偶也！偶有離合，死生之變

49　此文出自《大正藏》第 52 冊，頁 27，《弘明集》卷五。

也！質有聚散往復之勢也，人物變化各有其性。」

羅含認爲：精神與物質形體之相聚合是偶然的機遇，生與死，合與離，都是偶然發生的變化，物質有聚散，往復的情勢，人物各自有其變化的性質在。此一段文字與上一段有矛盾：前一段才說：「人物有定數」，這一段卻講神與質是自然之偶，「偶有離合死生之變」，既有定數，又有偶合，這在思想上是很難作疏通的。

關於心神與物質形體的關係，羅含很模糊地說：

「神質冥期，符契自合。」心神與形體的結合是很奧妙的，只要相互感應，即可自合；這種表達方式是魏晉玄學的一派特徵，不過也可以稱他是：「言不及義！」

「世皆悲合之必離，而莫慰離之必合。皆知聚之必散，而莫識散之必聚。」羅君章以老子的對立相生說來看待人生，認爲衆人只管悲觀於生命離散的一面，卻忽略了樂觀的聚合之時，其實生是死亡的開始，未必可喜，卻見世人慶生祝壽；死是另一個新生的蛻變，麥子不落地死亡就不可能發出新芽，爲何人人哀感於死別呢？

「凡今生之爲即昔生，生之故事即故事......今談者徒知向我非今，而不知今我故昔我。達觀者所以齊死生，亦云死生爲瘠瘵。」這段思想超過莊子《齊物論》的生死觀，莊周夢蝶只不過懷疑我是蝶耶？蝶是我耶？並沒有論及前世今生的問題，羅君章以直觀之力知道「今我故昔我」，「今生即昔生」，雖然佛教的說法不如是，但已經相當接近了！要同意今我即昔我，必得見到昔日之我，以今日之我見到昔日之我，二者重疊，合而爲一，方悟知前世與今生，實乃不一不異之我！

附在《更生論》之後的是與另一位士子孫安國往返的書信，孫安國在看過《更生論》一文後，心有所感，提出懷疑：

「形旣粉散，知亦如之，紛錯渾化爲異物，他物各失其舊，非復昔日。」孫安國認爲：縱然人能更生，但在六道輪迴時難保依舊投生在原來的環境，通常隔胎即隔世，入胎之後再出胎，把前世的印象通通忘掉了，不再是昔日的同一人了！這種說法吻合於民間傳說中的孟婆忘魂湯，在投胎之前必須飲下忘魂湯，入胎之後，一切都不復記憶！

　　羅含對此意見作有回答：

　　「化者各自得，其所化頹者，亦不失其舊體。……如此豈徒一更而已哉？將與無窮而長更矣！終而復始，其數歷然。未能知今，安能知更？」在投生之後各個有其現生之樂，未必要再回首於過去！不過仍然殘存有過去習氣的痕迹在，人的生命過程並不只有一次更生，而是生生世世地無窮反覆，終而復始，循環往復，這種觀點其實是《易經》復卦的思想，佛教並不如此主張，凡夫可以是永世輪迴的，但聖人卻未必，可以無始，但有終，意即覺悟之後返本歸源，得脫三界，不入輪迴，不再受生，入清淨涅槃，所以佛教的修行是勸人「無始但有終」，這點與羅君章所瞭解的不同。

　　從整篇文章看來，羅君章的道家性格濃烈，但又具有相當的直觀能力，所以「言雖不中」，卻與佛教義理相當接近，也代表東晉南宋初期玄學清談的一種色彩。

第四節　鄭道子《神不滅論》

　　鄭鮮之，字道子，卒於南宋文帝元嘉三年（西元 426 年），估計當爲東晉時期人士。他與朋友往來辯論形神問題，篇幅比羅君章的《更生論》約長三倍，今收錄在《弘明集》第五卷中。他以《易經》思想來思考形與神的關係：

　　「夫萬化皆有也，榮枯盛衰，死生代互，一形盡，一形生，此有生之終始也！……生不自生，而爲

眾生所資，因即爲功，故物莫能竭乎！同在生域其妙
如此！況神理獨絕，器所不鄰，而限以生表冥盡，神
無所寄哉？……太極爲兩儀之母，兩儀爲萬物之本，
彼太極者渾元之氣而已，猶能總此化根，不變其一，
矧神明靈極，有無兼盡者耶？其爲不滅，可以悟
乎？」（註50）

　　《易經》中的「神」與佛教輪迴說之「形神」含義不
同，但鄭道子從傳統的易經太極兩儀生生不息的哲學思想化
通爲人生輪迴不停的過程，此中有過渡的轉化，也是印度思
想與中國哲學的匯合之處。不過鄭道子未能再做條理疏貫，
例如：陰陽兩儀是萬物之本，太極是渾元之氣，總持變化之
根，那麼神識對於形體的變化又有何影響呢？神識的變化是
在太極之內？還是太極之外？若在太極之內，豈不神識之上
尚有渾元之氣？以氣來引導神識之變化？如此神明就不再是
「靈極」了。如果太極在神識之外，那麼太極的渾元之氣與
神識何干？豈不成了二元論？各走各的路？

　　關於形與神之間的關係，鄭道子有他的看法：

　　　「夫形神混會，雖與生俱存，至於粗妙分源，則
有無區異。……神體靈照，妙統眾形，形與氣息俱
運，神與妙覺同流，雖動靜相資而精粗異源，豈非各
有其本，相因爲用者耶？」

　　與前述諸位人士的論說相比，鄭道子顯示他的思考細膩
程度，至少前人未曾論及形與神的內在關係。形與神雖然二
者混合爲一體，這是與生俱有的，可是形體粗，神明細，二
者還是有所區分的。形體作用是與呼吸、氣息相配合而成長；
神明作用是妙覺靈照，支配形軀；二者各有所本，卻是相互
爲用，一動一靜之間相互資助而使生命得以延續。

50　文出自《弘明集》卷五，《大正藏》第 52 冊，頁 28。

「神爲生本，其源至妙，豈得與七尺同枯，戶牖俱盡者哉？推此理也，則神之不滅，居可知矣！」

此段文思與前段文理稍有出入，前一段說形與神「各有其本」，此段卻說：「神爲生本」，若形與神各有其本的話，成爲二元論，神爲生之本的話是爲一元論。此二種思惟之間該如何理解呢？繼續研究下文，或許可以會通一些：

「火因薪則有火，無薪則無火。薪雖所以生火而非火之本。火本自在，因薪爲用耳！若待薪然後有火，則燧人之前其無火理乎？……薪是火所寄，非其本也。神形相資亦猶此矣。相資相因，生塗所由耳。安在有形則神存，無形則神盡？其本惚恍不可言矣。……（當薪之在火則火盡出火則火生），一薪未改而火前期。神不賴形又如茲矣。神不待形，可以悟乎！」

前文之中有圓形括孤，其內之文不詳句讀，恐有疏漏或贅字。

薪火之喻出自《莊子》，鄭道子指出自古以來即有火，火的存在不一定只靠木薪，「火本自在」，喻「神」本自存，薪是火之所寄，類比於形是神之所寄。即使無薪，火理常在，即使無形，神明亦常在！「神不待形」，「神不賴形」，是超然獨絕的！鄭道子明白地表達出「神」的本質定義，神識的存在有其無待的條件，自存而自在，不因形體之有無而受到限制，「神雖不待形，然彼形必生，必生之形此神必宅。」在確定神明的超然絕待性後，再度回到現象界，有形體必然承受形體之神，看來形神二者之間「必宅必生，照感爲一。」形體承受神靈之後發生照察明覺的作用，成爲一體，不再區分作二源。

鄭道子此段的思考方式屬於本體論證，指出神靈的本質

定義，前一段「神爲生本」是形式論證，從其滔滔長論來看他頗富有辯論才華，思考的角度深而細，採取的觀點寬而廣，在其文後另外附有《桓君山新論形神》論文一大篇，裡面所思辨的是人生與燭火、燈脂之比較，這種比喻自古即有，早從東漢桓譚《新論》中已謂：「以燭火喻形神」，鄭道子指出：這種類比並不適當，是「似是而非」之喻，我們人類的肌膚若小有損傷尚有療癒的機會，燭火脂膏越燃越少，豈有復增的機會？

　　火苗從燭脂的一端開始點燃，人類的營養功能是從內發生，二者怎麼相比呢？

　　燈脂將盡之時，可以添油添脂，可以另換新蕊，人老了，氣血衰頹，要如何肥顏光澤呢？難怪有些人打算以「益脂易燭」的方式來延長壽命，「欲變易其性，求爲異道」，指那些求長生不老秘方、貪生怕死之輩，違反自然本性，汲汲於荒唐之事！

　　從這一大段文章來看，鄭道子頗有科學精神，他認真剴實地觀察燭火的物理現象，與人生過程的生理現象做比較，指出類比法本身有問題，不適用。從東漢、三國、魏晉發展至此，他是第一位有反省方法自覺的人，前賢高僧如慧遠都只是襲用莊子的薪火相傳之喻，未能做後設方法學的反省，鄭道子的思考向度比前人更寬廣，有其獨到之處，可惜在後世未獲得應有的重視，少有學者欣賞他（註51）。

---

51 坊間一般佛教史根本不提鄭道子，若有，也只作一、二行，例如湯用彤在《漢魏兩晉南北朝佛教史》第十三卷中說他：「言亦詳盡，但無新義。」呂澂在《中國佛學思想概論》的第七章提到鄭道子，連一行都不到，足見其輕忽之實。

第三章 南宋時期

南宋時期的佛教人物釋慧琳是一位飽受爭議的特殊人士，他引發佛教界有關神滅不滅的主要爭論。慧琳作有《均善論》一文，主張形體一旦凋弊，心神亦隨之散滅；此文一出引起各方評議。照理說佛門人士理應爲自己護教才是，但他卻站在儒家的立場指出佛教的矛盾。他戲稱中國聖人爲「白學先生」，西域釋氏爲「黑學道士」，所以《均善論》被時人稱爲「白黑論」。

這篇論文一發表，引起好朋友衡陽太守何承天的讚賞，也作有「達性論」一文相互應和，這一僧一俗共同挖佛門瘡疤，惹得篤信佛教者共同抵伐，紛紛著文駁斥，盧山慧遠的弟子宗炳作「難白黑論」、「明佛論」反擊之；永嘉太守顏延之與謝靈運是好朋友，趕快也著「釋何衡陽達性論」痛批之，這一場筆戰成爲中國佛教史上的一大盛事，慧琳、何承天認爲「神隨形滅」，宗炳、顏延之主張「神不滅」論，當時的衛道之士皆加入書函攻伐，是學術界的關心焦點，延續到後來梁朝又有范縝作「神滅論」，不斷引發激烈論戰。從歷史的角度來看可以瞭解中國士子對於主體性的關懷，畢竟儒家一再強調道德哲學必得先有個道德主體性在，而佛家主張輪迴更少不了有一輪迴的主體，人生活著不把這個主體性問題思考清楚，怎麼行呢？

第一節　釋慧琳《白黑論》

《白黑論》既然在南宋時期引起軒昂風波，卻不見《弘明集》或《廣弘明集》刊載它，甚至於梁《高僧傳》也不願意爲慧琳作傳，只把他當作其師道淵傳記末尾的附錄（註52）。唐道宣在《廣弘明集》卷七以保守含蓄的筆調爲他記

載了四行半，宋代史傳體的《佛祖統紀》在第 36 卷以嚴厲的口氣記述：

> 「沙門慧琳以才學得幸，詔與顏延之同議朝政。琳著高屐，披貂裘，孔顗戲之曰：『何用此黑衣宰相？』嘗著《黑白論》，與佛理違戾。眾論排之。琳後感膚肉糜爛，歷年竟死。時以爲叛教之報。」（註53）

得知一個違背宗教信仰的人有不好的下場，大概是一種心理平衡的感覺吧！眞正要想得見慧琳《白黑論》的原貌，在佛門書籍中是渺不可得的，只有在南梁·沈約所撰的《宋書》中才得一窺眞面目，它被收錄在第九十七卷，頁碼2388~2391。

慧琳本姓劉，秦郡（江蘇六合）人，精通老莊與佛典，著有文集十卷。他是劉宋高僧道淵的徒弟，才性高傲，且喜歡作詼諧戲謔之語，於元嘉十年（西元 433 年）正是以這種亦莊亦諧的筆調完成長篇大論《均善論》，此文又稱《均聖論》，從文題即可知：他並非有意貶斥佛教，而是以儒、釋二種立場互作比較，雙方各有所長，亦各有所短，故名爲《均善論》，其實他所說的也能代表當時儒家的意見，只不過由於立場的關係，身爲佛門弟子豈可再談論自家是非？此犯佛門大忌，亦爲違戒。

在當時既然引起軒然大波，僧團對他處之「不共住」之懲罰，即被逐出僧團，但他偏偏受到宋文帝的寵愛得以免罪，在《白黑論》中慧琳如此自露佛門之短：

> 「今效神光無徑寸之明，驗靈變纖囧介之異；勤誠者不觀善救之貌，篤學者弗剋陵虛之實。徒稱無量

52　請參閱梁《高僧傳》卷七，《大正藏》第 50 冊，頁 369。
53　此文出自《佛祖統紀》卷 36，《大正藏》第 49 冊，頁 344。

之壽，孰見期頤之叟，咨嗟金剛之固，安覿不朽之
質？」（註54）

慧琳以經驗論的立場看待生命，對於抽象之玄思不予以
正面肯定，他不認為除了形軀之外還會有何物不朽！換言之，
慧琳在根本上就否定有「神」的不朽性，其他文字與形神問
題不相干，所以不再多引，反正：「幽冥之理固不極於人事
矣！周孔疑而不辨，釋迦辨而不實。」從他的文理與思維之
間可以知道：慧琳是個限於經驗層面的人，缺乏直觀的悟性，
但他也有長處：善長於現實面的說理，所以他的文章馬上得
到意氣相投的人士讚賞。

第二節　何承天《達性論》

與慧琳相善的何承天（西元370~447年）是山東郯城人，
南宋武帝時任職尚書祠部郎，出衡陽太守。文帝時召為御史
中丞，常受諮問。

何承天素重儒道，不信因果，從《報應問》一文中即可
得知：

「西方說報應，其枝末雖明而根本常昧，其言奢
而寡要，其譬迂而無徵，乖背五經故見棄於先聖，誘
掖近情故得信於季俗。……夫鵝之為禽，浮清池，咀
春草，眾生蠢動，弗之犯也。而庖人執焉，少有得免
刀俎者。燕翻翔求食，唯飛蟲是甘，而人皆愛之，雖
巢幕而不懼，非直鵝燕也，群生萬有，往往如之，是
知殺生者無惡報，為福者無善應！」（註55）

何承天不從人類身上找例證，卻是從動物身上觀察，在

54　請參閱《宋書》卷97，頁2389、2390。
55　文出自《廣弘明集》卷十八，《大正藏》第52冊，頁224。

他認為：白鵝戲水，與人無干犯，但總是逃不過餐桌上成為佳餚的命運。簷角樑燕銜泥築巢，它本身吃蟲子，殺生重，為何得免於人類的迫害呢？所以他不接受善有善報，惡有惡報的說法。當然不接受報應論的人是把眼光只放置在現實層面的，所以他與相同氣質的慧琳聲氣相投，在元嘉十年（他63歲）慧琳的《白黑論》惹起一場大風波，他寫信給宗炳：

「治城慧琳道人作白黑論，乃為眾僧所排擯。賴蒙值明主善救，得免波羅夷耳！」（註56）

看來慧琳的處境確實很慘，但是何承天偏偏就欣賞他：「若琳比丘者，僧貌而天靈，似夫深識真偽，殊不肯忌經護師，崇飾幻說，吾以是敬之。」（註57）

既然何承天敬重慧琳，所以故意把《白黑論》寄去給信仰佛教的宗炳看，要宗炳比較一下儒釋二家「誰為長者」？

何承天本身似乎較擅長於曆數、天文與音律之學，他曾製作新曆，又創十二補償律，精於數理之人可能不耐長文辨析，所以他的往來文章都不長，其代表作《達性論》只是扼要地主張：

「生必有死，形弊神散，猶春榮秋落，四時代換，奚有於更受形哉？」（註58）

當身軀損毀時，精神亦歸消散，不復長存，這是執持生命只有一世的斷滅論，文體簡截而有力。以神隨形滅的意見引起後續宗炳、顏延之等人的多次辯論。

56　此信錄於《弘明集》卷三，《大正藏》第52冊，頁18。
57　此文出自《弘明集》卷三，《大正藏》第52冊，頁20。
58　參考《弘明集》卷四，《大正藏》第52冊，頁22。

第三節 宗炳《明佛論》

宗炳（西元 375~443 年）是劉宋之時的一位隱士，南陽涅陽（河南南陽鎮平）人，字少文。善於琴、書法、繪畫，亦好遊觀於山水之間。年輕時曾仕宦，從東晉安帝義熙八年（西元 412 年）起，入廬山，師事慧遠，期心淨土。後來又隱遁江陵，與慧堅道交，研修般若空觀，虔奉觀音彌陀信仰。

在 58 歲那年有「黑衣宰相」之稱的沙門慧琳著《白黑論》，主張心神隨著形體之凋弊而散滅，友人何承天特意著《達性論》批評佛教因果報之說，且送《白黑論》予宗炳，用意在示威、挑釁，看看佛門弟子有何反應。宗炳即洋洋灑灑地作出《明佛論》一長篇，內容可觀，文辭精美高雅，論述人類心神不滅的諸種理由；另外也作有較小篇幅的《難白黑論》，是直接針對慧琳的文章而駁斥的。此間又與何承天反覆往來論難，這些文章都收錄在《弘明集》卷三、四之中。

慧遠之弟子宗炳與其師一般主張神不滅論，但以更寬泛的立場來作說明論證。他揭示有二種神不滅義：

一種是處於輪迴狀態中的「神識」不滅。

另一種是提昇靈性狀態的「法身神識」常住不滅。

宗炳的思想中融合有中國傳統的四書五經與道家成份，再吸收當時最新的《涅槃經》思想，故把道家理想境界的虛靜無為之心詮釋成佛教的「佛性」，無為之心乃神識，佛性即法身，法身常住正是心神不滅。

輪迴之本體即是神識，神識經過修持工夫的提煉成為法身，人處在有自覺意識的生命過程中，經過宗教修行，漸次滌除煩惱，平凡的神識即可還原為清淨的法身，成就法身之時即名無為，這是證明心神不滅的根本立場。

宗炳在長篇鉅作之先，標示論證的動機：

「中國君子明於禮義而闇於知人之心，寧知佛之
心乎？今世業近事，謀之不藏，猶興喪反之，況精神
我也！得焉則清升無窮，失矣則永墜無極，可不臨深
而求，履薄而慮乎？」（註59）

宗炳一針見血地指出：中國讀書人大多只談仁義道德或
外在的倫禮規範，卻疏忽了道德主體心的掌握，事實上慧琳
的《白黑論》正是如此，批判的都是外在規範，對於主體心
神的研究幾乎是未能觸及。

「今稱一陰一陽（之）謂（道），陰陽不測之謂
神者，蓋謂至無爲道陰陽兩渾，故曰一陰一陽也。自
道而降，便入精神。常有於陰陽之表，非二儀所究，
故曰陰陽不測耳！君平之說：一生二，謂神明是
也！」

文中括弧疑爲遺漏字，從《易・繫辭》第五章補之。

宗炳從中國傳統文化中尋找支持，今人談論形神溯本追
源於大易思想，形者從陰陽二儀化生而來，神者陰陽不測之
內在玄妙即是，至靈至妙之精神是從道而降，不是由形體陰
陽所生，所以不能以形體之陰陽拘限玄妙之神明。

「群生之神其極雖齊，而隨緣遷流成粗妙之識，
而與本不滅矣。今雖舜生於瞽，舜之神也必非瞽之所
生，則商均之神又非舜之所育。生育之前素有粗妙
矣！既本立於未生之先，則知不滅於既死之後矣。」

原本從道而降的神由於隨著因緣環境的牽絆，漸漸凝聚
爲粗鈍之識神，儘管入胎投生，它的根本仍然是來自於道。
父母生下子女，只生其形，不能生其神，子女是藉由父精母
血而來，並非父母親賦予生命業識。宗炳明晰地指出：既然

---

59 文摘自《弘明集》卷二，《大正藏》第 52 冊，頁 9。

本源在未出生之前就已先存在，當然可以推理出死後不滅朽，這是先天論證，心神既已先存於形體之外，必定可以存續於形體消滅之後，換言之，心神本自從道而降，是不受時間因素所限制的。形體落在時間之流中，有成長，有老死，但不在時間之流中的心神是超然獨立的，不必附隨於形體而敗亡。此先天論證雖然有推理的成份，但也需要直觀之助，若無超越性的內視力如何得知生前與死後呢？一般人是很難想像人會有什麼「生之前」、「死之後」的情狀，只矇昧於現世，卻茫然於超越界。

「精神受形，同遍五道，成壞天地，不可稱數也。」

輪迴主體不斷在五道間流轉，算都算不清究竟受生過多少次，這正是神不滅的一種說法。

「識能澄不滅之本，稟日損之學，損之又損，必至無爲無欲。欲情唯神獨映，則無當於生矣！無生則無身，無身而有神，法身之謂也。」

此處宗炳從老子《道德經》與佛教哲理做了完美的匯通：神明隨緣流轉之後會越變粗鈍，但意識可以修煉使之精純，澄清此原本不失不滅的本心。把日常習氣、欲望澄清之時就是道家無爲無欲的狀態。慾與情皆能煉淨，只剩下神明獨映，此時不會受生於染濁的人間。既不受生當然無此粗重形軀，只有智光神靈獨在，這智光神靈在佛教稱之爲「法身」，法身就是不滅之神明，是經過粹煉淨化的神識，在凡夫身是爲色身，在聖賢人是爲法身，法身不滅，即是心神不滅。

「夫聖神玄照而無思營之識者，由心與物絕，唯神而已，故虛明之本終始常住，不可凋矣！」

此段談的不是凡夫境，而是上層的清淨界，經昇華修煉之後凡夫之神識已經不再與世俗之物交接，唯獨心神存在，

此心神既不落凡夫之身，不入凡塵之定數，當然不受形體之侷限，得以常住終始，不再滅失，這是本體論證。宗炳體認到清靈的精神無待於塵世的一切物或凡情，本身可以獨立存在，精神不必依附在形體中，沒有形體一樣可以自在，這是心神的本質定義，作此定義之後就可了解心神是超越於時間、超越於空間的，不與時空同朽，所以不滅、不亡、不殆！

　　「僞有累神，成精粗之識，識附於神故，雖死不滅，漸之以空，必將習漸至盡，而窮本神矣，泥洹之謂也！」

　　此文與唐朝流行的唯識學稍有出入，宗炳的年代處於南朝，可以諒解彼時對唯識學的粗略。世俗虛僞習氣沾染神靈，形成濁粗之意識，「識附於神」一語不當，實則「識神」、「神識」，二者本爲一體，粗時稱「識」，細時稱「神」，識的作用分八種（依玄奘一派分八識，若依陳眞諦三藏則分九識），前五識乃五官知覺，第六識爲意識，司認識、思考功能。第七識爲我意識，司自我與七情六慾思維功能，第八識阿賴耶識，執持生命根本，爲入胎受生輪迴之主體。前面七轉識附著在八識生命本體上，一切造作行業皆由七轉識完成。「識」不是附於「神」，這是在佛典傳譯過程中借用中國本土語言，唐朝以後佛典中甚少再見到「神」字，只見「識」字獨用，不再與「神」混用。

　　若採用西藏觀點或陳眞諦的九識立論，宗炳的說法也可以承認，那就是以宗炳的「本神」當作第九識阿摩羅識（Amala），附著在其上的「識」當作前八識，如此可以說的通。反正宗炳的意見是返本還源，這就是泥洹之境。

　　宗炳的全篇論作極長，不憚其煩地說明精神不滅的理由，比較特別的是：他曾提及回憶論，這大概是打從有爭論以來第一位以論文方式提出的說法：

　　「以不憶前身之意謂神不素存，夫人在胎孕至于

孩齠，不得謂無精神矣！同一生之內耳。以今思之猶
冥然莫憶，況經生死，歷異身，昔憶安得不止乎？所
憶亡矣，而無害神之常存，則不達緣始，何妨其理常
明乎？」

　　回憶前身之事例有晉朝干寶撰《搜神記》二十卷，《晉
書》羊祜傳亦云，羊祜五歲時從鄰居李氏東垣的桑樹中取得
一枚金環，說是自己一向所戴的。而主人李氏大吃一驚道：
「這只環子是亡兒所失之物，爲何五歲的小孩會尋找到？」
所以承認今世的羊祜是前世的李氏小兒，言輪迴之事在正史
上不少，《南史》梁元帝紀言帝爲眇目僧託生，《北史》李
崇傳說李庶後來託生爲劉氏女。《晉書》藝術傳記載：鮑靚
是曲陽李家兒所託生（註 60），凡此種種，中國史上已經不
斷有此事例，所以宗炳認爲：你不記得前世，並不代表你沒
有前世。每個人意識靈明狀態不一樣，有的人清澈洞察，自
幼有此稟賦，就可以回憶起來；有的人意識闇昧混雜，連今
生的事都記不住了，惶論其他？

　　在希臘哲學中柏拉圖的回憶論是以哲學方法提出的，但
在中國卻只能以茶餘飯後的笑話資料看待，無法得到有力的
肯定。一方面是受到傳統儒家「子不語怪力亂神」的態度所
影響，另一方面這種經驗並不普遍，不是人人都有，所以士
子大夫亦愼言論及，惟恐被取笑；宗炳雖然提到回憶，但沒
有涉及自身經驗，未說明他自己是否有回憶前世的能力，這
是美中不足之處。

　　南宋時期的慧琳事件在佛門掀起風波後，文人社會被何
承天興風作浪得很熱鬧，他不但與宗炳往復辯論，也和顏延
之（西元 384~456 年）大事筆伐，顏延之在南宋與謝靈運齊
名，文章之美受到宋武帝、文帝的禮遇，活躍於宮廷，受封

60　參考台灣開明書店編譯，《兩晉南北朝史》第 24 章，頁 1509。

為金紫光祿大夫。他與何承天之間為了《白黑論》作出長期抗戰，文章洋洋灑灑，估計何承天、宗炳、顏延之三人往返長論至少在十次以上，每次都採用問答體，今收錄在《弘明集》卷四中，由於顏延之的論理與本文「神不滅」論無關，只在仁義道德上打轉兒，故不贅述。

第四章 梁代論爭

　　南朝梁武帝時范縝作有《神滅論》一文引發學者之間一場激烈的論戰。范氏之文主張形神爲一體，形爲神之質，神爲形之用，形體若滅亡神用亦隨之滅亡，猶如刀刃之體毀朽後其利銳之用亦消亡。此種意見非但否定輪迴與業力果報，也否定精神恆存的可能性，是典型的反佛論者。此舉受到當時篤信佛教人士的急切關注，皆紛紛撰文批駁。

　　范縝身旁的親友如外弟蕭琛（西元476~513年）作有《難神滅論》來表達意見，朋友曹思文作《難范中書神滅義》，沈約作《神不滅義》、《難范縝神滅義》指摘之，梁武帝與范縝本是舊識，不但本身動筆撰文作《立神明成佛義記》表明立場，更下令請朝廷王公大臣們共同加入「圍剿」行列，共計六十四人參加，這六十四篇文章都保存在《弘明集》的第十卷中。可以從這些資料瞭解當時佛教的興盛狀況，梁武帝的宗教情操及護法護教的熱切反應。當然從社會文化的角度來看，南朝的佛教難免受到魏晉玄學的風氣影響，形成不同於印度佛教的風格，士人們越認眞，所付出的思考也越深沈，使得印度哲學思想在中國文化的土壤裡深深紮根，無論是正面的、反面的言論，贊成的或反對的立場，都形成儒家、道家與佛教三者的相互激蕩，若無激蕩就無影響，振幅越大所影響的層面也越廣，所以從文化傳承的歷史延續性來看，南朝佛教的形神論爭有助於日後隋唐佛教的開展，這一場圍剿之戰是頗富趣味的！

第一節　范縝《神滅論》

　　魏晉玄學好談體用、本末問題，佛教與儒家之間又爭論夷夏、神滅不滅等問題，所謂「本」者指心性本源從何而來？

心神本體的研究是主要題目之一，中國佛教一向認為神明「相續」不斷滅，以至於到成佛狀態，否則由誰成佛呢？修證的主體是誰呢？故而神滅不滅的論爭成為佛教界關注的焦點。若有人主張神明不相續，人死即斷滅，豈非動搖佛教根本？所以在晉宋之間已有相當多的討論，迨乎南齊之時有范縝出「神滅論」一文反對佛教。范縝官職中書，任宜都太守，與鄉野村夫之無知妄語有別，故撰此一文造成極大的轟動，朝野為之嘩然。

范縝，字子真，正確生年不詳，只知是南齊、南梁時的士大夫，南鄉舞陰人（今河南泌陽）。與竟陵王蕭子良、梁武帝蕭衍皆為舊識，彼此相熟，生性不信鬼神，當他任職宜都太守時，夷陵一地有伍子胥廟、漢朝留下的三神廟，還有胡里神廟，范縝學曹丕的手法，下令教百姓斷祠，不准再供奉；本身不信因果，常稱無佛、無神明，是很澈底的唯物論。

當他作出《神滅論》之時，竟陵王蕭子良（西元460～494年）集僧俗共難之，太原人士王琰譏諷謂縝曰：

「嗚呼！范子，曾不知其先祖神靈所在！」

但銳利的范縝馬上還報回去：

「嗚呼！王子，知其先祖神靈所在，而不能殺身以從之！」意謂：你王琰能知道祖先靈魂往何處去，你為何不快快死了跟上去呢？從「知不知」先祖神靈所在推理出「殺身以從之」的結論，這是很奇怪也很偏激的答辭。

《神滅論》的最後一段范縝明白講出他的動機是為了反佛，立意鍼砭時風，警醒世人，破除迷信，崇尚自然，不信因果。竟陵王好奇地問他：

「君不信因果，何得貧富貴賤？」意即：每個人今生的環境與遭遇有貧富、貴賤、壽夭之不同，若不以前世因果看待，你又作如何解釋呢？

范縝回答得妙：「人生如樹花同發，隨風而墮，自有拂簾幌墮於茵席之上；自有關籬牆落於糞溷之中。墜茵席者殿下是也！落糞溷者下官是也！貴賤雖復殊途，因果竟在何處？」（註61）

范縝不認為人的自由意志可創造前途，只接受自然的機緣論，一切皆由自然而成，花開、花謝、而花落，他並不似唯識學者那般仔細研究花開的諸種因緣條件、時節變化，只取偶然發生的浮面現象，留滯在五官可見的經驗層，對於現象背後的人性差異，人格與命運的互動關係一概漠視不理，所以說：殿下您如此好命，生長在宮廷之中，並不是你前世積德所致，不過是一陣風來，把您吹在茵席之上，這種富貴非關乎人力修為；而我范縝如今當個小官，也不過是造化捉弄人，不是我努力不夠呀！這一段生活中的插曲可以令人瞭解：范縝的態度是屬於「不可知論」者，對於抽象的本源性問題缺乏興趣，只從現實經驗的層面來看待人生哲學。

《神滅論》的全文很難看到，《梁書》范縝傳裡是問答體，《弘明集》卷九中也是問答體，但間雜有蕭琛之論難，一共31組問答，六段問難。《南史》卷五十七的附錄范縝傳只錄有31組中的第一、二、四組之答項，資料較少，故今採《弘明集》卷九的資料來研究。

《神滅論》一文正確的寫作時間不易斷定，呂澂認為約在梁天監六年，西元507年頃（註62）；但湯用彤認為是在竟陵王蕭子良之時，蕭子良只活34歲（西元460~494年）（註63），二者相差至少十三年，姑且存疑。

61　參考《漢魏兩晉南北朝佛教史》第十三章，頁471～473。
62　見呂澂著《中國佛學思想概論》第七章，頁171。
63　參考湯用彤《漢魏兩晉南北朝佛教史》第十三章，頁470。

原文採取問答體，共計 31 組問答，可作六大段區分：

第一段標出主旨：神即形也，形即神也。形存則神存，形滅
　　　　　　　　　則神滅。

形者神之質，神者形之用，形稱其質，神言其用，形與
之神不得相異。

第二段：類比法

神之於質猶如利之于刃；形之於用猶刃之於利，捨刃無
利，捨利無刃，未聞刃沒而利存，豈容形亡而神在？

范縝以人之形神關係類比做刃之與利用，本體與作用的
關係。刀是實體，作用功能是依附體，作用銳利必須依附在
實體上，作用本身不能獨立存在，作用是可有可無的。如此
以人之精神靈明類比作依附體的功能作用，可有可無，這種
類比法之適當性令人質疑。

第三段：以人之生死類比爲木之榮枯

生形非死形，死形非生形，安有生人之形骸而有死之骨
骸哉？是生者之形骸變爲死者之骨骸也！

生滅之體要有其次故也。夫欻而生者必欻而滅。漸而生
者必漸而滅。欻而生者飄驟是也，漸而生者動植是也。

范縝認爲生時之形非死時之骸，爲什麼不同？其間缺乏
說明，只簡單的說：生者形骸「變」爲死者形骸，如何變化
呢？是否增減若干成份？如此簡略的論斷而又篤定的主張，
顯然缺乏科學論證。

生與死之間的夭與壽有快有慢，快的像風雨，慢的像動
植物的生長，但范縝疏忽了動植物之間也有很大的差異：有
的人夭折，有的人高壽遐齡；大象長壽，蚊蠅短命；千年紅
檜比菌類植物更爲持久生存，自然界爲何存有這些差別？又
作何種解釋呢？

第四段：心的功能

是非之慮心器所主，心爲慮本。

第五段：承認有聖凡之差別，但無法作解釋，承認有鬼神，又採不可知論。

「豈有聖人之神而寄凡人之器？亦無凡人之神而託聖人之體。……聖人區分每異常品。」

范縝認爲聖人有聖人之器，承受聖人之神明，凡夫有凡夫之器，承受凡夫之神靈，但爲何有凡有聖呢？凡夫能否進化提昇爲聖人？聖人是否由凡夫所成就？聖凡之間的鴻溝能否跨越？此點范縝未能思及。

「有禽焉，有獸焉，飛走之別也。有人焉，有鬼焉，幽明之別也。人滅而鬼也，鬼滅而爲人，則吾未知也！」

范縝承認有人鬼之殊正如同禽獸之別，是自然現象，是否人死之後變成鬼，鬼死之後再投生爲人，則自己實在不知道。此語范縝倒也坦誠，天地間還有一些他所不知道的事！既然不知道，又如何斷定神必定滅呢？這是一種矛盾，屬於態度上的執著。理智上不知的事情只能存疑，而非否定排斥。

第六段：坦白承認作此篇《神滅論》的動機是爲了反佛。

范縝認爲「浮屠害政」，「竭財赴僧，破產趨佛，不恤親戚，不憐窮匱」，如此看來范縝是站在社會主義的立場，指出宗教浮誇奢糜的一面，動機是爲了社稷著想。

范縝以樸素唯物論的觀點從「形神相即」立論，遠勝過那些從儒家或道家立場反對佛教的議論，也與過去分離「形神爲二」的意見大大有別，不但主張「形神不二」，還用刃與利的比喻增加說服力，使得神滅論的說詞比以往生動。過去在傳統上中國人主張形神是分離的，例如遊魂、歸魂、離

魂等各種說法，此種思想頗有利於佛教輪迴觀的輸入，現在范縝能從問題核心找到根本，斧底抽薪地以「形神相即」來建構，在基本出發點上對佛教是一大打擊，形神既然相即，下一步提出「形謝神滅」的推理是很順當的。

佛教的神學體系中有兩個重要支柱：一是輪迴說，二是解脫論，此二者之間又有連鎖關係：輪迴是前題，解脫是歸宿。世間法的六道輪迴必須有一輪迴的主體，此主體正是因果報應的承受者，在中國稱呼這個輪迴的主體為「神」，如果承認「神不滅」，因果報應和六道輪迴之說就能成立；反言之，若是認為「形謝神滅」的話，佛教最精彩的輪迴說與因果論就隨之瓦解，失去基礎，所以范縝的神滅論一出，即引起佛教界全體嘩然，上自皇帝、群臣，下至僧俗百姓，都要群起維護之，比較起魏晉之際的「夷夏之辨」，此番神滅不滅具有更大的震撼力是可以理解的。

以今日後人的眼光來看，佛教與佛法、佛學是迥然有別的，佛教乃宗教事務，佛學乃教義理論，佛法為佛陀精神特質，三者宜區分清楚；范縝從憂國憂民的社會主義角度來反佛，反對的是「佛教」之浮誇奢靡之不當，宗教難免有迷信的神話傳說，信徒難免份子雜多，水準不能齊一，范縝其實未能深入佛教經典奧義，只做一些經驗層面的類比，從「佛教」移轉論點至「佛理」，顯然犯了論點轉移之謬誤，不知是否值得識者一笑？

第二節　蕭琛與曹思文《難神滅論》

蕭琛（西元 476~513 年）是范縝的表弟（外弟），當時范縝頗為自得，自己描述曰：「辯摧眾口，日服千人」，所以他的親戚提出疑問來壓壓他的氣焰。

范縝主張「形神合體」，蕭琛覺得論據不足，應該以實例為證，若只是口頭主張「神即形，形即神」，這種辯論是

經不起考驗的，必須有「形神不離」的事實證明才行！我們可以從每晚的夢境中得知：人在熟睡之時「形」是無知之物，但「神」識仍然有所「見」，有所「接」，「神不孤立，必憑形器。……神反形內則其識微惛惛，故以見為夢。」（註64）

人在夢境中有時上騰玄虛，有時遠適千里，這種知覺不是神行就是形往，事實上身形在床上睡覺，根本不動，那當然是神行了！如此可證知：「形靜而神馳」，以此反證范縝「形神相即」立論之謬誤。

雖說夜晚做夢是幻妄主觀的意識狀態，但筆者曾經做過調查：每一年在「佛學概論」課程中問學生：在將睡欲睡之時，是否發生身體抽抖，感覺往下墜的經驗？全班學生約有五分之四以上的人舉手說有，不舉手而表情困惑的學生只有寥寥數人，每一屆皆然。夢境在唯識學來看是心法中的獨頭意識，神與形相關聯，神不完全受形的拘束控制，每每在睡夢中心神展開一個全然不同的世界，似虛、似實，有時能先兆，有時重追憶，夢境中有悲喜情緒，佛教認為夢中苦樂也是業報的呈現，真中有假，假中有真，不宜漠視。

密宗白教有修「睡夢成就法」的一套行觀，非初機者所能知悉，心理學上夢境是一道奧妙難解的課題，不宜妄自菲薄。

蕭琛提出「鈍刀」也能存在的事例以駁斥范縝的「利刃」說，范縝主張形猶刀，神猶利用，神為形之用，一旦刀刃不存在，鋒銳的功能也一并不存；但蕭琛指出此種類比法不適當，因為刀匠先製成刀型而後再鋒利之，或者用鈍的刀丟棄在一邊，未必會朽爛，物質世界多的是「不利之刃」，卻未曾見過有「無神之形」，這種譬喻是不合理的。

---

64 原文見《弘明集》卷九，《大正藏》第 52 冊，頁 55。

　　范縝談到「心爲慮本」，蕭琛從此角度再次問難「形神不殊」有缺陷，吾人皆知：歷史上像司馬遷、孫臏等人皆是刑餘之人，但他們所留下的貢獻卻比其他身形健全者更爲殊特，照范縝的說法，若是「形即神，神即形」，豈非殘障者因形有缺陷，神亦有殘害了嗎？事實可證明：形缺而神全的人多的是！這正是「形與神離」，「形傷神不害」的確切證據！

　　最後蕭琛從中國歷史發展的整個史實來看，指出六家之術各有流弊：「儒失於僻，墨失於蔽，法失於峻，名失於詐」，這些九流十家都是由祖上所傳述下來，到了後代被淹滅眞象，「失其傳以致泥溺」（註65），末流之過失並不等於根源不好，同樣，佛教從印度傳來中國，經過年代久遠、人事殊異的傳述，難保在形式上不變質，整個社會的不善風氣與九流十家脫不了關係，爲何不自我檢討，反而怪罪於外來佛教一支呢？此乃「大功沒於小過，奉上反於惠下」，有流於偏激之嫌。

　　蕭琛以六段文字反駁范縝，他並沒有像宗炳那般的雄文偉勢，正面立論，而是以邏輯否證的方法一針見血地指出范縝神滅論的不當之處；范縝既然局限在現實經驗層，蕭琛也很扼要地叩住此特點，從經驗中提出例證以反駁之，蕭琛之文簡潔、明快而有力，以現代眼光來看，蕭琛頗富於邏輯推理，就事論事，他的銳利與思考細密與范縝相較有過之而無不及。

　　曹思文在宮廷中任職錄事，對於范縝的奇論提出自己的意見，文章名曰：《難范中書神滅論》，內容大要是：

　　形神的關係是合而爲用，合而爲用並非「相即」，人在生時合而爲用，一旦死後則形留而神逝。可以舉例證明：

65　原文見《大正藏》第52册，頁57。

古時有趙簡子生重病，昏迷五天，人事不知，但五天之後又復活了。

秦穆公在床上昏睡了七天，夢中神遊於天堂，天帝還賞賜他鈞天廣樂，此二例正是形留人間而神遊於天府。如果一定論斷形謝神滅的話，形與神的關係應當如形影和聲響一般，必俱必存，形體生病，心神也同時生病，爲何會有形體人事不知而魂神獨遊於天府，歡欣於鈞天廣樂之理呢？此外莊周不也說過嗎：「神遊於胡蝶」，這就是形與神可以分離的例子，神與形有分有合，合則共爲一體，分開時則形亡而神逝（註66）。

所以曹思文認爲范縝主張的「形神相即」說只是個人假設，旣缺乏事實的證明，也欠缺文獻的依據。曹思文主張形與神的關係是合而爲用，不是相即的一體。第二段曹思文從社會禮教的立場來責備范中書：范中書認爲宗廟祭祀天地神祇只不過是聖人設教，表達孝子之心而已，其實並無其事，祭典儀式不過是禮教的一部份罷了。藉此教化其他不孝之人，讓他們知所警惕，有所恐懼。曹思文反駁道：如果宗廟祭祀只是聖人禮教的方便說詞，不但欺騙百姓，也連帶欺騙祖先、上天，把禮教說成是謊言，豈不動搖整個社會倫理道德！後果不堪設想！

曹思文以「形神相合」和「禮教倫理」二條指出范縝的缺失，范縝不甘示弱地以《答曹錄事難神滅論》一文回覆之：

范縝以動物界的「蚤與駏」二物相資爲生作例子，指出形神合用就是形神相即，二種動物彼此依靠，誰也離不開誰，曹思文所說的「形神相合」正是爲我范縝作援兵，「形神相合」就是「形神相即」，二種說法是一樣的。

曹思文再度撰文反駁范氏，文名：《重難范中書神滅

66　原文見《大正藏》第52冊，頁58。

論》，裡面作出四項駁斥，謂蛩與駏是兩種動物，是兩個生命，既是兩個生命，那麼一個死了另一個還是可以存活，如此「形謝神滅」的立論是站不住腳的。由此可見范縝的神滅論考慮有欠周詳，從「形神一體」說轉變成「形神合用」說，自己本身對「形神相即」的內部結構也欠圓熟，所以才會混用二說。

除了在文字上大事筆伐之外，竟陵王瀟子良又出動柔性勸說，希望能動之以情，期盼范縝的強硬態度能軟化一些；各種招數似乎都無法奏效；邀請佛門高僧對他開示，范縝不接受佛理言說，竟陵王又請范縝的朋友王融私自開導：「神滅既自非理，而卿堅持之，恐傷名教，以卿之大美何患不至中書郎？而故乖剌為此！可便毀棄之！」

王融勸范縝在官場上不必標新立異，否則自誤前程，但范縝真是硬漢，大笑回答道：

「使范縝賣論取官，已至令、僕矣！何但中書郎耶？」

范縝說：我若是肯藉著諂媚文章來取寵倖的話，早就當上尚書令、左右僕射、相當於宰相一級的高官了！我才不把小小的中書郎放在眼裡呢！這表示范縝是個忠於自己，不為利慾所誘惑的人，當然「無慾則剛」，也可以形容此時他的態度吧！

無論是論戰也好，勸慰也好，范縝軟硬都不吃，南齊竟陵王發動的一場圍攻是徒勞無益的，所以到了南梁武帝蕭衍即位，又下敕令，讓僧俗臣下六十四人針對這個問題再作辯論，這一場更大規模的佛學辯論在中國佛教史上堪稱為一件大事，也是奇事，可以想見當皇帝的蕭衍心胸如何寬厚，頗有雅量的容納異議，這些紀錄收錄在《弘明集》卷九、卷十和《廣弘明集》卷二十二內。

第三節　梁武帝發動群臣圍攻

梁武帝（西元 464～549 年）的奉佛行為在整個中國歷史上可以算是空前絕後的特殊，被人譏諷為因沈湎於佛教而亡國；范縝的神滅論在當時已發生相當轟動，武帝即位以後偏偏又大事提倡佛教，所以武帝親自撰文表示反對，也下詔敕令群臣共同發表意見。

本節只選取六位有特殊觀點的文章做研究，其餘五十八位只好割愛。

一、梁武帝《神明成佛義記》

梁武帝蕭衍是秣陵縣人（南京），父親蕭順之是齊高帝的族弟，與齊室有親戚關係。蕭衍不但文學優秀，也是傑出的武將，年青時已嶄露頭角；竟陵王蕭子良開放西邸，聚集文人雅士一起暢談，武帝是為竟陵王的八友之一，在此處常與范縝往來。八友之一的王融具有鑑定人物的眼光，公開讚賞蕭衍說：「宰制天下者必在此人！」後來蕭衍果然在三十八歲時登上帝位。

武帝對於儒學有大量著作，關於《周易》義疏就有六種，他很注重《中庸》、《禮記》，具有深厚的儒學造詣與學養，對於道家與道教也很親近，多次派遣使者赴茅山，供應道士陶弘景必需要用的諸種昂貴材料。

武帝的個性寬宏，是兼容並蓄型的人物，除了儒家、道家，他更深入研究佛理，在五十歲以後完全過著僧侶般的生活，五十五歲時從高僧慧約受菩薩戒，繼而發表《斷酒肉文》，此舉對於中國佛教影響極大，它造成「佛教徒不准吃肉」的形式規範，從規範演變為習慣，終於成為傳統，牢不可破地約束奉佛者，此點成為中國佛教徒與日、韓、泰、

緬……世界各地佛教徒相異之處（註67）。

武帝對於心神的瞭解是從源頭上做澄清：

「神明以不斷爲精，精神必歸妙果。妙果體極常住，精神不免無常。無常者前滅後生，刹那不住者也。」

武帝的時代唯識學尚未發達，但武帝的思想卻已暗合於唯識學。吾人精神若能提昇上進將必歸於常住之妙果，精神一念不繼則難免淪於無常，於此點出聖凡殊途的可能性。

「若心用心於攀緣，前識必異後者，斯則與境俱往，誰成佛乎？」武帝以反證法指出念念不斷，但念念相異，雖然相異卻仍是同一個主體，否則今日學的明日無用，今年努力求得的到了次年被拋棄，如此成佛的是誰呢？是前面的心識？還是後面的心識？心識雖然念念有異，其主體性是同一個。

「心爲用本，本一而用殊，殊用自有興廢，一本之性不移，一本者即無明、神明也！」（註68）

欲成佛果者此心爲正因，此一心爲萬用之根本，即令外在萬用發生無常興廢之變化，此心之本性是不會變的！此心爲人之根本，稱呼爲無明也行，或稱它做神明也可以。

「神明性不遷也，何以知然？如前心作無間重惡，後識起非想妙善，善惡之理大懸而前後相去甚迥，斯用果無一本，安得如此相續？」

此段證明「神識」的持續不變性，前心爲惡，後心行善，此間一前一後相距甚大，爲何人會有此反覆無常的現象呢？如果沒有一「實體」（Substance）做爲底基，做爲恒時性的主體，其上的差異變化如何發生？

---

67 《斷酒肉文》今收錄在《廣弘明集》卷26中，《大正藏》第52冊，頁297。
68 文出自《弘明集》卷九，《大正藏》第52冊，頁54。

武帝的結論是：「心識性一，隨緣而異。生滅變遷酬於往因，善惡交謝，生乎現境。心為其本，未曾異矣！以其用本不斷故，成佛之理皎然。」

范縝在《神滅論》中只談形即神，神即形，神隨形滅，說來說法名詞只有兩個，但梁武帝長期以來浸淫在佛經論典中，在東晉慧遠的年代毘曇論典已被譯出，所以法相宗雖然未曾大流行但毘曇思想已經為唯識學鋪路。武帝所用的名詞有心、識、性、因、緣、無明、生滅、無間、不遷……，二人相比較即可知道學力相去甚遠，范縝所認為的「形滅」只是梁武帝的「隨緣變遷」，但在諸多外緣之內有一不變的根本，此即心神，心神是不會變遷的，所以心神不會滅謝的。

武帝的理論屬於本體論證，直接指出心識為人之根本，同時又闡釋：在萬化變遷中有一不變的根本實體，此不變者是為心神，此種分析又屬於形式論證，可以說中國佛教史上大多是採用這二種方式做論證：先指出心為本體，再指出變化中有不變者，此乃本體論證附加上形式論證，它的分野不似前篇柏拉圖在《費陀》中那般清楚，而是二者合一的，這是中西思想上的差異之一。

梁武帝在作了上述《成佛義記》之後，又敕臣下回答神滅論，他認為：

> 「欲談無佛，應設賓主，標其宗旨，辯其短長，來就佛理，以屈佛理。」（註69）

辯論必須言有所據，不可妄作異端，信口開河，武帝引用古人的話詮釋此例：

> 「孟軻有云：人之所知不如人之所不知。信哉！

69 文出自《大梁皇帝敕答臣下神滅論》，《大正藏》第 52 冊，頁 60，《弘明集》卷十。

觀三聖設教，皆云不滅，其文浩博，難可具載。……
祭義云：惟孝子爲能饗親。禮運云：三日齋，必見所
祭。若謂饗非所饗，見非所見，違經、背親，言誠可
息，神滅之論，朕所未詳。」

武帝運用「聖言量」作依據，在祭祀之時未必過往神魂
都能來臨，只有孝思懇切的子孫才能請得動親人，此爲「一
念相感」的玄妙力量。我們若能持齋連續三日，堅持身口意
皆清淨，虔誠致敬，必定能見到我們祭祀的對象。運用儒家
經典爲說服的依據，對於范縝的唯物論個性是否奏效不得而
知，但發動群臣圍剿之是事實，除了武帝本身以外尚有莊嚴
寺法雲法師及其他公王朝貴，總共 64 位，再介紹部份如后：

二、沈約《神不滅義》

沈約（西元 441~513 年）是南齊與南梁之間的史學家，
也是與竟陵王蕭子良相往來的「八友」之一，字休文，婺州
東陽人，父親沈璞是淮南太守，因政治牽連而被誅殺，沈約
一生大多過著隱居的讀書修道生活，終於成爲博通群書的學
者，南宋時代的《宋書》即爲其作品之一。

西元 501 年蕭衍舉兵把昏庸無道的東昏侯殺掉，沈約被
任命爲驃騎將軍，官至尚書令；由於一向精通佛理，頗富文
才，所以在范縝發難佛教之際，梁武帝敕群臣回答神滅論，
一向受重視的沈約當然在受邀之列；不過沈約的文章比較奇
怪，他的思路與前面諸人都不太相同，只能說：他提出質疑，
而非論證，在正面的形神問題上缺乏創意。他從功能作用和
事實經驗來問難：

「昔者之刀今鑄爲劍，劍利即是刀利，而刀形非
劍形，於利之用弗改，而質之形已移，與夫前生爲
甲，後生爲丙，天人之道或異，往識之神猶傳，與夫

劍之爲刀，刀之爲劍，有何異哉？」（註70）

　　沈約考慮到一塊金屬可以鑄成各種不同形狀的刀劍，此時爲刀，彼時爲劍，利用不改，但形器有變，頗類似人的投胎轉世：神識不改但形軀有變，這種質疑恐怕范縝根本就嗤之以鼻，范縝看事物是從橫切面來看，旣然主張神滅論當然不接受三世輪迴之說，此相異的二種觀點在因明學來講是不成立的，因爲立方與破方達不到共同點，無法問難。

　　「又一刀之質分爲二刀形，形已分矣，而各有其利，今取一牛之身割之爲兩……何得以刀之與利譬形之與神耶？」

　　沈約指出類比法之不當，精神豈能與物質做類比？一刀可以分作數刀，一人之神豈能分割作數人？

　　「神用於體則有耳目手足之別，手之用不爲足用，耳之用不爲眼用……刀若擧體是利，神用隨體則分，若使刀之與利，其理若一，則胛下亦可安眼，背上亦可施鼻，可乎？」

　　刀刃之用很單純，但神識功能卻很複雜，五種感官之間彼此不能替代，這又是類比法之不恰當。

　　沈約又觀察到：形與神不是同時俱亡的，人在死後魂神確實不在，但猶有屍身在，這一點范縝未能做說明：「若形即是神，神即是形，二者相資，理無偏謝，則身亡之日，形亦應消，今有知之神亡，無知之形在，此則神本非形，形本非神。……譬彼殭尸，永年不朽，半神旣滅，半體猶存，形神俱謝，彌所駭惕，若夫二負之尸經億載而不毀，單開之體尚餘質於羅浮，神形若合，則此二士不應神滅而形存也。」

　　在古代早就有僵屍的事實，如果眞的「形神相即」，就

70　文出自《廣弘明集》卷二十二，《大正藏》第 52 冊，頁 254。

應該二者同時俱存亡，爲何一者消失，另一者猶留軀殼？儘管一者爲精神，另一者爲物質，可能滅亡的方式不同，但如何證明不同的二種東西會同時滅亡呢？

質疑到此似乎應該打住，「形神相即」的論點確實有漏洞，既然不能直接證明形與神同時消失，也不能否認形與神「不會同時消失」，若能考慮形與神「不俱時滅亡」，就等於同意「形滅神存」有可能了！

沈約的思想在另一篇文章《六道相續作佛義》稍作吐露：「相續不滅所以能受知，若今生陶練之功漸積，則來果所識之理轉精，轉精之知來應，以至於佛，而不斷不絕也。」（註71）

相續不滅的精神實體相當於唯識學中的阿陀那識（Adana），意爲「執特識」，執持根身，延續至日後；且日積月累，逐漸轉精，越努力則越有成果，此相當於阿賴耶識（Alaya），意即含藏，凡一切所做皆功不唐捐，一切今生的努力，將來都會有結果，此業報的承受體是爲生命的主體，生生世世連續，不滅不斷。可惜的是沈約只做簡單的表白，未再多加闡釋，所以從他幾篇文章中所得到的資料，他只做物理分析，算是物理論證。

三、司農卿馬元和答

馬元和從道德禮教社會層面來立說：

「易云：積善之家必有餘慶，積不善之家必有餘殃。孝經云：生則親安之，祭則鬼享之。雖未顯論三世，其旨已著，薪盡火滅，小乘權教。妙有湛然，究竟通說，因情即理，理實可依，且慎終追遠，民德歸

---

71 此文出自《廣弘明集》卷二十二，《大正藏》第 52 冊，頁 253。

厚，有國有家，歷代由之……神滅之論妨政實多，非
聖人者無法，非孝者無親，二者俱違，難以行於聖世
矣！」（註72）

馬元和提出《易經》和《孝經》作爲言論依據，言詞泛
泛，不甚有深義，值得注意的是：馬元和指出小乘權教是主
張薪盡火滅的，原始佛的確是講「無我」論，到了後期才發
展出犢子部的「有我」說，更後期唯識學提出阿賴耶識。馬
元和並不深談佛理，顯然多所保留，只站在社會禮教的立場
指摘范縝的驚世駭俗之論有「不孝」的嫌疑，也離背了爲政
者教化百姓的善良用心，他對理論本身未做分析，只是著重
范氏偏激言論對社會所造成的負面影響。

四、五經博士明山賓答

明山賓從儒家立場來思考神滅論之荒謬：

「謂形魄既亡，魂神俱滅，斯則既違釋典，復乖
孔教矣！……夫明則有禮樂，幽則有鬼神，是以孔宣
垂範，以知死酬問。……詩稱：三后在天。書云：祖
考來格。且濠上英華著方生之論，柱下叡哲稱其鬼不
神，爲薪而火傳，交臂而生謝，此皆陳之載籍，章其
明者也！」

中國讀書人的習慣喜歡引經據典，明山賓既然能成爲五
經博士當然也尊重傳統的思想，認爲傳統思想的正確性不容
人懷疑，這是權威式的接受，屬於「聖言量」的運用。

其次他談到佛法以「緣會觀」做分析：

「夫緣假故有滅，業造故無常，是以五陰合成，

---

72 此文出自《弘明集》卷十，《大正藏》第52冊，頁66。

終同煙盡。四微虛構，會均火滅。窮謂神明之道非業非緣，非業非緣故雖遷不變，能緣能業故苦樂殊報。」（註73）

身軀是由業緣所造，所以有滅謝無常的變化，神明不是形體，非業非緣，所以不會無常滅謝，雖然「遷」移，但不會「滅亡」。

明山賓的處理方法屬於後天論證，因緣聚合的才有生死變化，不屬於因緣聚合的當然不受生死變化，從後天的「因緣觀」反證出先天的「超越論」，這其中有直觀的智慧，也有後天的物理論證，言簡意賅，清楚明白，從現象界翻昇上超越本體界，不知范縝是否首肯？

五、庾黔婁七條例證

通直郎庾黔婁認為自古以來中國書中早就記載有神鬼之證，三世之說並不稀奇，驗以眾經，求諸故實，百家恢怪，所述良多。搜神靈鬼，顯驗非一，以下是他所羅列的七項證據（註74）：

1. 孝經云：生則親安，祭則鬼饗之。

2. 樂記云：明則有禮樂，幽則有鬼神。

3. 詩云：肅雍和鳴，先祖是聽。

4. 周官宗伯職云：樂九變，人鬼可得而禮。

5. 祭義云：入戶愾然，必有聞乎其歎息之聲。

6. 尚書云：若爾三王有太子之責。

---

73 此文出自《弘明集》卷十，《大正藏》第52冊，頁66。
74 參考《弘明集》卷十，《大正藏》第52冊，頁67。

7. 左傳云：鯀神化爲黃能，伯有爲妖。彭生豕見。

與前面馬元和明山賓相同，馬元和引用的是《易經》、《孝經》，明山賓引用的是《詩經》和《尙書》，此處庾黔婁引用得較多，共有七項，但並未深言，如此只能算是「聖言量」，不是哲學的「比量」，故不多述。

第四節　神不滅論的尾聲

本節擬研究南朝名僧僧祐律師與北齊顏之推，及隋朝的彥琮三位。

僧祐具有傳奇的色彩，與本論也有密切關係，他就是《弘明集》的撰著人，據《梁高僧傳》記載：僧祐的前身是僧護，因每日經行於剡溪的山徑間，見到山壁上閃閃發光，發願在山壁上雕鑿佛像，但盡畢生之力未能完成心願，因而發願：願來生再續此佛事（註75）。事實上剡溪石佛工程浩大，是在梁武帝的護持之下，由僧祐主導規劃才能完成的。

僧祐精於工藝技能，在仔細測量之後，先將石壁底部鑿深加寬，再把佛像頭部加上頂髻增高，佛龕前駕築三層樓房，兩側造門閣殿堂。佛像坐軀高五丈，立像高十丈；如此耗資極巨，完工之後，衆人把僧祐當作是僧護的「後身」是可以理解的。

但更奇特的是：唐朝時的道宣律師（西元 595~667 年）相傳是僧祐的後身，因爲道宣的母親在生產時夢到一位黑面僧人告訴她：這名嬰兒是梁朝的僧祐律師。無論這種故事是否爲眞，長大以後的道宣律師確實接續僧祐所做的工作，例如：僧祐作了《弘明集》十四卷，道宣作《廣弘明集》三十卷；僧祐作《釋迦譜》五卷，道宣作《釋迦方志》二卷；僧

---

75 此段故事可參考慧皎所撰《梁高僧傳》第 11 卷，《大正藏》第 50 册，頁 402。

祐編了中國最早的一部目錄集《出三藏記集》十五卷，道宣
編撰考證學必用的歷史資料《大唐內典錄》十卷（註76）；
從這些紀錄上不難瞭解：這些書等於是上下冊，或正續篇，
前後相關聯，無論是不是同一個人，至少在性質上是極為近
切相關的。以下依年代作研究：

一、南梁僧祐與《弘明集》編撰的背景

僧祐（西元 445-518 年）是南宋、南齊、乃至於南梁三
個朝代的名僧，俗姓俞，江蘇江寧人。幼時父母帶他去建初
寺禮佛，歡喜樂道，即不肯回家，父母遂憐其志，准許出家。
受具足戒之後深究律部，應竟陵王蕭子良之請開講戒律，聽
眾有七、八百人，齊武帝時奉敕入江蘇吳縣考核出家五眾，
以甄別程度。

由於得到皇室護持，信施供養頗多，用作資助定林寺、
建初寺的修繕工程費，並造立經藏，搜羅經典，此舉乃在道
安之後有規模、有系統地收藏佛教文獻，開風氣之先。平日
僧祐喜好畫像，通曉製作工程，所以責成光宅寺，攝山大佛、
剡縣石佛等各地儀則工程。

《弘明集》是中國佛教在四、五世紀之間與本土思想沖
擊所發生的文獻紀錄，思想上的論爭包括本末之爭、夷夏之
辨、與神滅不滅論等，是研究中國佛教史的重要史料。其中
包括論文書札一百多篇，及前後序文各一。後人對此書的評
價甚高，認為在南梁以前的名流著作僅靠這本專集行世，當
然《弘明集》為總集體，頗類同《昭明文選》，但與文選風
格不同，此編所錄的全都是佛教之文，作者有百人，其中僧
人佔十九位，其餘王公貴族有八十一位。

---

76 參考《宋高僧傳》卷十四，〈道宣傳〉，《大正藏》第 50 冊，頁
790。

　　道宣《廣弘明集》的「廣」字強調了擴充的題材，其中作者共有一百三十多人，南北朝有一百多位，南北朝之後大約三十位。這是在彌補僧祐漏失的工作，譬如像沈約，他的年代與僧祐相當，所以在當時僧祐未能把沈約的文章搜羅進去，爾後道宣補足之。所以此二編在關係上不能看作是接續工作，應當視之爲「增編」或「補編」。本研究論文依作者年代順序爲分，時而引用《廣弘明集》，時而又用《弘明集》。像鳩摩羅什與姚興，他們是東晉時期的北方人，年代與慧遠相當，受到地理限制，僧祐未能及時搜集到資料，等到唐朝的道宣才補足，故而在做思想比較之際將歷史年代相近者安置在先後，以顧及史實的時間順序與一貫性。

　　關於神不滅論僧祐的說法也是引經據典，採用權威的「聖言量」，共作四例：他說：「若疑人死神滅，無有三世，是自誣其性靈而蔑棄其祖禰也。然則周孔制典，昌言鬼神……」（註77）以下他陳述經籍上的證據：

1.**易日**：游魂爲變。

　　從這句話可以得知鬼神的情狀，旣知其情與形狀，怎麼還說無神呢？

2.**詩云**：三后在天，王配於京，升靈上旻。

　　旣說「升靈」上旻，豈能說神隨形滅呢？

3.**禮云**：夏尊命，事鬼敬神，大禹所祇。

　　能事鬼，能敬神，鬼神之源從何而來？難道是虛誕荒唐的嗎？

4.**書稱周公代武云**：能事鬼神，姬旦禱親。

　　人死之後爲鬼，家族的父祖長輩逝去之後祈禱他們

77 文出自《弘明論後序》，《大正藏》第52冊，頁95。

能祐護後代，這是繫於血親關係的一線，也是寄盼於「靈魂」擁有超過凡人的神奇能力，這種想法其實無法證明，但是民間一直有此傳說，且四書五經上也有蛛絲馬跡可尋，所以僧祐採取穩健的「聖言量」作爲神不滅論的支持。

二、北齊顏之推《家訓》

北齊時光祿大夫顏之推作有《顏氏家訓》留傳到後代，極爲出名，通常是以「善書」的方式贈送流通，勸人信因果，守五戒，把佛教的五戒與儒家的五常相結合，代表中國士大夫融合儒釋二家的態度。

關於形神之辨顏之推認爲：

「形體雖死，精神猶存。人生在世，望於後身，似不連屬，及其歿後則與前身猶老少朝夕耳。世有魂神示見夢想，或降僮妾，或感妻孥，求索飲食，徵須福祐，亦爲不少矣！」（註78）：

顏之推認爲：生時與死後是息息相關的，生前所作所爲都看的到，卻是在爲死後的出生在舖路，一者有形，一者無形，猶如一老一少，一朝一夕，其實二者是一體的。此話也可以說成：人打從被生下來之後，一步一步邁向死亡，生與死原本就是一體，越年青者距死較遠，越年長者距死較近，所以二者看起來像是一朝一夕，一老一少哩！

顏之推並未據理議論，只是以民俗傳聞做說明：像托夢啦！或者魂附身啦！顏之推只指「僮妾、妻孥」，這似乎有事實根據，通常兒童心思單純，見到鬼神的機率比大人多，而婦人體質較陰，被鬼附身的機會又比男人多，被附身的目

---

78 參考〈顏氏家訓〉釋五，《廣弘明集》卷三，《大正藏》第 52 冊，頁 108。

的不外乎求索衣物飲食，家屬們若爲了求心安，奉祭食物果品之外，順便祈求保祐降福，民間也有「結草銜環」的故事流傳，這種經驗並不普遍，也很難被學術界承認。

近年來歐美學者有些開始關心人在死後有無靈魂的問題，其中一些人就是去搜集事實例證，稱之爲「超自然經驗」（Aranormal Experience），日本熱衷靈魂學研究的人也有不少，像三浦聖龍裕雅和丹波哲郎，作有相當數量的當事人調查訪問與錄音工作，於此只作保留，不予置評，畢竟事實經驗屬於「現量」，雖然眞切生動但並不普遍，我們期待能有更適當的方法做爲論據。

三、隋朝彥琮《福田論》

彥琮是陳朝至隋代（西元 557～610 年）之間的趙郡（河北邢台）人，十歲時出家，法名道江。由於身處北地，十七歲時（西元 574 年）正好碰上中國佛教史上第二次毀佛事件，北周武帝廢止佛道教，毀損經像廟寺，逼迫二百萬僧人還俗生產，此時道江也在受逼之列，易服改名，列位官僚，受奉朝請；北齊宣帝時授禮部官職，但辭而不就。

二十四歲時隋文帝踐祚，佛法再興，彥琮還服緇衣，爲朝廷諸官開講〈大般若經〉，又蒙召入京師職掌翻譯工作。

彥琮的形神思想表達方式與前面諸位不同，可能因爲本身是僧侶，對於佛理研究精湛；也可能是時代因素，在隋朝已經有天台宗、三論宗、法相宗的完整典籍，所以無論在理論方式上或內容上都與前面諸王公大臣有顯著的差異：

彥琮先標示《周易》有云：「一陰一陽之謂道，陰陽不測之謂神。」以此作爲論據的開端，接著他解釋：

「吾聞鬼者歸也。死之所入，神者靈也。形之所宗，鬼劣於人，唯止惡道；神勝於色，普該情趣。」

（註 79）

　　從世俗傳聞中得知：「鬼」字通「歸」字，二者音相
似，意有比附，謂人死後回歸的狀態成為鬼，鬼就是人死後
的出路。「神」是人的靈氣精華，由「形」體所承受。彥琮
發揮佛教義理，修正過去一般人對於「鬼」、「神」概念的
含糊認識，他說：鬼在六道之中屬於下三道，人與天神屬於
上三道，所以鬼的等級比人低。「神勝於色」的「神」指心
法精神，精神層次勝過物質色法的形軀。

> 「心有靈智稱之曰神，隱而難知謂之不測。詮其
> 體用，或動或靜，品其性欲，有陰有陽，周易之旨蓋
> 此之故。」

　　彥琮再度回到周易的大前題，界定「形神」之論中的名
詞「神」為何義，神並非指外在神明精靈，而是指吾人內心
中皆有的靈明智慧，有些聖賢智慧高深，潛藏難悉，所以才
形容為不測，其實回到根本層面來看凡人皆有神明，或動、
或靜，個性當中雜有慾望和才能、性向，有的人陰柔，有的
人陽剛，彥琮的思路先從定義法開始，再以儒家權威經典《周
易》作前題，在問題的探討上先取得共同點，而後才進入專
業領域，以佛家名相來作深一層分析：

> 「受父母之遺，稟乾坤之分，可以存乎氣，可以
> 立乎形。至若己之神道必是我之心業，未曾感之於乾
> 坤，得之於父母，識含胎藏，彌互虛空，意帶熏種，
> 漫盈世界，去而復生，如火焰之連出；來而更逝，若
> 水波之續轉。根之莫見，其始究之，豈覲其終！」

　　此段以唯識學分析人的「形體」如何生成，人是從父精
母血加上自己的心業和合而成，「父母之遺」即是父精母血

成為身形，但是父母的助力也只限於形軀，若論及「神」的部份則非父母所能造，而是由自己的心思業力所凝聚，此心思業力又稱為「阿賴耶識」（Alaya），識中包含過去自己造作的各種善惡禍福的因子，過去的意念持續至今，再加上今生的雜染心思，雪上加霜像似滾雪球一般，越滾越大團，舊的習性牽連到今生成為先天的習性，所以每個可以「三歲看小，七歲看大」，觀察幼兒的言行舉止即可判斷天性善惡若何，多少有些蛛絲馬□；今生的善惡習慣也會保存到來生，繼續承受先前的業因而成為果報，所以不得不慎重於心思薰習的一念間。

此神識並不僅止存留在一副形軀中，它漫遊於宇宙各世界，逝去了又再投生，像火焰般連連不斷，來了又消逝，好似水波之不斷起伏，生命的現象是一種奧妙，若要追其根由是高深莫測的！

彥琮最後做結論：

「濁之則為凡，澄之則為聖，神道細幽，理固難詳矣！神之最詰，謂之大覺，思議所不得，名相孰能窮！真身本無遷謝，生盲自不瞻睹……。」

在神識的修持上，濁者慾望重，即是凡夫世俗人，澄清者慾望少，稱之為聖賢，這當中也涉及到意願的抉擇和毅力的堅持，所以說「神道細幽」，很難講個清楚。人人皆希望成聖成賢，但未必能堅持長久，每個人都擇善而固執，但各行其道，所以孰聖孰賢也很難論斷。整個兒來看最高境界的神識成就即是覺悟之人，人人皆可覺悟，就看你是否靈機一點明！「真身」本無遷謝，相當於廬山慧遠所關注的「法身」，這是一個代名詞，即神識成就，從凡俗的阿賴耶識提煉淨盡之後的大圓鏡智狀態，處此無生、無死、無遷謝的地步即是涅槃之境。

彥琮的形神之論以唯識學的角度完成，在整個南北朝

「神滅不滅論」的爭議過程中，筆者給予他最高的評價，他採取儒家的傳統說法，引入佛教的精深詮釋，思路順暢，說理深入。談到心識問題是爲本體論證，但從「體」的掌握中又發揮「用」、「相」的剖析；體、用、相是從《大乘起信論》流行以後被採用的系統分析法，可以瞭解到：身爲佛門高僧的彥琮的確有不同於他人的思考向度，甚至於與《弘明集》編纂者僧祐比較起來也有相當大的差異。彥琮的理論作爲最後一位研究，有它巧合的作用：一則達到思維深度的至高點，二則將爲下編唯識學作轉折點，二者可以相銜接，也可以相劃分，彥琮的優美文思予人「意猶未盡」之感，覺得還可以再多多發揮。此項唯識學的精深細密特質將在第三編中完成，以下將作《弘明集》與《廣弘明集》神不滅論的整體回顧。

第五章　南北朝神不滅論的反省與總結

　　經過漫長反覆的論爭，參與人數超過八十位以上，其思維型態與思考方式皆各有不同，現在試圖將這些意見收攏起來，將型態與方法作一綜合比較。

第一節　論證型式與思考方法分析

　　「神滅不滅論」前後貫穿的時間從東漢末年到隋朝彥琮（西元 191~610 年），約有四百二十年，本研究論文所依據的資料有《弘明集》十四卷、《廣弘明集》三十卷，和東漢譯出的《法句經》，至少有八十位以上撰文論辯，擇其具有特色者作研究，以下依生年順序排列：

1. 牟子理惑論（西元 191？）（《弘明集》卷一）
   型態：形式論證。
   方式：譬喻法、類比推理。
   論旨：「身譬如五穀之根葉，魂神如五穀之種實。」

2. 支謙法句經（《大正藏》第四册，頁 574）
   型態：形式論證。
   方式：先天論證。
   論旨：「神止凡九處，生死不斷滅。
   　　　終始非一世，身死神不喪。
   　　　識神走五道，捨身復受身。
   　　　精神居形軀，身壞神識生。」

3. 慧遠(西元 334~416 年)(《沙門不敬王者論・弘明集》卷五)
   型態：本體論證。
   方式：類比推理。

　　論旨：「神也者，圓應無主，妙盡無名，感物而動，假
　　　　　數而行。感物而非物，故物化而不滅；假數而非
　　　　　數，故數盡而不窮。」
　　　　　「以實火之傳於薪，猶神之傳於形。火之傳異
　　　　　薪，猶神傳之異形。前薪非異薪，則知指窮之術
　　　　　妙；前形非後形，則悟情數之感深。」

4.鳩摩羅什（西元 344~413 年）（《廣弘明集》第十八卷）
　　型態：本體論證。
　　方式：先天論，類比推理。直觀法。
　　論旨：「六識之意識依已滅之意爲本而生意識。」
　　　　　「從心生心，如從穀生穀，以是故知必有過
　　　　　去。」
　　　　　「衆生歷涉三世，其猶循環，過去未來雖無眼
　　　　　（此字疑作「限」？）對，其理常在。是以聖人
　　　　　尋往以知往，逆數以知來。」

5.姚興（西元 366~416 年）（《廣弘明集》卷十八）
　　型態：物理證論。
　　方式：類比法。
　　論旨：「喻若足之履地。眞足雖往，厥一猶存。當來如
　　　　　火之在木。木中欲言有火耶？視之不可見。欲言
　　　　　無耶？緣合火出。」

6.羅含（西元？東晉末年）（《弘明集》卷五）
　　型態：對立相生說。
　　方式：因緣觀。
　　論旨：「神之與質，自然之偶也。偶有離合，死生之變
　　　　　也。質有聚散，往復之勢也。」
　　　　　「世皆悲合之必離，而莫慰離之必合；皆知聚之
　　　　　必散，而莫識散之必聚。」

7.鄭鮮之（西元？～426 年）（《弘明集》卷五）

　型態：本體論證。

　方式：因緣觀，直觀法。

　論旨：「神不待形。」「神不賴形。」

　　　　「神體靈照，妙統衆形。形與氣息俱運，神與妙
　　　　覺同流，雖動靜相資而精粗異源，豈非各有其
　　　　本？」

　　　　「神爲生本。」

　　　　「萬化皆有也！榮枯盛衰，死生代互，一形盡，
　　　　一形生，此有生之終始也！」

　　　　「神理獨絕，器所不鄰。」

　　　　「神明靈極，有無兼盡，其爲不滅，可以悟
　　　　乎？」

8.釋慧琳（西元？元嘉之治433年前後）（《宋書》97卷）

　型態：唯物論。

　方式：經驗論。

　論旨：「效神光無徑寸之明，驗靈變無纖介之異。」

　　　　「徒稱無量之壽，孰見期頤之叟？」

9. 何承天（西元 370~447 年）（《弘明集》卷四）

　型態：唯物論。

　方式：類比思考。

　論旨：「生必有死，形弊神散，猶春榮秋落，四時代
　　　　換。奚有於更受形哉？」

10.宗炳（西元 375~443 年）（《弘明集》卷三）

　型態：本體論證。

　方式：唯識學分析法、回憶論。

　論旨：「群生之神其極雖齊，而隨緣遷流，成粗妙之
　　　　識。」

　　　　「精神受形周遍五道，成壞天地不可稱數也。」

　　　　「精神四達，並流無極，上際於天，下盤於地，
　　　　聖之窮機，賢之研微。」

「聖神玄照而無思營之識者,由心與物絕,唯神
而已,故虛明之本,終始常住,不可凋矣!」

「僞有累神,成精粗之識。識附於神,故雖死不
滅,漸之以空,必將習漸至盡而窮本神矣!」

11.范縝(?西元五世紀)(《弘明集》卷九)

型態:唯物論。

方式:類比思考。

論旨:「形者神之質,神者形之用。是則形稱其質,神
言其用,形之與神不得相異。」

「神之於質猶利之於刀,形之於用猶刀之於
利。⋯⋯捨利無刃,捨刀無利,未聞刀沒而利存,
豈容形亡而神在?」

12.蕭琛(西元 476~513 年)(《弘明集》卷九)

型態:形式論證。

方式:否證法,夢境體驗。

論旨:「今論形神合體則應有不離之證⋯⋯此辯而無徵,
有乖篤喻矣!」

「人或夢上騰玄虛,遠適萬里,若非神行,便是
形往耶?」

「旣不外接聲音,寧能內興思想?此即形靜神
馳,斷可知矣!」

13.曹思文(年代不確定,與蕭琛同時期)(《弘明集》卷
九)

型態:形式論證。

方式:夢境體驗,以〈孝經〉、〈禮記〉設難。

論旨:「形神相合,合而爲用。合非即矣!」

「趙簡子疾五日不知人⋯⋯秦穆公七日乃寤,並神
遊於帝所,帝賜之鈞天廣樂,此其形留而神遊者
乎?」

「神遊於胡蝶,即形與神分也。」

14.梁武帝（西元 464~549 年）（《弘明集》卷九）

型態：本體論證，形式論證。

方式：理性分析法。

論旨：「神明以不斷爲精，精神必歸妙果，妙果體極常
住。」

「心爲用本，本一而用殊，殊用自有興廢。一本
之性不移，一本者即無明神明也！」

「神明性不遷也！」

15.沈約（西元 441~413 年）（《廣弘明集》卷二十二）

型態：本體論證、形式論證。

方式：直觀法。

論旨：「相續不滅所以能受知，若今生陶練之功漸積，
則來果所識之理轉精；轉精之知應以至於佛而不
斷不絕也！」

「形既可養，神寧獨異？神妙形粗，較然有辯，
養形可至不朽，養神安得有窮？養神不窮，不生
不滅。」

16.明山賓（梁朝人士）（《弘明集》卷十）

型態：形式論證。

方式：因緣觀，以〈詩經〉、〈尙書〉佐證。

論旨：「窮謂神明之道，非業非緣，非業非緣故雖遷不
滅，能業能緣故苦樂殊報。」

17.馬元和（梁朝人士）（《弘明集》卷十）

型態：非哲學論證，從政治、社會角度立說。

方式：以〈易經〉、〈孝經〉佐證。

論旨：「小乘權教，妙有湛然。」

「愼終追遠，民德皈厚。神滅之爲論妨政實多。」

18.庾黔婁（梁朝人士）（《弘明集》卷十）

型態：非哲學論證，從事實立場來看。

　　　　方式：以七部經傳佐證，事實經驗。

　　　　論旨：「百家恢怪，所述良多。搜神靈鬼，顯驗非
　　　　　　　一。」

　19.僧祐（西元 445~518 年）（《弘明集》卷十四）

　　　　型態：形式論證。

　　　　方式：以〈易經〉、〈詩經〉、〈禮記〉、〈尚書〉佐
　　　　　　　證，事實經驗。

　　　　論旨：「一息不還，奄然後世，報隨影至，悔其可追。
　　　　　　　夫神化茫茫，幽明代運，五道變化，于何不足？
　　　　　　　天宮顯驗，趙簡秦穆之錫是也。鬼道交報，杜伯
　　　　　　　彭生之見是也。修德福應，殷戊宗景之驗是也。
　　　　　　　多教禍及，白起程普之證是也。現世幽微，備詳
　　　　　　　典籍，來生冥應，布在尊經。」

　20.顏之推（北齊人士）（《廣弘明集》卷三）

　　　　型態：對立相生說。

　　　　方式：事實經驗佐證。

　　　　論旨：「形體雖死，精神猶存，人生在世，望於後身，
　　　　　　　似不連屬，及其歿後則與前身猶老少朝夕耳。」
　　　　　　　「世有魂神，示見夢想，或降僮妾，或感妻
　　　　　　　孥。」

　21.彥琮（西元 557~610 年）（《弘明集》卷二十五）

　　　　型態：本體論證。

　　　　方式：唯識分析法。

　　　　論旨：「心有靈智，稱之曰神。」
　　　　　　　「識含胎藏，彌亙虛空。意帶熏種，漫盈世
　　　　　　　界。」
　　　　　　　「真身本無遷謝，生盲自不瞻睹。」

　　以上二十一位參與神滅不滅論議的人士撰著中，經過複
雜的比對，發現同一位人士同時具有數種思維方式或論證態，

所以以下不憚其煩的作出統計表，以瞭解中國佛教人士的思考向度與性向：

論證型態：正面贊成「神不滅論」者以形式論證人數最多，本體論證次之，其餘皆有，但為少數。排名如下：

1. 形式論證：八位：牟子、法句經、蕭琛、曹思文、梁武帝、沈約、明山賓、僧祐。

2. 本體論證：七位：慧遠、鳩摩羅什、鄭道子、宗炳、梁武帝、沈約、彥琮。

3. 對立相生說：羅含、顏之推。

4. 回憶論：宗炳。

5. 物理論證：姚興。

思維方法則形形色色，這是東方人與西方人思維向度不同的一種明證，以人數最多的優先排列之。

1. 經驗與夢境：包括正反面二派，共八人：慧琳、何承天、范縝、蕭琛、曹思文、庾黔婁、僧祐、顏之推。

2. 類比法：共五位：牟子、慧遠、姚興、何承天、范縝。

3. 以詩書禮教駁斥：共五位：曹思文、明山賓、馬元和、庾黔婁、僧祐。

4. 理性分析法：三位：宗炳、梁武帝、彥琮。

5. 直觀法：三位：鳩摩羅什、鄭道子、沈約。

6. 因緣觀：二位：明山賓、鄭道子。

7. 還輯否證法：蕭琛。

從前述七種思維方式可以稍微窺知：南北朝時期思維方去大多是從事實經驗出發，真正像希臘哲人蘇格拉底一般好用邏輯方法思考，或用反面否證來作推理的只有蕭琛一位。

　　像柏拉圖一樣主張回憶論的並不明顯，民間流傳的故事雖然有，但只被當作故事佐證助興，除了宗炳一位談到外，其他的不曾提到。

　　不少人喜歡以儒家傳統經典爲自己的態度找支持點，這是承認先人的智慧，也是省力的辦法。

　　類比法是很常見的表達方式，有時爲了尋找立論，有時爲了向別人說理方便，或者爲已，或者爲人；但難免於不當類比。

　　東西方內觀順序不同，宗教體悟難免涉及到內心直觀，其實蘇格拉底或柏拉圖都先有內觀而後再尋找理性證據，若缺少內觀則理性思考會缺乏深度，但東方宗教在深沈內觀之後可能覺得言詞多餘，所以未必再找尋理性證據，是否這是一種美中不足之處呢？

　　佛教因緣觀其實與「運動」有關，觀察自然萬物的生滅衰老現象，推理出滅謝之外有不滅之物，此因緣乃諸多因與外在條件配合，變化是運動的一種，但並不考慮到背後是否有一「推動之力」存在，這是東西方思維的另一差異點，可能循環發生，不一定直線推動，西方甚少有循環發生的主張，除了歷史學者或叔本華、尼采以外。

　　中國人士的共同特色是叩緊本體之「體」與「用」，所以往往在同一段文字中包含有論及本質的本體論證，和分析形神關係的形式論證，幾乎要讓人誤以爲「形」與「神」是兩個主體了，照這樣發展下去是否有「形神分立說」或「形神二元論」的矛盾產生？從史實上看是沒有，但在當時而言確實有這些隱藏的理論缺失，只是反對派人士未能再作深思，所以這一場長達四百二十年的辯論是正面主張贏了。

第二節　中國傳統中對「神」的定義

　　西方人的靈魂在中國古代被含混的稱爲「神」，近代人有時受到「有神論」、「無神論」說法影響，認爲佛教不信仰唯一的創造神，所以稱佛教爲「無神論」，這樣的結論容易引生誤解。事實上大多數的中國人同意有「創造神」，即天。佛教徒相信有「神」但非創造，中國的佛教徒信仰的是「多神」，旣然承認「多神」豈會是無神論？所以有必要先從字源、思想定義上做澄清工夫。

　　中國古代典籍中的神靈觀念大體有四種類型：(1)天上的神明。(2)人死後的神魂。(3)人的意識狀態或精神。(4)宇宙自然的奇妙變化法則。此四者之前二爲有位格的多數名詞，第三種是人類共相，乃抽象的描述；第四種是奧妙的形容詞。四種詞性不同，涵義也不同，以經籍釋例如下：

第一類：有位格的天上神明，多數。

　　　《說文解字》天生萬物，物有主之者爲神。

　　　孔子《論語》：祭神，如神在。

　　　《戴禮》祭法：山林川谷丘陵能出雲，爲風雨，見唯物，皆曰神。

　　　《周禮》春宮大司樂：以祀天神。下注曰：謂五帝及日月星也。

　　早期大自然的天神與初民宗教觀有關，雖然不至於到庶物崇拜的泛濫程度，但都與大自然的天文、氣象、山川景觀密切相關，對於這些自然神明並未做來源的探討。

第二類：人死了之後的神魂，多數。

　　　《楚辭》九歌：身旣死兮神以靈，子魂魄兮爲鬼

雄。

> 司馬談：人所生者神也。所托者形也。
>
> 神者生之本也，形者生之具也。
>
> 神使氣，氣就形。

人死了之後又可依其生前個性分作陰陽二種等級，有些忠義剛烈之士，爲國捐軀，或者爲民服務受到百姓感佩，死後爲立宗祠奉祀之，此種陽剛之氣成爲「神明」，人格上升爲「神格」，像伍子胥廟、岳飛廟、韓愈廟，最膾炙人口的鐵證是三國的關公廟，不但從「人格」昇爲「神格」更進一步上升至「玉皇大帝」，階位與時間同步成長，人死成爲天神，這是人文精神開展以後的事，在上古時代未聞此事。

第三類：人的精神意識狀態，抽象的共相。

> 《黃帝內經》：神乎神，不耳聞，目明心開爲志先。照然獨明，若風吹雲故曰神。

> 《淮南子》：知人所知，爲神。

> 《孟子》盡心篇：聖而不可知之謂神。

> 《荀子》天論篇：天職既立，天功既成，形具而神生。

> 司馬談：非有聖人以乘聰明，孰能存天地之神而成形之情哉？

此類的神是指與物質形軀相對立的精神意識作用，以識識之，以心照之，洞照燭明的觀照亦屬之。

第四類：宇宙自然的奇妙變化法則

> 《易經》：神而明之。

> 《繫辭》：陰陽不測之謂神。
>
> 神無方，易無體。

其下有注曰：神也者變化之極，妙萬物而為言，不可以形詰者也。

此類之「神」相當於自然之「道」，無形無象是宇宙的奧秘，萬物變化的法則玄妙深奧，難以測知。《易經》之「神」是普遍性的，不具有人形位格但擁有功能作用，易經之神有造化之功，不同於西方基督宗教的創造神或印度婆羅門教的大梵思想，獨具一格，不宜混淆。

魏晉南北朝的形神之辯與漢朝司馬談的想法有淵源關係，他已經很清楚地把形神作二元劃分：

「人所生者神也，所托者形也。」

這段文字在《弘明集》中不斷地被人引用，神是吾人內在最根本的真元，外在形體不過是借用的暫時的居所，如此也表明一種人生態度：外在境遇並不太重要，讀書人應當看重的是氣節、風骨，甚至於宗教人士也承認：「謀道不謀食」，重視心靈超過於形軀，重視精神超過於物質，在這樣的共同體認下印度佛教的唯心思想與中國士人很相契。

第一類天神相當於佛教的佛菩薩。

第二類人死為神魂相當於不滅的佛性法身。

第三類意識狀態相當於悟道後的菩提智慧。

第四類奧妙莫測的神奇相當於令人羨慕的六種神通能力。

如此佛教教義在中國文化中能尋找到相當的傳統依據，也難怪魏晉之時的玄談與佛教能打成一片；可以說在文化的心靈世界中，中國人與印度佛教是互相觀望、不太排斥且友善的兩方，在經過本位主義抗拒或本土化吸收、互動摩擦之後，有一些新的種苗在發芽。

第三節　佛教思想在中國被本土化地詮釋

　　印度佛教傳入中國並不完全順暢無阻，其間發生政治上的三武一宗全面性法難，也間歇發生信奉者與批判者之間多次激烈論難，儒家是為傳統禮教的代表，道家擁有本土性根深蒂固的文化而自豪，在在與外來佛教發生衝突與歧見。其中最常見的三種論題是：夷夏之爭、本末之見、神滅不滅論；三項中的「神」即指佛教輪迴報應說的本體，人在死後宿於肉身中的神識並不隨著形軀朽滅，而是持續轉宿於另一身體中；無論經歷多少世或在六道中輪迴，總是與自身所作所為的一切善惡行為相應，因此亦承認善有善報、惡有惡報的因果法則。

　　篤信佛教者主張神不滅，排斥佛教者以儒家傳統為立場否認人生有三世、輪迴、報應，簡單地認為心神隨著形體朽滅而消散。

　　這一場形神之爭最早見於三國時代牟融所作〈理惑論〉，魏晉時受人重視的是廬山慧遠為了沙門應否禮敬王者所作的一篇文章：〈沙門不敬王者論〉，其間第五段文章力主「形盡而神不滅」，引用莊子之喻以木火關係類比於形神關係，心神從一形體輪迴入另一形體，恰似火焰之燃燒從一木再轉燃另一木，如此持續相存。

　　慧遠的弟子宗炳作有長篇論文〈明佛論〉揭示二種神不滅義：一則輪迴中的神識不滅，二是修道的法身常住。此「法身神識常住」的想法融合有《涅槃經》中的佛性說，認為佛性即是道家理想境界的無為虛靜之心，虛靜之心即神識，法身為肉身之超越體，亦為靈性之智慧，是常住不滅的；宗炳把輪迴果報主體神識等同於法身初基，只要人在修行過程中逐漸斷除煩惱，即可提昇神識成為本來清淨的法身，神識是

凡俗狀態，法身是成就道果，本來清淨的悟入即是涅槃，是
為佛。

　　儘管主張斷滅見的神滅論者以儒家孔子所說的「子不語
怪力亂神」、「未知生，焉知死？」作為基本出發點，但力
主神不滅的人士也指出一大矛盾：儒家最重視孝道，最舖張
祭典儀式，若不先承認有神靈的存在，那麼自古所傳下來的
諸種宗廟祭儀豈不都成了欺騙？沒有天帝神祇，又何必大費
周章地祭天、祭地、送葬守喪呢？一切的《禮記》經典研究
都成為無意義的紙上談兵！斷滅見者以傳統思想來反對奉佛
者，非難死後有神識存在，卻先自相矛盾，反對自己所信仰
的儒家傳統，這是根本的荒謬之處。

　　如果只以中國傳統思想來看這二種意見爭執，可以同意
確實有矛盾存在。不過若以正確的佛教思想來看，奉佛者的
神不滅論也不是純粹的佛教思想，怎麼說呢？佛教術語中並
沒有「神識」一詞，有阿賴耶識（Alaya），有五蘊，有補特
伽羅（Pudgala），但在根本態度上是無我空的，初期中國佛
教很難接受印度小乘佛教無我空的想法，所以到了東晉時期
毘曇部論典譯出後，補特伽羅的思想令人較易掌握，也給予
自我主體性觀念留下一些存在的空間。

　　中國人在接受印度佛教思想時是以自己能接受的方式加
以修正的，也就是作了一些特別的解釋，如「格義」佛教就
是，後期如南宗頓悟禪更是！實則形神之爭與「我」的主體
性有關，但印度佛學一開始就標示：「諸法無我」，可以瞭
解若要主張「有我」必須在主體性上多做深度闡釋，但這種
工作要留到後期唯識學才能完成。

　　東晉時期傳來部派佛教犢子系的思想，犢子部主張有補
特伽羅（Pudgala），此譯作數取趣，數次輪迴於五趣之中，
是誰在輪迴呢？並未標明出主體，只說有一個東西老是在輪
迴狀態中，印度思考方式常常有背景圖式的襯托法，不用肯

定句，而是否定句，不是這個，不是那個，但到底是什麼？就是不告訴你，寧可不給人答案，也不固定指出一個形象。這個「數取趣」正是一個不固定也不受限定的東西，可大可小，有變化，可以上天，也能入地，大起來像森林中的大象，小起來像細菌，到底是什麼呢？看你自己的心力而定。

俗話常用的「我」、「你」、「他」，是這個輪迴主體的指稱詞，輪迴的主體是識（Vijnana），呈凡俗狀態的生命，若超乎此凡俗狀態而進入超越狀態就成爲 Purusa，或者Atman，唯識學稱作「轉識成智」，這些問題在南北朝一長串的爭論中都沒有提到，只在爭人死了之後到底「有」？「沒有」？並不關心生命存續的內容，只在乎它有沒有？所以可以知道，中國人與印度人在基本心態上是不一樣的！

在思考問題的幅度上，中國人社會性比較強、滲雜有多量的生活事實經驗，四書五經，禮教孝道，夢境體驗……五花八門，不似印度僧侶的深入精純。若說東晉以後人士接受了毘曇部的思想，那也未必，因爲毘曇部內容有極多是精細的打坐修持方法、思維觀想內容，《弘明集》中卻未能反映出這些思想。只能這麼講：中國人接受印度佛教是有選擇性地吸收的，只學一些適合於自己的，不是完整地照單全收，像鳩摩羅什所譯的《大智度論》只被中國人接受三分之一，其餘的三分之二被認爲多餘冗長，別的經典更不用提了。在有選擇性的接收下，再加上本土文化的附麗，南北朝的佛學只能算是中國式的佛學，只能代表那一段時期中國人個性中的詮釋型理解，並不等於正確的印度佛教思想。

撇開質疑南北朝佛教是否具有印度佛教「原味」，至少我們可以肯定：《弘明集》和《廣弘明集》具有史料的眞實價值，它忠實地展現了當時中國士子們認眞地在思考「形神」這個問題，也許深度不夠精湛，但很素樸地掌握住主體性是否存續於死後的問題，「有沒有」是個根本的關鍵的掌握方式，如果「有」死後的生命，那麼道德學問就有追求的永恒

基礎，人生也可以找到安身立命的基準點，這一切的爭論都只爲了關切自我的主體存在問題，可能與印度思考方式不同，但自我的關切是全人類共同普遍的要求，難道印度人不是嗎？對生命的關心不僅止於現實世界，更擴展到死後的世界，我不滿足於有限的小我，我更希望能從「有限」伸展向「無限」，從束縛當中提昇至超越，從凡俗的人性昇華至聖善的神性，有限之中有無限，人性之中有神性，唯此無限的超越才值得人去追求。整部《弘明集》不正是在探討這個問題嗎？於此我們可以瞭解：朝廷當中的王公貴族們群體圍剿時的認眞態度，在整個中國歷史上有其不朽的價值！

第三部

唯識學
與阿賴耶識

第三部　唯識學與阿賴耶識
第一章　瑜伽唯識的思想淵源

在西元四、五世紀之間，印度佛教出現提倡「萬法唯識」的另一支大乘學派，與此以前的大乘空宗相媲美；由於此宗以《瑜伽師地論》爲教理依據，行者都修禪觀相應，故被人稱爲瑜伽行派(yogacara)，中觀派的學者稱此派爲相應派，修學唯識的人被稱做瑜伽師，在四世紀至七世紀之間是很有力的哲學派別。旣與空宗相對，所以也被稱作大乘有宗。

第一節　印度佛教中唯識思想的萌芽與成長

大約在西元一世紀前後，大乘教學者把根本佛教和原始佛教稱之曰小乘佛教，此段期間約是佛滅後的三百年之間，今日又再細分，劃作三個階段：

一、根本佛教

從釋迦牟尼(B. C. 466～386)在世時到入滅後三十年間，稱爲根本佛教，當時他所說的法是針對婆羅門教的思想提出針砭；六派論師們偏重於修苦行，追求解脫苦惱，但民眾與婆羅門教士卻是盡情的享受歡樂。衆人認爲：「神我」是造物主，自性若能與神我合一，即可生天，不生不滅，得到解脫，宇宙一切萬有都是自性與神我的結合，神我享受之時，自性即可應其所需而起變化，產生萬物。

釋迦牟尼提出緣起論與三法印做爲回應。他認爲：「諸法無我」，旣不可能一因生多果，也不是多因生一果，而是緣起的互爲因果。此含有排斥創造神論的根本基礎。

早期的阿含經典除了三法印之外經常講解十二支緣起

論，此又名十二因緣，這是分解人類一生的生命過程，從出生到老死，像《長阿含經》卷十的「大緣方便經」提到十二支當中的一部份：

> 「阿難！緣識有名色，此爲何義？若識不入母胎者，有名色不？……若識入胎不出者，有名色不？……若識出胎，嬰孩敗壞，名色得增長不？……若識不住名色，則識無住處，若無住處，寧有生老病死，憂悲苦惱？」（註80）

此文中的「識」乃是生命主體Vijnana，相當於前面論文中的 Soul，人的一生過程在佛教中被劃分作十二階段，這是最後、最完整的教理，但釋迦牟尼解說緣起並不一定是十二支，也可以五支、九支、十支說，在五支說中老死、憂悲、苦惱是苦，苦的原因是愛，愛就是集。十二支是：無明緣行、行緣識、識緣名色、名色緣六入、六入緣觸、觸緣受、受緣愛、愛緣取、取緣有、有緣生、生緣老死。這一連串過程中的第三支即是生物的入胎識，也就是大乘有宗的第八識阿賴耶（Alaya）。

有情衆生的生存狀態可以粗分作三階段：生有、死有、中有，前面《長阿含經》的引文就是在反省：如果人類的生命本體識不入母胎的話，有沒有物質精神（名色）呢？

若神識入了母胎，但不出生的話，有沒有後續的發展呢？

若神識出胎了，但嬰兒半途夭折，物質精神體能否增長？

所以得到一種覺悟：如果入胎識不附著在物質精神體上，它就無住處，旣無住處又豈會發生人間各種生老病死、憂悲苦惱的麻煩呢？

早期小乘思想多談人無我，證生空眞如，在此基礎之上

80　此文出自《大正藏》卷一，P. 61。

日後發展成「八識、二無我」的複雜理論，人無我較狹窄，法無我較寬泛，這二種無我在內容與義蘊上是先後相關連的。

二、原始佛教

此段時期的分割是從佛的再傳弟子算起，從西元前 350 年至 270 年之間的 120 年，原始佛教與前述根本佛教的差異是：前者親自聆聽佛陀教誨，後者已經無緣再見佛顏，但在僧團中仍然謹守佛制，維持法統傳承，保持教權存在。

此段時期注重五蘊分析，也談到生命本體識，進展到六識身的階段，雖不如後期大乘唯識思想的完備，但顯然已有進展。

五蘊（Panca-skandha），又譯作五陰、五衆、五聚，蘊的本義是類別、聚類、積聚，指世界一切有爲法可以分類爲五種：

色蘊（Rupa）：一切物質色法範疇。

受蘊（Vedana）：情感中的苦、樂、捨等諸受。

想蘊（Samjan）：因眼耳鼻舌身諸觸所發生的諸種想法。

行蘊（Samskara）：意志與心靈的作用。

識蘊（Vijnana）：視覺嗅覺等五種感官作用所發生的了別認識與判斷思想。

此時五蘊思想的內容已經包含有《俱舍》思想 75 法中的 72 項有爲法，根據《俱舍論》75 法後來大乘唯識學擴建成百法，後期的五蘊包含有爲法 94 種，前後的發展有直接的脈絡基礎在。

此五蘊法通善、不善、無記三性，亦通有漏法與無漏法，小乘佛教多數派別對於人身五蘊作分析，得到「人無我」的結論，我們的身與心不過是色受想行識五種類聚暫時的組合，並無任何一堅固不變的實體在，只是假名爲人罷了！試

看：

> 色如聚沫：眾生色身如水沫，因風吹水而成聚，虛有相
> 　　　　　狀，體本不實。
>
> 受如水泡：水因風動，忽爾成泡，苦受樂受皆起滅無
> 　　　　　常，須臾即沒。
>
> 想如陽燄：眾生妄想如日光陽燄，遠望曠野中，旅人渴
> 　　　　　水，日光發燄如水溶漾，因念成想，其實虛
> 　　　　　妄。
>
> 行如芭蕉：眾生一切行為造作危脆不堅，如芭蕉層層包
> 　　　　　裹，看似粗壯，其實不堪一擊。世間一切努
> 　　　　　力競爭，亦終歸虛脆。
>
> 識如幻事：眾生心識分別，隨境生滅，昨無今有，有而
> 　　　　　還無，本無實體，幻覺所成。

　　佛陀為了眾生迷心執我，所以把心理過程分析得詳細些，所謂心者，不過是 72 種事物合成，並無堅固的自我實體存在。又為迷執於物質外境色法的人說十二處，分析色法，表示物質中亦無我，後來唯識法相的理論也建立在五蘊、十二處、十八界之上。

　　原始佛教的阿含經確實是唯識思想的淵源所在，許多地方談到唯心的道理，像生死輪迴說、業惑緣起論，都是主張「心」為造作業力的主體。《雜阿含經》所提到的蘊、處、界、緣起、食、住等等諸種，即是法相，像經中卷二提到：

> 「世尊告諸比丘：有五受陰，云何為五？色受想行識受陰。」
>
> 「比丘，如實知識集、識滅、識滅道跡，識味、識患、識離，如實知。」（註 81）
>
> 「知受想行識是生滅法法，名為知識。」（註

81　參考《大正藏》第二冊，P. 101。

82）

　　此經文中的識尚在五蘊中的識蘊階段，已經強調反省認識作用的動態掌握，對於修內觀思惟的行者來說，這是精深且困難的課題，但尚未發展出八識，只含糊籠統地停留在六識身階段：

　　「六內入處，觀察無我。
　　六外入處，如實無我。
　　六識身如實無我。」（註83）

　　六內入處指眼耳鼻舌身意，六外入處指色聲香味觸法，根與塵相交涉的結果產生六識：視覺、聽覺、嗅覺、味覺、觸覺與思想意識，小乘佛教尚未把自我意識，生命主體與意念思惟分析清楚，大乘唯識的八識說在此時只有六識身形成，阿含經認為入母胎時的是六識身，有生死輪迴的作用，因煩惱業種而無法出纏，此時的六識身只是一個雛形而已。

　　原始佛教時期根據阿含經而有多部論著形成，像《阿毗達磨論藏》，有六足、發智、法聚等，都是佛的弟子大阿羅漢所造，這些論部反而與唯識思想關係較多，對於當時的名相組織也作有系統性的整理。後來的唯識學在此基礎之上再加以嚴密的組織，所以說，原始佛教的《法蘊足論》、《法聚論》、《五事毗婆娑論》都與後期大乘唯識有關。

三、部派佛教

　　部派佛教的發生是指佛滅後120年起(B.C.267年)，僧團因律法爭議而分裂，此時以阿育王（Asoka）佛教為中心，他在西元前271年登王位，此後七年大弘教法，在他的實質贊助下，上座部學者召開第三次經典結集。

82　參考《大正藏》第二冊，《雜阿含經》，P.12。
83　出自無性著《攝大乘論》卷二，《大正藏》31冊，P.386

上座部（Hera va da, Sthavira）是保守的正統派，大眾部（Mahasanghika）是前進的改革派，這二派又各自演化出若干支流，成為佛教二十部派，今日在錫蘭、緬甸、西雙版納等地仍然盛行上座部，中國、日本、韓國、蒙藏等地流行的是大眾部。

部派佛教中明顯地與大乘唯識思想有關的是：

（一）上座部

在此派論典中研究心法、心所法、色法、涅槃，對於心法方面作深入旳分析，對於心的作用、心的性質、心的地位、心的階段仔細地分作八十九種，繼而歸納為十二種類，再濃縮為九心輪。

最早提出九心輪說法的是南方上座部的《法聚論》，爾後窺基在《成唯識論掌中樞要》卷下也有記載，但術語稍微有異，今列述於後：

1. 有分心（又稱結生心）：人類剛剛受生，尚未起分別心，處於平靜的狀態。

2. 轉向心（能引發心）：心念與境界相緣，有所警覺，彷彿從睡夢中初醒，注意力開始萌動。

3. 見心：五根配合五塵發生五官直覺。

4. 受持心（等尋求心）：既然起了心念在外境上打轉，就會對於境界產生苦受、樂受等反應。

5. 分別心（等貫徹心）：分別善惡，再三地尋求了解。

6. 令起心（安立心）：了知對象之後，為它安立名稱。

7. 速行心（勢用心）：內心生起愛與不愛的取捨心，決定採取行動。

8. 果報心（反緣心）：印象深入心底，發生回憶、反

省、與薰習的作用。

9.有分心：終於再返回平靜的狀態。

　　第九項有分心又稱「死心」，前面第一項有分心稱「結生心」，九心輪迴轉無窮，周而復始，從一開始有生命，按照九個階段發展下去，直到壽命終了，謂之「生心」與「死心」，其實九個名詞只有八個過程、最初與結束都是「有分心」，意謂「生心」即「死心」，一生一死之間有許多次的輪轉，在人的一生當中，九心循環往復，它可以表現在一件事情上，也可以表現在人的一生，這樣的思維方式其實與十二因緣類似。

　　上座部不厭其煩地剖析「細心」，此細心即是「有分識」，乃輪迴的主因，所謂「有」意指三界之有：欲有、色有、無色有，「分」指原因、要素，「有分識」正是輪迴於三界的根本原因。

　　梵僧無性在《攝大乘論釋》中對此九心輪作有些許說明：「上座部中以有分聲（疑應作識，筆者附）亦說此識，阿賴耶識是有因故。如說六識不死不生，或由有分，或由反緣而死，由異熟意識界而生。如是能引發者唯是意識。」（註84）無性並未完全列出八項名詞，只擇取其中數項發揮：

　　第五項等貫徹心，對於自己的苦受樂受得得決定智的作用。

　　第六項安立心，為對象安立名稱，起語分別。

　　第七項勢用心，由於愛不愛而有取捨的作為，一切皆能起作用。

　　由於第二項的能引發心作用，我們人類從睡夢當中覺醒，或者從矇昧狀態變成複雜的心境。

84　此經文出自《大正藏》第32冊，P. 698，《那先此丘經》卷上。

　　由於第七項的勢用心功能，我們能觀察所作的夢中事。所以分別說部又稱六識名爲有分識。小乘的六識與大乘的第六意識含義不同，它是生時識，也是死時識，平常在睡夢當中是不作用的潛意識，在其之上又發生其他知覺的心思作用，早期部派思想中這種種的思維努力，爲的是說明憶念、果報、行爲業力、繫縛、解脫…等自我的作用，九心輪其實就是知識論，但在知識成立的基礎上必須先行承認有一主體在，這個主體就是「識」，若沒有主體識，又如何能劃分作「九心」？這初期的有分識觀念與日後的阿賴耶識息息相關。

　　上座部把人的有分心看做是「生心」和「死心」，無疑的這是在解釋「我」的生命現象，在根本佛教和原始佛教時代是根本否認有「我」的，不認爲有一人生主體的自我存在，故而一再強調「我空」，但在強調我空的同時也不斷地大講業力、輪迴、因緣果報，令人不得不感到懷疑，苦果樂果是很清楚明白的，但是業力主體是誰呢？是誰在造業受報？是誰在輪迴？將來又是誰得解脫入涅槃呢？若要承認業力、因果律、輪迴說等觀念，沒有主體來承受是講不通的，業力必有施爲者，果報必有承受者，輪迴必有主體性，所以上座部在生與死，死與生之間以循環輪轉的方式推理出必當有一「輪」軸存在，它是無形的、抽象的，有作用、有知覺意識在，生到死之間有一主體在貫徹著，死到生之間也該有一無形無相的主體在支持著，這個主體姑且稱它爲「有分識」，其實就是變相的自我，其他部派也發現到這個問題，爲了解決語意上的困難，紛紛自另造名稱，採取各種補救說詞。

（二）說一切有部(Sarvastivada)

　　此派是由上座部分出，流行於印度西北方和中亞細亞一帶，在迦膩色迦王時期曾經盛行四五百年，此派對於大乘唯識的影響是直接且全面的，它的教理思想與一切名相結構，完全被唯識學接受，可以如此說：若沒有薩婆多部的教理思

想，就沒有唯識學派的產生。

所謂「一切有」是指「法有」和時間「三世實有」，法有的思想結構從五事六十七分法擴充為《俱舍論》的五位75法，眾所周知，《俱舍論》被當時人譽為「聰明論」，是世親的作品，從有部思想到俱舍思想，而後再成熟為唯識思想，其間是有繼承延續的明顯關係在。

說一切有部認為一切法皆有其自性，是客觀實在的存有，不是諸種元素混合成的假有，他們對於人我存在以五蘊來解釋，每一蘊中都包含有時間三世，譬如說：色蘊包括過去色、現在色與未來色，是有延續發展的；像行蘊，從過去行、現在行，連續到未來行；討論現在的存有是常識經驗必須承認的，但每一個現在必然包含時時刻刻的過去，也包含未來，這一項主張是有部與其他派別最大的分歧點。

否認人我，承認五蘊，五蘊中包含三世實有，如此再繼續發揮當然要承認一切法都有，把佛所說的法歸類為五事，其中色法15種；心法六種，即六識；心所法27種，不相應行法16種，無為法3種，這個雛型結構雖然被後來的人有所變動，但基礎是在這時定下的。

有部中的著名人物甚多，其中一位與希臘國王相熟，二人對談之下留有記錄，此篇記錄在漢藏中名為《那先比丘經》，歐洲人士對此甚為重視，當作是希臘人統治西北印度犍陀羅地方的歷史考據資料。

希臘國王彌蘭陀(Milinda)請教那先比丘（又譯作龍軍）人死後的相狀如何？那先比丘以比喻法作答：

那先問王：「如人燃燈火，至天曉時不？」

王言：「人燃燈火油至曉時。」

那先問：「燈中炷一夜時續故炷火光不？」「至夜半，至明時，故火光不？」

王言：「非故火光。」

那先言「然燈火從一夜至半夜，復更然燈火耶？向晨時復更然燈火耶？」

王言：「不，中夜更然火續故，一炷火至明。」

那先言「人精神展轉相續如是，一者去，二者來，從精神至老死，後精神趣所生，展轉相續，是非故精神。亦不離故精神。人死以後，精神乃有所趣向生。」（註85）

漢譯的《那先比丘經》有二種版本，佚失人名，都是東晉時譯出，一者上下二卷本，另一為上中下三卷本，巴利文藏經有七卷的《彌蘭陀王問經》，都是記述歷史上的同一件事：印度西北的彌蘭陀王在西元前 184 年左右，曾統治犍陀羅一地，並且軍隊曾經攻入中印度，此時孔王朝已滅，巽加王朝繼興，希臘軍隊與印度權臣弗沙密多羅（(Pusyamitra)作戰，此王受到那先比丘的教化，疑惑生命死後的過程，那先比丘以燃燈油的火炷比喻時時刻刻生命的存續，後炷非前炷，但火依然是火，人的「精神」所趣生，此處的「精神」正是生命主體。火炷的比喻法與中國佛教的以薪傳薪是類似的，廬山慧遠不正是如此嗎？並不以理論作分析，而是以類比法做譬喻，慧遠與那先比丘的思維方式頗相近似。

說一切有部早就知道阿賴耶(Alaya)一名，這不是大乘唯識的專利品，在梵僧無性所造的《攝大乘論》卷二中記載：「說一切有部中說愛阿賴耶者，此句總說貪著阿賴耶識。」（註86）

其後分析道，為何樂阿賴耶呢？是因為貪享現在世的阿賴耶，故有歡樂之感。

85　文出自《大正藏》第 31 冊，P. 386，《攝大乘論釋》卷二。
86　此段文出自《大正藏》第 49 冊，P.61。《異部宗輪論》。

　　爲何欣阿賴耶呢？這是追憶過去世，懷念回味已經形成的過去生命體阿賴耶。

　　爲何喜阿賴耶呢？這是寄望於未來，期盼未來世，本性於未來就是有所希願之故。

　　由於內心有樂、有欣、有喜等等感受思念的作用，這一切的總名稱之爲「愛阿賴耶」，其實也就是自我愛，或說「我愛執纏」。這種有愛念有欣喜情感反應的「我」與印度哲學中的 atman 可以會通，婆羅門教主張：小我的 atman 經過捨棄物質慾望後，淨化性靈，終於得與大梵天 Brahma 合而爲一；大乘唯識也主張轉依，轉八識，成就四智；轉雜染，成爲清淨，這樣的目標與宗教訴求其實有共通之處的。

　　有部後來分化成東方師和西方師，東方師勢力較強，主要的代表是迦旃延尼子，他著有《發智論》，是對於佛所說經各要義用對法論的方式加以詮釋，可能解釋定義，或做分類工作，也破除外道他派異說，更有深入探討性相，內容相當詳實，全書共分作八篇：雜、法、智、業、大種、根、定、見，這些是把四阿含經中內容相同的加以分類，成爲「八蘊」，漢藏初期譯作《八犍度論》（符秦時僧伽提婆共竺佛念譯），後來唐玄奘將之改名爲《發智論》；在迦濕彌羅一帶，有部徒弟非常多，他們以《發智論》爲根本，另外造出《集異門足論》、《法蘊足論》、《施設足論》、《識身足論》、《界身足論》、《品類足論》，這六足是與一身有直接關聯的，「一身」即指《發智論》，由此已經可見其理論結構的龐大了，但還不僅於此，在迦膩色迦王的支助下，由脅尊者發起，世友爲上座長者，率領五百位大阿羅漢共同造成《大毗婆娑論》二百卷，此書也由唐玄奘譯出，是日後學習唯識者必須一讀的好書，有部的做學問方法無論在資搜料集上，或者組織結構上都到達了空前絕後的創新，當然，它也帶有濃厚的經院哲學氣息，這一切特質後來都發展成爲大乘唯識學了。

（三）犢子部(Vatsiputriya)

犢的梵音是 Vatsa，跋蹉，這一部的部主是跋蹉族人，約在印度波羅奈斯之西，所以稱為「犢之子」Vata-putra，它的流傳地點在印度西部，相傳此系為佛的兒子羅猴羅所傳，出家後以舍利弗為師，所以經典信奉《舍利弗毗曇》。

在西元七世紀時此派勢力強盛，從中印度發展到西印度，並在摩臘婆形成一個佛教中心，可與中印度的那爛陀相抗衡，支持者中多有商人、富戶，這樣的社會背景似乎與那教有些相似，當然也影響到學說內容，有許多主張與其他派別不同，正是反映了他們自己的文化意識。譬如說：財產的積聚所為何來？若不為了「我」還有什麼意義？所以個人中心思想很濃厚，對於「我」的主張極有興趣。其次商業行為難免於造善惡業，所以相信業力、果報、命運，更相信死後的「中陰身」，這些都是「有」的發揮，從「有」為出發點所作的思考，所以他們被正統派視作異派。

犢子部主張有我，在當時佛教來說是很大膽的異論，但隨後的支持者倒也不少，且還分支成四派：賢冑、法丘、正量、密林山，各派都有獨立著作。像《正法念處經》今日保存在大正藏第 17 冊中，講業報、輪迴問題；《三彌底部論》、《諸法集要經》、《聖教實論》都是在談生命輪迴的觀念，一再反覆地辯論有無中陰身？從肯定或否定二種角度來作多種思維。

《異部宗輪論》為犢子部保留的資料記載：

「有犢子部本宗同義，謂補特伽羅非即蘊離蘊，依蘊、處、界，假施設名，諸行有暫住，亦有剎那滅。諸法若離補特伽羅，無從前世至後世，依補特伽羅可說有移轉。」（註87）

這一段話幾乎是等同於生命主體識的肯定了。

　　補特伽羅(Pudgala)義譯作數取趣，是有情衆生一世又一世地在六道中投胎，數次地擇取六道輪迴，這是個體的生命現象，也是現實的存有。這個輪迴的主體並不完全等於五取蘊，但又不能脫離五取蘊，它必須依賴於五蘊、根身、十二處、十八界的存在作用而運轉之，一切諸行都留不住，即使有造作功能，也只是短暫留存，終究會刹那刹那滅的，此點在希臘哲人赫拉克利圖斯(Heraclitus, B. C. 544-484)的思想中已經十分詳細了，而犢子部的想法是在萬象變化生滅中找到相續恆的存生命主體──數數投胎轉識的那個主體性，姑且稱呼它是「數取趣」好了。

　　在印度哲學中，佛教與其他各宗教之間的差別在於主張無我空，其他教派主張梵我或神我；現在佛教部派之中竟然有犢子部公然主張有我，這是令人重視的！

　　犢子部經過再三反覆的思考，認爲單純的否認有我太過簡單，而承認有我也太牽強，犢子部把「我」的思考方向與五蘊作結合，此可以從《三彌底部論》中看出。

　　這部著作佚失作者與譯者，今收錄在大正藏 32 册中，只知道在姚秦時被譯出，從文筆來看，十分拙樸，不會是鳩摩羅什的譯筆，從思維方式來看，反覆再三地推敲肯定面與否定面，很像耆那教的思考方式。犢子部並非最早創立有我說的佛教徒，在他們之前佛教內部就已經有人在思考「有我」之事實的矛盾觀念了，試看：

　　　「有人捨五陰，生有處，受五陰中間有處。」
　　　「云何有我？我捨此有，受彼有。」

　　　「見先師意互相違，故生疑：有諸部説實無我，唯陰處是我…故知諸部見無有我。」（註88）

87　文出自《三彌底部論》卷上，《大正藏》32 册，P. 462~463。
88　同註 87，出自同一經文。

　　犢子部觀察到：人死後從此有之捨棄而投生彼有，這不是「我」是什麼？可是佛所說法甚為難測，經常說「無物中有我」，又見到長老們經常意見相互違背，有的說無我，也有時說「實有我」，例如：

　　　　「諸部說實有我，何以故？語縛故。」

　　　　「佛言：是色痛想行繫縛，從此世渡彼。彼諸部見繫說縛故，是故有我。」（註89）

　　以下經文多在做資料佐證：為何佛說有我呢？因為有正見。何以故有我？佛說四念故，四念住指觀身無常，觀受是苦，觀心無常，觀法無我。既然佛常教人觀四念住，當然必得要有「我」才能觀啊！否則誰受苦？誰無常呢？

　　犢子部從四念住的觀想方法反省到主體存在的自明性，這是直觀的領悟，同時又想起佛曾經說過：「生死無本，衆生輪轉，生死源，本不可知，是故，人無本。」犢子部從這段教示又領悟到：人既無本，當然亦無其末，是故人常如是！換言之：無既生，亦無始，恆常輪轉，如是而已！

　　犢子部也提到回憶論，此點與柏拉圖的說法近似但不一樣：

　　　　「何以故人常？答：憶過去世故。」

　　　　佛言：憶一生，乃至憶過去無數劫生，陰壞，雖流轉生死，而人不壞。

　　　　彼諸部見憶一生乃至憶過去無數劫生，故人常如是。」

　　柏拉圖只說學習知識與回憶有關，但佛教說的是「宿命通」，回憶起自己過去世所發生的事情，有的人能回憶某一

---

89 同註87，出自同一經文。

世，但能力強的修行人可以回憶起多世甚至於無數世，只見此身軀不斷在轉換，或男人身，或女人身，此身陰會流轉生死中，但記憶主體是不變壞的，這就是「人常」！

犢子部不是盲從迷信的教派，他們反覆思考佛的兩種意見，最後決定採取近似於耆那教的態度：「不可言有我，不可言無我」，當然也就是：「非即蘊我，非離蘊我」的中道態度。

犢子部在莫可奈何之中只好說：「有我無我不可說」，「不可說言有我，不可說言無我」，他們記載道：

　　「佛告迦栴延：世間依二種，亦依有，亦依無；以是故執有執無。」

從執者實在存有的立場來看，世間一切都是真正存在的；從變化生滅的角度來看，生命事物都是虛幻不實的，所以才有執著的反應發生，其實有我無我根本是不可說的。

犢子部設立有 Pudgala 主體的理由不外乎有數項：

1.作為輪迴的主體：見有輪迴的事實，硬是再說「無我」是違反於現實的，所以既然佛教以輪迴六道為根本教義，必得先承認有一發生輪迴的主體在，因果報應有的發生在現在世，也有的在未來世，不但主體是有，連三世也是有，所以犢子部認為有為法中分作三類：過去法、現在法、未來法，這樣的分類是此派的一種特色。

2.作為記憶的主體：《大毘婆娑論》卷十一對此派作有記錄：「犢子部說我，許有我，可能憶念本所作事，先自領納，今自憶故。」（註 90）

記憶是生活當中或有意或無意所存留的印象，無論是曾經見過，聽過的、都會包容在腦海中，這種功能必定有一主

90　參見《大毘婆娑論》卷十一，《大正藏》27 冊，P. 55。

體在,這即是我。

3.作為認識的主體:吾人依五種感官產生知覺作用,再以意識整合統一,有思索分析歸納的功能,外在五官可以關閉不用,意識心思可以間斷,但生命仍然延續,未曾中斷,「我」體是與六識身作所依止的,人在不思不想之際,生命現象仍然存續,這是一個實際的證明。

4.作為行動業力的主體:人的行為對別人發生影響時就有善惡的價值判斷發生,由於有善業、惡業,當然會生樂果與苦果,人心總是貪樂懼苦,所以應該對自己的行為負責,若是願意修善行善,期盼善有善報者,善惡的行為發生總是源自一個主體。

5.作為宗教實踐的主體:是誰升天堂?誰下地獄呢?誰入輪迴?誰般涅槃呢?在漫長的三大阿僧祇劫中,積聚善行、清淨持戒的行為下該當有一主體在吧!

犢子部除了認為「我」屬於「不可說法」的範疇外,還有一項特別的想法:別人或說五道、六道,派把「中有」也當作獨立一道,成為第七道,這點比較有趣。

在《三彌底部論》卷下有所記載:

「有中間有,中間入涅槃故。」
「我等見佛說中間入涅槃故,是故有中間有。
復次,身不至故,識無身,不至彼,我等見身不至彼,是故有中間有。」

犢子部多談「陰」而少談識,在此處提到「識無身」,顯然此識尚處於初期六識身的草創階段,識既無身不能入涅槃,所以那個修道解脫能入涅槃的稱作「中間有」,中間有指死之後,生之前的過渡狀態。

犢子部也有不太恰當的比喻,像稻苗的譬喻:

「從稻生苗，從苗生稻，是色定法。何等爲稻？
前生有爲稻。何等爲苗？中間有爲苗。我等見稻苗譬
故，是故有中間有。」（註91）

還記得前面說一切有部的那先比丘引用火炷燃燈喻，這
兒是引用農田中的稻苗喻，以人的生命過程來類比於植物，
當然不是恰當的類比，不過我們在五十步笑百步的當兒，也
不得不承認生命主體性這個問題實在很令人困惑，若不用譬
喻法，不用類比法，又能有什麼更高明的解決方法呢？

《三彌底部論》在諸多論著中是有其特色的，文筆很拙
樸，結構很鬆散，語多反覆，資料重於辯解，與其他毘曇部
的精密結構相比較，它有點像散文。

佛教內部大多數認爲犢子部此舉有違教理，是和外道同
流合污，所以紛紛和它劃清界線，並著論反對它，像《俱舍
論》和《大毘婆娑論》專門爲此設立《破我品》以表明自己
的立場；但在反對聲中也有人支持它，像化地部原本是與犢
子部對立的，此刻居然搖身一變，也提出「窮生死蘊」來解
釋有我無我的矛盾，經量部也同意，必須設立一個像徵生命
主體的「一味蘊」來解決輪迴問題，所以在印度的部派佛教
時期，主體性思考是受到關切的一項大難題。

（四）大眾部(Mahasamghika)

大眾部思想對於後來大乘佛法的開拓有很大的功績，但
對於唯識發展卻貢獻有限，大眾部雖然偶而有「根本識」之
說，卻未見《異部宗輪論》提及。

大眾部代表佛教教徒中比較進步的一派，在北印與南印
都有流行，此部比較重視論，不大宣揚經或律，像出名的《成
實論》就是在大眾部之下多聞部出家的訶梨摩摩所造，他們

91　文出自《三彌底部論》卷下，《大正藏》第 32 冊，P. 470。

對於方法學特別重視,當時在已經盛行的阿毗達磨對法論之外,還有一種詮釋佛說的新方法,叫做 pela,毘勒,前者阿毘達磨是對諸多法相做機械式的定義分別,令人頭昏眼花,後者毘勒卻是以肯定、否定、雙即、雙離各種方法來反覆推敲,並不只限於文字表面的意思,也不易附會,而是謹慎的採用多種假設,有問方、有答方,更有議論方,與士林哲學大師多瑪斯在《神學大全》中的思辨方法頗為近似,龍樹在《大智度論》中表示:若採用這種毘勒方式進行議論,可以沒完沒了地無有窮盡,這在當時與大乘空觀、九分毗曇一共形成三足鼎立之勢,此三者若是極度發展,不知收斂的話,空宗可能墮於「無見」,九分毗曇流於「有見」,毘勒墮於「有・無見」。

　　不過龍樹的疑慮可能是多心的,訶梨跋摩很能自制,他在名著《成實論》第二十三品中如此表示:

　　　　「佛法中以方便故說一切有,一切無,非第一義。

　　　　　　所以者何?若決定有,即墮常邊。

　　　　　　若決定無,則墮斷邊。

　　　　　　離此二邊,名聖中道。」 (註92)

　　訶梨跋摩造的《成實論》與前章提及的《三彌底部論》可是大大地不同,本論文體均衡、和諧、結構完整、思路清晰,在哲學方法上有其登峰造極之特點。《成實論》中雖然提及「識」,但只關注在感官之認識上,並非指生命主體;也提及「心」,但此心只是統合知覺之用,也不是生命主體,故筆者只能擇取「中陰」問題作片斷研究。

　　《成實論》對於中陰分作二品討論,一者有,二者無,很典型的思考方法。

---

92 參考《成實論》卷三,《大正藏》第 32 冊,P. 256。

第二十四品論證有中陰：

根據佛所說的《阿輸羅耶那經》和《和蹉經》都知有中陰。

其他經中提到四有：本有、死有、中有、生有。

經中也說七有：五道有、業有、中有。

閻羅王會呵責中陰罪人，令顛倒墮。

引用經中說：佛以天眼見諸眾生死時，生時，佛因中陰知眾生宿命，謂此眾生生此處，彼眾生生彼處。

除了引用「聖言量」之外，造論者作結語說：

若有中陰則有後世，若無中陰者，捨此身己，未受後身，中間應斷。以是故，知有中陰。

其實生死後多久才投生，是個未知數，也是不定數，有人說三七之內會投胎，有的說七七日內投胎，也有的說大善大惡之人投生受報快，一般人不定。無論是那一種答案總有一段過渡期，這段時期的等待狀態有沒有果報呢？或者說：中陰身有沒有果報呢？這點未有研究。

第二十五品辨論無中陰：

佛之所以在《和蹉經》中說有中陰，是因爲有一位外道修行人，名叫和蹉，他本身提出問題有關身異神異，所以佛才對他回答中陰、中有、五陰等等，他若是不問，佛也不會如此說，佛所說的「有」只是針對此一人而言，並非定有。

閻羅王若要呵責罪人，是呵責他在生時所做之事，是生有，非中有。

有些人說死時有細微四大去者，那是一般世俗人所見，不能作爲論證依據。

得宿命通的人說：他知道此人此間死，彼間生，他可沒

有說某某人「住在中陰中」。

　　佛常說有三種業報：現報、生報、後報業，佛可沒有說什麼「中陰報業」呀！（註93）

　　反面的意見顯示出著論者的理性思考，並不以一般對於宗教權威的信仰為依據，也不聽從人云亦云的經驗之談，反而很公正地尋找不利信服者的證據來作為抗衡，可以想見大眾部的確作風上與保守的上座部是不相同的。

　　無著所作的《攝大乘論》稍微對大眾部作了一點兒描述：「於大眾部阿笈摩中，亦以異門密意說此名根本識，如樹依根。」（註94）意謂六識如枝枝葉葉，尚非根本，必得在六識之外另有一支撐枝葉之根本，此最後支撐姑且名為「根本識」，每個有情眾生都有此一根本識，此也相當於後來唯識學中的阿賴耶識。

（五）化地部(Mahisasaka)

　　大眾部與上座部的分裂是根本分裂，但印度受到本土環境和外在政治因素的影響，宗教思想也逐漸發生變化。摩揭陀王朝以後是難陀王朝，此時希臘亞歷山大帝入侵印度，使印度思想受到西方的影響。難陀王朝之後是孔雀王朝，第三代國王阿育王規定佛教為國教，並派出大量傳教士四出弘化，使得佛教勢力不再局限於原始佛教時期的恆河流域，佛教勢力在擴大的當兒，也難免融合各地的風俗習慣，所以分化思想逐漸明顯，這是部派佛教形成的原因。

　　至於化地部是如何產生的，南傳佛教與北傳佛教說法不同：

　　南方斯里蘭卡的《大史》(Mahavamsa)第五章記載：

93　以上資料出自《成實論》卷三，《大正藏》第32冊，P. 256~257。
94　出自《攝大乘論本》卷上，《大正藏》第31冊，P. 134。

　　從上座部(Theravade)產生化地部(Mahisasaka)和犢子部。

　　從化地部產生說一切有部(Sabbathavada)和法藏部。

　　北傳佛教的《異部宗輪論》有不同的記載：

　　佛逝世後一百年因意見不同形成大眾部與上座部。

　　佛逝世後三百年上座部形成說一切有部和雪山部。

　　次後於此第三百年從說一切有部復出一部名化地部（註95），次後於此第三百年，由化地部又出一名名法藏部。

　　無說何說爲是，反正可以確定：化地部是源自於上座部的，化地部之所以分出是由於它的部主是國師婆羅門，後來入佛門修行，成就阿羅漢果位，他的習慣是使用婆羅門教的吠陀語言以頌揚佛經，唱頌莊嚴，以致於發生歧異，所以分部。

　　在布敦的《佛教史》中提到部派四大系統所用的語言各不相同：有部使用文雅的梵文，大眾部使用方言土話，正量部用的雖也是梵文，卻是缺乏文法的訛略語，上座部則混雜使用，像巴利文，介乎梵文與土話之間。

　　原本佛在世時就曾發生過語言問題：高階層的知識份子出家後，依然用優雅的梵文唱頌經典，但與其他出身下層的比丘們相處在一起，聽他們一本正經地用粗俗土話頌念經文感覺很可笑，於是經常嘲諷嘻笑，惹得這些被譏笑的下層出身比丘們去向佛告狀，所以佛制定：允許各位比丘用自己熟

_____

95 部派佛教資料各家有異說，印順所著《印度佛教史》第46頁資料與《異部宗輪論》不符，但其著中不斷引用論述，又未指明資料來源，令人徒增困惑。呂澂所著《印度佛學思想概論》第40頁雖說他自己的資料是引自《異部宗論》與《論事》等書，但圖形卻是南傳佛教的說法。

悉的語言頌念經文,沒有必要硬性規定一定要學古梵文。此後這項規定一直被僧團遵守,但化地部這位國師出身婆羅門教,過去習慣於四吠陀經典,如今雖然入了佛門,但語言習慣難改,依然用過去熟悉的吠陀語來頌念佛經,所以形成一個特殊的派別。

化地部對於生命主體的看法,承認有一個超越於生滅現象的恆續實體存在,犢子部先立有「不可說我」,化地部也以類似的手法成立「窮生死蘊」,以描述這個主體識的相狀。

無著起先是在化地部出家的,所以他對本宗作有忠實的記錄:「化地部中亦以異門密意說此名窮生死蘊;有處有時見色心斷,非阿賴耶識中彼種有斷。」(註96)

無性在註釋中說得比較詳細:除了一般的五蘊之外,化地部建立另外三種蘊:

1. 一念頃蘊:任何事物在一剎那間都有生滅法發生。

2. 一期生蘊:從生到死是為一期生死,像大椿樹以五百年為一生死,但蜉蝣朝生夕死,所以各事物有其不同的一期生蘊。

3. 窮生死蘊:從修道至得金剛喻定之前,始終都會跟隨著的生命主體識。(註97)

我們的生命體是由五蘊組合成的,色受想行識五者之間剎那剎那產生變化、喜怒哀樂、生離死別、富貴榮華,都在其中,不可能一成不變,這種剎那生滅叫做一念頃蘊。

但若是只有片片段段的剎那生滅,有情生命又如何能得安住存續?於是推理出在粗顯的表面變化之下,應該有一個

---

96 此文出自無著所著《攝大乘論本》卷上,《大正藏》第31冊,P. 134。

97 參考無性著《攝大乘論釋》卷二,《大正藏》第31冊,P. 386。

與一期生命共存亡的微細相續存在，叫做一期生蘊。此一期生蘊就是與現實生命相結合的，但在此生命結束時，業力並未完結，還有下一個生命體在，在這一前一後的兩個生命體之間，誰做為中間過渡的橋樑呢？化地部學者認為：這個中間橋樑就是「窮生死蘊」，它會一直反覆的再現，直到最後金剛喻定的果位，這是最後生死的邊際，此時惱完全清淨，不再有生死，除煩惱，窮輪迴，此時生命之蘊也隨之而滅，故名之曰「窮生死蘊」。

在唯識學者們看來，化地部的「窮生死蘊」正是阿賴耶識的異名，在凡夫位稱為阿賴耶識，在清淨位轉識成智，同指一物而可有多名，化地部的思想也是唯識學的先聲。

（六）正量部(Sammatiya)

正量部是從犢子部分化出四部中的一部，它對於本宗的主張如補特伽羅實有、業力不空說等都有進一步的發展。

此部流行的地區從印度西部行向西南部，在這片地區受到工商界第三階層的支持，所以勢力逐漸增強。

正量部對於佛所說法分作五類：過去、現在、未來（此三種屬於有為法），無為法（超越時間），不可說法（不可定說）。生命的主體「補特伽羅」旣不能說它有死，也不能說它有生，「數取趣」與五蘊是一，也是異，不可定說，所以把它歸類在不可說法中。

正量部的學說中對於人我實有的問題做有詳細思考，業力非斷非常，業定然有果報，然而在未受果報以前，人我的生命持續狀態如何做解決？如果生命中斷的話，業報就無法相續了。

正量部認為業力是佛所說的「不失法」，意謂無形、無相，但業力不失，譬如向人借債，立下字據，保證期限到了一定償還，這「借債立券」的行為正好比喻為業力與果報之

間的關係，有業必有報，雖然業力的性質會因有**轉變**而生差別，但業力會相續下去，不會中斷；然而它逐漸累積，由弱轉強，本身也非常，所以不斷又不常即是業力的寫照。

在龍樹所造的《中論》中曾提到正量部的說法，並引用正量部的偈頌：

「不生法如券，業如負財物。」
「以是不失法，諸業有果報。」
「雖空亦不斷，雖有亦不常，
業果報不失，是名佛所説。」（註98）

把業力比喻為債券，是一種類比思考法，欠債得還債，造下惡業就是欠別人的債；造善業是於人有恩惠，將來別人也會感謝，雖然善惡業力無形無相，但所發生的行為卻不會消失。此「不失法」另外還有積聚的意思，業是逐漸累積的，若要「不失」，必得有所貯存，有所依附，為何能累積不失漏呢？這應當要有個主體能含容業力才行，此主體正是補特伽羅我，有主體才有生死流轉的現象，有主體才有業力果報的施放與承受，如此一來「不失法」在正量部的思考下內容豐富了許多，不再是素樸的單純業力因子，而是綜合輪迴生死的主體概念了。

陳眞諦三藏在《攝大乘論釋》中稱此不失法為「果報識」，無論是否得當，也可以令人暸解：正量部的不失法，有我論與日後大乘唯識學的異熟識是有關連的（註99）。

（七）經量部（Sam Krantika, Sautrantika）

在小乘二十部中最後分出的叫做經量部，他們特別重視經，但非一般的經，而是十二分教中的優波提舍（論議），

---

98 龍樹造，《中論》卷三，《大正藏》第 30 冊，P. 22。
99 參考眞諦譯《攝大乘論釋》，《大正藏》第 31 冊，P. 160。

以論經為宗，也廣泛地用到其他經典，故稱它以經為量。

此派又名說轉部，因為在有情眾生的生死過程中，有種子，又名「細意識」，從此身度入彼身，從前世轉到後世，所以才立說轉名。《異部宗輪論》在結尾一段記載：

> 「經量部本宗同義，謂說諸蘊有從前世轉至後世，立說轉名，非離聖道，有蘊永滅，有根邊蘊，有一味蘊，異生位中亦有聖法，執有勝義補特伽羅。」
（註100）

上文所說的「一味蘊」、「勝義補特伽羅」就是細意識，五蘊中的色蘊會有生滅變化，受想行識蘊也有增減變化，但有情生命得以從前世轉到後世，必須依靠有個一味常住的根本細微蘊在，我們的記憶也必須依賴這個微細的一味蘊，沒有一味蘊，生命如何移轉？經驗如何留存？這將難以解決。

《大毘婆娑論》提出二個近似的名相：「有執蘊有二種：一、根本蘊，二、作用蘊，前蘊是常，後蘊非常。」經量部所說的一味蘊是生命現象所依附的根本蘊，常恆存續而無變異的；所謂「根邊蘊」應當是從根本蘊發出的作用功能，有生滅變化（註101）。

一味蘊即是根本蘊，此相近於心力種子，或細意識，也可以說是五蘊去除掉色蘊之後的四蘊，一味蘊既然能轉世，應該有所依附，這個所依即是補特伽羅我。

從前面所列舉七部派的主體思想來看，佛教發展到此階段不得不重視輪迴的主體問題，不可能一面說無我空，又一面警惕人有因果報應與生死輪迴。部派佛教已經認識到：佛的教說有真諦、俗諦二種方法，有了義、不了義教、不可拘執於片面；如何對於佛說做出圓融的解釋，這需要周詳的智

---

100 此文出自《大正藏》第49冊，P. 17。
101 參考《大正藏》第27冊，P. 55，《大毘婆娑論》卷十一。

慧；而心識主體的存在是事實，如何才能在經教中尋找到一個立足點，這是有待眾人共同努力的方向。

第二節　唯識學的建立與弘傳

建立唯識學的是世親（Vasubandhu，婆藪槃豆），約是西元 320~400 年時的人，到這個年代印度唯識學整個體系結構才算完成。世親是無著（Asanga）的親兄弟，他們共有兄弟三人，皆在佛門出家。今日所保留的唯識學著作有不少是世親與無著二人合著，或者哥哥無著先作頌，弟弟世親為之作釋論；當唯識學整個體系完成時，印度的名流學者無不鑽研著述，於西元四～七世紀之間，在印度哲學中是強盛而有力的一支學派。以下分二階段略述之。

一、無著與世親

從現存可信的傳記資料來看，無著與世親兄弟是笈多王朝（西元 320~500 年）後半期的人，無著為兄，約在西元 400~470 年之間；世親為弟，相差 20 歲，但活了八十年，所以約在西元 420~500 年之間。

依據眞諦傳，他們家是國師婆羅門，住在犍陀羅一地，三兄弟都在小乘薩婆部出家；不過依玄奘所傳，無著是在化地部出家、世親是在說一切有部出家，無論二者所說有何差異，都與上座部的說一切有相關。

起先無著修學小乘空觀，感到不滿足，入定以後彌勒菩薩為他講大乘空觀，思惟得以悟入，所以才名為 Asanga，意為「無所執著」，今中文簡稱曰無著。

一般相傳無著、世親所學是出自彌勒（Maitreya-natna），但歷史上究竟有沒有這個人是一個疑問，只能說無著所學是由彌勒所傳出，但這只是早期，在後來無著自己有所抉擇而發展的思想，應該是他自己的。根據這個原則，漢地藏經與

西藏本藏經大體上都同意有「彌勒五論」，其內容是：

1. 瑜伽師地論：是五論中最重要的一部，又名《十七地論》，共一百卷，唐玄奘譯。

2. 分別中邊論，或名辯中邊論，原本為頌體，真諦、玄奘皆有譯。

3. 分別瑜伽論：無漢譯本，據學者考究，此篇可能就是《解深密經》中的一品──分別瑜伽品，因為經文內容正是彌勒向佛發問瑜伽法門的內容，佛陀為他一一回答的記錄。此二者之間從名稱或文意來看，都很吻合。

4. 辯法法性論：民國以後由法尊從西藏本譯出。

5. 金剛般若經的現觀莊嚴論，西藏有傳，但玄奘、義淨並未提起。

　　無著在晚年遊化於中印度旳憍薩彌國，一百多歲圓寂，他的著作除了瑜伽部以外也有般若思想。大要如下：

1. 顯揚聖教論：唐玄奘譯，著重於修觀行，強調大乘深義遠勝過聞乘。這是對《瑜伽師地論》重新再作結構分疏，以綱要式的方法做組織。

2. 攝大乘論：我國有玄奘、真諦、佛陀扇多譯三種版本。是解釋《大乘阿毗達磨經》其中一品──攝大乘品，認為阿賴耶的設立有十種殊勝義，條理詳明，總括大乘義理，主張大乘唯識是不共二乘的至理。

3. 阿毗達磨大乘集論：七卷，玄奘譯，是對法論的精要處，包含一切大乘阿毗達磨經中諸思擇處，以大乘立場貶攝二乘，頌揚大乘思想的高妙，與《大乘阿毗達磨經》有關。

4. 六門教授習定論：唐朝義淨譯，詳述止觀、修行、思

惟瑜伽的方法。

此外有些學者認爲無著作有《順中論》，但藏本中缺，或者像《大乘莊嚴經論》與其弟作品重覆，凡是有重疊或合著者，概不多述。

無著的著作，光是以漢、藏譯本合計，大約有三十部，其弟世親就更多了，他在世時有「千部論主」的美譽，現今仍然保存的漢、藏文譯本也有五十多部。由於有陳眞諦三藏譯出的世親傳記，所以今日對於他知道得比較多些。最出名的事蹟是造《俱舍論》一段：

在佛逝世後九百年阿踰闍國正勤王時代，有一位外道婆羅門學得數論派理論後主動跑到阿踰闍國來，找名師挑戰。當時世親正在國外，他的老師佛陀密多羅年老體衰，於無人應戰情況下，年老的佛陀密多羅只好勉強上台，果然被對手一一斥破。辯論結果依照印度習俗是要被殺的，但這位挑戰者故示大方說：「你我都是婆羅門，不必殺，只要在你背上鞭打即可。」這位年老的比丘不得不在大衆圍觀下受辱。

待得世親回來後聽聞老師被鞭受屈辱的事十分憤慨，遂造了《七十眞實論》以破斥《僧佉論》。

世親在此後又廣學《阿毗達磨大毘婆娑論》，學通以後爲衆人宣講，每天講課結束時自造一偈（四句，一句八字，共 32 字）以做總結，命人刻在赤銅牒片上，繫掛在象頭下，供衆人閱讀，並擊鼓宣令：「誰人能破此偈義？能破者當出！」

在無人能破的盛況下，如此累積二年，共六百多首偈，合集起來成爲今日的《俱舍論》。世親以五十斤黃金附在《俱舍論》上，寄與罽賓國的毘婆娑師，這些毘婆娑師讀了最新論著後皆大爲歡喜，互相稱讚道：「哎呀！我們說一切有部的正法理論已經廣爲弘傳了！可喜可賀！只是其中還有一些偈語太過深奧，不能完全了解！」

　　說一切有部的法師們又再增加五十斤黃金，連同上回世親所送的，一共一百斤黃金送還給世親，乞求世親作長行文章為大家解釋偈文。

　　世親即遵彼意，以長行解偈為薩婆多部立義，但若碰上偏僻極端之處，就以經量部的想法破斥之。這樣作出來的文章稱作《阿毗達磨俱舍論》。論成之後再寄給==賓國的比丘，此時他們才看懂，原來《俱舍論》是一部挑剔自己薩婆多部短處的著作，不是讚揚己方的書。

　　當然此舉在當時造成極大的轟動，有人歡喜讚嘆，有人捶胸頓足。事情尚未完結，失利的一方不死心地另請高人作論來破斥，有一位眾賢論師（Sanghabhadra）針對《俱舍論》作出八十萬言的《俱舍雹論》，存心找碴，從其名稱即可知其意，從迦濕彌羅出發，想找世親當面辯論，但世親考慮之後避不見面，因為他想：「過去我造論破斥毗婆娑義的時候，也未曾找你對決辯論過，今日你造新論來破壞我的俱舍論，何必要找我對決呢？你雖然能破俱舍義，但不能毀壞俱舍義，俱舍論的真理自然存在，不必擔心真理受損！」（註102）

　　經過後人的研究，眾賢找碴兒的觀點也有道理，世親他自己也知道，換言之，唯識學這門學問本身非定論，雖然能發現問題，卻無法解決問題，所以玄疑繼續懸掛著，《俱舍雹論》有它正面的學術價值，所以被世親改名為《阿毗達磨順正理論》，唐玄奘有譯本，今收錄在《大正藏》第 27 冊中。

　　無著、世親兩兄弟所有的著作中與瑜伽行派有關係的共有八部，印度佛學者認為：「瑜伽畢學，體窮無著八支。」這是義淨赴印度時大家都共同認為的（註103）。這八支是：

102　參考《婆藪槃豆法師傳》，《大正藏》第 50 冊，P. 190。
103　此語出自《南海寄歸內法傳》卷四。

《二十唯識論》、《三十唯識論》、《攝大乘論》、《大乘阿毗達磨集論》、《辨中邊論》、《緣起論》、《大莊嚴經論》、《成業論》等。

　　《二十唯識頌論》的要點是：識生時似轉變外境所現，在吾人的識生起以後有一種作用，能把識本身的一部份轉變成爲心的認識對象，人們對於「識所」並沒有眞實的認識，把自身識所變現的執實爲外境，其實外境也是自己心識所變現出來的。外境並非實有，但人們卻執爲實有，這就像病眼見到空中花，精神分裂者聽到耳畔有人語，空中有七彩菱形物，其實空中花並不存在、耳邊語也不實在，但凡夫就是會欣喜，會受到干擾，執以爲實，這是「遍計執性」，空中花的形象與色彩是哪兒來的呢？這根本是：「自心識所變現」，屬於識之內，不在識之外，所聞、所見的一切皆統統屬於識，境不在外，境在識之內，是內內境，如是建立「唯識所變現」的學說。

　　吾人尚要觀察：一切外境皆以識爲性，外境不過是認識的一部份，唯識學否定外界的實存，也肯定唯識才是正確的知識，不但個別之物如此，宇宙、山河、大地、人生、社會皆是如此，唯識所變現的本體論影響到認識論，此爲唯識觀法。把唯識學應用在人生、宇宙的發生論上，解釋人生的開始，宇宙的生滅變化，界定原因在於阿賴耶識，此種看法不同於原始佛教的十二緣起，而成爲「賴耶緣起」，阿賴耶識是一切法的根本，是一切法的依據。以上這些是《唯識二十頌》的重點，但對於內部細節如識怎樣變成境，識有何內容、作用等等細節，在《三十頌論》中才有更詳細的發揮。

二、玄奘與窺基

　　玄奘（西元 600~664 年），爲我國法相宗創始人，也是四大譯經家之一。

　　玄奘家中共有兄弟四人，八歲時由父親親自教《孝

經》，十歲時父親見背，由二哥長捷法師攜往洛陽淨土寺，學習佛教經典。

隋朝大業十年（西元 614 年）煬帝下詔：洛陽度僧，名額 27 位。當時熟讀經論且通過試經考試的有數百位，玄奘年齡才十三歲，連報考資格都沒有，但在試場外徘徊留連時，碰到主試官鄭善果，對談之下頗受欣賞，所以被額外錄取。

此後開始更嚴謹的學習，除了《維摩結經》、《法華經》、《涅槃經》等大乘經典之外，他對於瑜伽行派的著作特別投緣，多次反覆地聽講《攝大乘論》、《阿毘曇論》、《雜心論》、《成實論》、《俱舍論》、《大乘論》等，共深入思考了十年，他發現：各位高僧大德皆各有所宗，各有勝義，但彼此之間也有差異，不能諧調。像《俱舍論》是把各派小乘學說做一完整的總結論，《攝大乘論》對於不同的大乘學說也做了一個綜合，但這二者之間能不能會通呢？如果大乘、小乘教理都是由佛所說，是否應當有個融匯貫通之處？

像在無著、世親這一支系統裡，應該是兄弟直接相傳授，不會有問題發生的，但偏偏《攝論》說和《地論說》就是不一樣，在咱們中國還成為二種學派，地論師以阿賴耶為如來藏緣起，自性本來清淨，主張阿賴耶識是清淨識，這其中地論師又再分作南道派與北道派，北道派認為阿賴耶是妄識，為無明所顯，若正正覺時，捨妄識而證清淨識。

攝論師認為在虛妄的八識之上還有真實清淨的九識，第九識名為阿摩羅識，是無漏法……。在同一個系統內就有如此多的分歧，那就別說大乘和小乘能不能會通了！

對於這些系統內不能自圓其說的矛盾，《涅槃經》提出半教、滿教的解釋，《法華經》說是權實之說，天台宗也主張佛陀五時說八教，各有權衡機宜，但這些不過是在外表形式上再作排列，卻不能對內在義理作合理的解釋，玄奘懷疑：

是不是翻譯的人文筆不完善？或者是經文依據不確實？

在唐朝貞觀元年（西元 627 年）玄奘在長安認識波羅頗迦羅蜜多羅（明友），他是梵僧，來自印度當時最大規模的佛寺——那爛陀佛學院，精通中觀、瑜伽與密宗，玄奘從他的譯著和講學中，得悉真諦所傳的《十七地論》只不過是百卷《瑜伽師地論》中的五卷而已，難怪地論宗與攝論宗不能融匯！瑜伽學是淵博而精深的，真諦所譯出的不過是一鱗半爪而已！所以在明友梵僧的鼓勵下，玄奘懷著樂觀篤定的決心，偷渡出關去了！

玄奘在 26 歲時西行，30 歲時見到了戒賢法師，在宏偉的那爛陀寺學習五年。Nalanda 本義為施無厭，由五百位商人共集資金，買下一座果園供佛陀在園中說法，這座子在今日的比哈爾省附近。佛圓寂以後一共有六位國王相繼擴建寺廟，竭力營造，氣勢壯觀，儼若一座大城鎮。

此寺常住僧在萬人以上，所學內容大小乘皆有，當時印度第一流的佛教高僧都曾經在此受到歷鍊，像無著、世親、真諦、德慧、陳那、護法、法稱、戒賢，這些是大乘有宗的名人，此外像大乘空宗的日稱，西藏密宗的寂護、蓮華生、印度教的商羯羅，還有日本、朝鮮、中國各地的留學生，都以來此留學為最高榮譽，這兒不但傳授佛教內部經論，也開放印度婆羅門教的四《吠陀》、因明學、聲明（語言學）、醫方明（醫術科技）等，儼然是一座國際性的高等研究學府。

寺中學生一萬人，教師一千五百人，分作三種等級：通二十部經論者有一千人，通三十部者有五百人，通五十部者十人，這十人包括玄奘和他的老師戒賢，只有這十位才是「三藏三法」，其他的人不夠資格被尊稱此號。不同的等級享有國王不同的恩賜，好像今日的薪水一般，因成就高低而有差別。

玄奘遊印度前後一共 17 年，正式的在學期間是在戒賢門

下五年，和杖林山居士勝軍門下二年，其他在各地皆爲短期數個月針對某部經論做研究。

玄奘從前夢寐以求的宗整瑜伽學說，在那爛陀寺得到了滿足，在勝軍之處間接學到安慧一支的思想，且澄清過去的糾結矛盾；除了有宗之外，玄奘也兼容並蓄地廣學大乘空宗，像《中論》、《百論》，更把小乘學理像《雜心論》、《俱舍論》、《毗婆娑論》、大眾部、正量部、經量部各派的精要，重新再搜羅研究，使得自己對於大小乘、空有宗之間完全消化融合，做了全面且透澈的通達，不再是支離破碎或殘缺不齊。

對於空有宗之間的對立，玄奘跨出了調和的一步：印度中觀學者與瑜伽行派之間不斷地敵斥，清辨向護法挑戰，但護法避不見面。玄奘在那爛陀寺對師子光的講評不表同意，這位師子光比丘偏尚空宗，在寺中尊爲法師，教學生《中觀論》和《百法明門論》，他站在己宗的立場，以《中論》、《百論》爲出發點，攻擊《瑜伽師地論》。

玄奘聽過師子光的課程以後，特別著作《會宗論》一文，針對《中論》、《百論》的思想，點明此二論所破除的執著是「遍計執性」，是眾生最普遍，也最常見的情執，並不是指內在一層的緣起法則「依他起性」，若中百論連依他起性都一併破除的話，那麼中論自身所提倡的緣起法也蕩然無存，這是自相矛盾的。所以看清了這一點，可以同意中論、百論與《瑜伽師地論》其實意見是相通的，並不相斥；同一個道理說法不同罷了，空宗與有宗並不隔礙，空宗之「空」與有宗之「有」各有義蘊，境界彼此互融互攝。

此篇《會宗論》共有三千頌，主旨在歸納《瑜伽師地論》的精義，寺中師看過後皆十分嘉許，師子光在此次辯論離開道場，轉往他處。

在中觀派和瑜伽行派爭論的同時，大小乘之間也有長期

的辯諍，氣焰最高張的是小乘正量部，玄奘在印度的時間是西元第七世紀，那時候也正好是小乘佛教正量部勢力最強盛的當兒，他們不斷地挑瑜伽行派的毛病，論點集中在「唯識無境」的主張上，正量部認為：瑜伽的主張唯識無境只適用於凡夫的境界，若對於佛地則根本說不通。小乘佛教也不同意陳那、護法所主張的「所緣緣中帶相」的看法，瑜伽行派認為：心境在內不在外，如果境界落在心上產生行相，此行相就是心內所緣緣的意象，是為心內之境，心不可能直接取外境，必須先在心中變現出一個外境的行相，成為意象，才能為心所取，所以在心與外境之間，應該有一中間媒介，即意象，亦為所緣緣。

但正量部不同意，他們主張心外有實在的境界存在，心是對於外界實在做出認識、了解，心對外境是直接發生關係的。像登地聖人已證無分別智時，此智是與境界實體直接發生親證的關係，不須要再有個什麼中間行相變化，這個中間意象對於凡夫而言可以用，但對於已證根本智的聖人來說是累贅。修行是以根本智，無分別智的成就為目標，若是瑜伽行派只懂得凡夫境界，不懂得聖人境界，那只顯得太差勁，太沒價值了！

這項非難是十足有力的攻擊，弄得瑜伽行派有十二年開不了口，無法解決。

在西元 640 年時戒日王帶兵向東印度攻打恭御陀國，中途經過烏荼國，戒日王暫時在此駐紮軍隊；烏荼國境內流行小乘佛教，極力誹謗大乘，否認大乘是佛說。這些小乘僧人又跑來向赫赫有名的戒日王宣傳：他們的師父般若鞠多極有學問，作有《破大乘論》，世間無人能駁倒。

面對這種目中無人的挑釁行為，戒日王也不干示弱地修書送回那爛陀寺，請戒賢法師派出高僧來到烏荼國參與辯論。

戒賢挑選出師子光、智光、海慧、玄奘四人應戰，但前

三人猶豫再三，玄奘看了看衆人的表情，知道他們心中的顧慮，便一人承擔了下來，說：他對於大小乘的經義都已熟通，自信能克勝小乘；萬一不敵，他只是個外地來的支那僧人，並不足以代表那爛陀寺，也不會損及寺方顏面。

在書信一來一往又再度延期的當中，玄奘碰巧收服一位婆羅門外道，他以四十條義理向寺方挑戰，被玄奘一一駁破，不得已，這位婆羅門認輸，願意依約被斬頭，玄奘當然不會殺他，只收他爲僕人使用。

在等待應戰的期間，玄奘找到般若鞠多所作的《破大乘論》七百頌原文仔細研究，思考其中有無破綻，正巧，想到新近收爲僕人的婆羅門也很博學，不知他是否也曾學過正量部經典呢？一問之下，太巧了！他曾經聽講過《破大乘論》五遍，對於正量部義蘊很熟，在午夜時分，主人向僕人請教頌文，這位婆羅門僕人傾心傳授，使玄奘能駕輕就熟地掌握其中奧秘，也進一步地思考《破大乘論》的疏漏與不足之處。玄奘鬆了一口氣，安定下心來，根據自宗的理論加以駁斥，作出一千六百頌的《制惡見論》。

諸位師長們讀過《制惡見論》後都很放心一定能折服小乘教，玄奘對於居功厥偉的婆羅門說：因辯論失敗而委身爲奴，未免太受委屈，此後還你自由吧！

戒日王看過這篇《制惡見論》之後，提議由玄奘主持一場無遮大法會，任由五印度境內各支宗教前來挑戰，此乃歷史上著名的「曲女城十八日法會」，參加者有十八位國王，佛教大小乘僧侶三千人，其他宗教婆羅門二千多人，那爛陀寺僧一千人，時爲西元 641 年春天。

這次的法會題目就是以《制惡見論》的結論爲立量，以因明學宗因喩三支的方式提出「眞唯識量」，這是於認識論上立足，說明能與所二方面互相依賴，以十八界的「界」爲論題，重視意識，分別前後作用，相似或相續的變化原因。

　　玄奘針對前述小乘正量部對瑜伽學說中「所緣緣帶相」的公案作出解套的回應：

　　「帶」與「相」是二層動作：「帶」有二義：因變而成「變帶」，或因二物同時並起成爲「挾帶」。凡夫境界固然須要意象作所緣緣，而已證無分別智的聖人是親切的理解，在心與境認識的同時也挾帶著相一起發生，凡夫有變帶，聖人有挾帶，並不違反宗義。

　　「相」也有二義：固然相分是爲相，見分對於自證分而言也還是相。唯識學所強調的不是外相，而是內心見分之爲相的部分，即使根本智能了解境界的本質，也還是應該有被了解的行相，儘管這無分別的相是「無相之相」，依然是有悟性在內的「理解之相」，否則根本智有何作用？

　　玄奘從根本定義上來化解歧見，提出「眞唯識量」，意謂境不離於識，若眞的離開識也沒有單獨存在的境了！

　　中國八十宗派中的慈恩宗雖然是由玄奘所創，其實眞正的奠定者是窺基（西元 632-682 年），出身名門，開國公尉遲敬德是他的親叔父，父親尉遲宗任職左金吾將軍，母親裴氏亦出自相國之府。

　　窺基在 17 歲時被玄奘賞識，親自登門要求尉遲宗捨子入佛門，後來窺基常住於大慈恩寺，被人稱爲慈恩大師。二十五歲加入玄奘的譯場，正式參與譯經事業，一面譯經一面撰文著述，註疏大小乘經典三十多部，被人譽爲「百本疏主」。

　　他與玄奘十分相契，對於唯識學說的發揚十分盡心，不但弘揚師說，也一併廓清異論，如此奠定了慈恩宗的基礎，以他爲中心，形成一個獨立的學派。

　　基本上中國唯識學是繼承印度瑜伽行派的賴耶緣起思想，以三性來解釋諸法實相與認識論的過程。依他起的「他」就是緣起的緣，也是人類意識所包含的各種習氣。習氣也稱

爲種子、功能，或潛能，過去累積的經驗……。阿賴耶緣起把一切事物或印象當作是依存於經驗之上的東西，換言之，客觀存在的一切現象都是因種子習氣轉變而來，這就是賴耶緣起論，也是唯識學的主要理論。

唯識學在印度時期經過無著、世親、陳那、護法、戒賢、親光等各位高僧的努力探討，已經達到十分精緻嚴謹的地步，由玄奘將此派學理東傳之後，由窺基的慧見洞視，把世親的《唯識三十頌》再揉譯作《成唯識論》，使得唯識學說更加完美且精密。這部書可以說是慈恩宗的主要教材，也保存戒賢、護法思想精髓的瑰寶。

嚴格說來窺基是玄奘較後期的弟子（玄奘43歲回國，48歲收窺基爲徒），但玄奘得到才華洋溢的窺基助力甚多，原本玄奘打算在神昉、嘉尚、普光的協助下，將印度著名的十大論師對於世親《唯識三十頌》的註解本如數譯作中文，但窺基看法不同：他認爲沒必要介紹印度十家論師，只要精於護法一家的思想，再比較參考其他九家的特殊意見，如此融合十家成爲一家，這樣的作品較適合中國人的根性。玄奘認爲此話也有道理，因爲護法傳承了印度瑜伽行派的歷史思想後，他本身也有成熟圓融的智慧，應當透悉此學派的根本主張，以護法一支爲主幹，附帶參酌其餘九家之優點，比重覆十本《三十論頌》確實是比較有效的方法，所以玄奘採納窺基之見，以揉譯的方法進行譯著。

在當時已經與三論宗的中觀學派形成壁壘，唯識學的翻譯工作不但以《成唯識論》的思想爲中心，又吸收護法的《廣百論釋》，戒賢的《佛地經論》精華，更貫穿有《辨中邊論》的中道精神；窺基因明學的推廣工作上致力甚深，使得因明的三支比量成爲唯識學的方法論，又精心構作「五重唯識觀法」，如此一來，新興成立的唯識學在學說結構上完全翻新，不同於過去支離破碎的地論師或攝論師；方法上有因明學，能立且能破，其他各宗派皆無法相企及；「五重唯識

觀」補足解行並重的要求，不但有經義，而且有修持，如此一來唯識學在窺基的完整策劃下成為具有印度風味的，思辨成份頗強的新興學派，被人稱作法相宗或慈恩宗。

三、《成唯識論》（ Vijnaptimatratasiddhi-sastra ）

印度瑜伽行派的世親論師在西元 450 年左右，根據彌勒的《瑜伽師地論》百卷，提綱挈領地發揮，作成簡短的《唯識三十論頌》，一頌即一個四句偈，全文才 120 句，很扼要地顯揚唯識中道之理。

在印度當時就有世親的弟子親勝與火辨二位論師對此三十頌作出註釋，此後二百年之間不斷地有人詮釋此書，紛紛造論，玄奘挑選出著名的十大論師的作品帶回國，打算詳細地翻譯出來，另外八位是：德慧、安慧、難陀、淨月、護法、勝友、最勝子、智月。這其中窺基力主以玄奘師門護法一家為主，其他為輔，參糅譯論，是為《成唯識論》十卷。時為西元 659 年，玄奘 59 歲，可以說這部書是玄奘晚年的成熟作品。

後來有人懷疑：玄奘對於十種不同的版本作有選擇的翻譯，既然他是忠於師承，譯出護法一系的思想，那麼其他九家的想法如何呢？有否出入？令人不得不懷疑。

這則公案經過一千三百年之後，近代學者從藏文版本中找到安慧的《唯識三十論頌》註釋，二者比較之下，相去無多，大部份旨意都彼此相一致，看來當初對玄奘的不信任是多餘的。

從《成唯識論》的思想中可以瞭解：玄奘遊印度十七年之後包容有大小乘各宗派的精華，融匯貫通，這本書並不僅止是一本譯著，亦可視作為玄奘個人的著作。

　　此書內容主要闡明宇宙人生是以阿賴耶識為起點，人類存在的根本依即是藏識，識中所包含的種子從過去衍生到現在，且影響及將來，從人的個別業力擴及到眾生共業相感，終至於形成宇宙山河大地。

　　《成唯識論》的再詮釋名著很多，以下只簡列出數項：

(1) 唐・窺基著，成唯識論述記(由玄奘口授)，六十卷。
(2) 唐・窺基著，成唯識論掌中樞要　　　，三　卷。
(3) 唐・窺基著，成唯識論料簡　　　　，二　卷。
(4) 唐・窺基著，成唯識論別抄　　　　，三　卷。
(5) 唐・圓測著，成唯識論疏　　　　　，十　卷。
(6) 唐・圓測著，成唯識論別章　　　　，三　卷。
(7) 唐・普光著，成唯識論鈔　　　　　，八　卷。
(8) 唐・慧觀著，成唯識論疏　　　　　，四　卷。
(9) 唐・立範著，成唯識論疏　　　　　，二十卷。
(10) 唐・義寂著，成唯識論未詳決　　　，三　卷。
(11) 唐・道邑述，成唯識論義蘊　　　　，十　卷。
(12) 唐・智周撰，成唯識論演秘　　　　，十四卷。
(13) 唐・太賢集，成唯識論學記　　　　，八　卷。
(14) 明・高原著，成唯識論隨註　　　　，十　卷。
(15) 明・智旭撰，成唯識論觀心法要　　，十　卷。

　　平心而論，唯識學只是瑜伽教系之內的一個派系，而慈恩大師傾心注意於唯識學的研究與發展，使《成唯識論》一書成為瑜伽教系諸書之總代表，中國自從唐初開創法相宗以來，一直重視《成唯識論》一書，作為探索主體心性論的基本教科書，故以下章節將循序進入阿賴耶的世界，試圖了解瑜伽行派如何證成阿賴耶識。

第二章　以五經十理證明阿賴耶識存在

　　世親的《唯識三十頌》是嚴密建構唯識思想的著作，主旨認爲：除了我人的主體識以外，其他一切都是虛幻的，無論有形物或無形法，都是由心識所變現出來的。有情衆生不論是墮落輪迴，或者修行還滅，全都是自己的本體識所造成。

　　三十頌的份量雖然不多，但已包括了唯識學所依據的一切思想；按照唯識相、唯識性、唯識位的次第，配合境、行、果的修學順序，精簡地道出三能變：異熟識、思量識，與了境意識。

　　《唯識三十頌》是世親晚年的成熟作品，本來意欲自己加以長行解釋，但來不及詮解，世親已淹然入滅！

　　在世親過世之後有二十八家註釋此論，經過玄奘的篩選，擇取聞名於教界的十大家作爲介紹。

　　玄奘揉譯此論，並加以發揮作成《成唯識論》十卷，也是在他晚年的時期，59歲那一年，距離圓寂前五年，相信這部書是在他深思熟慮之後所完成的，以下依此論詳細地展開思辨工作。

第一節　五教證識

　　《成唯識論》卷第三提出五教、十理以證明有本體識存在，十理是依據人類生活當中或修行過程所發生的重要事實經驗爲論點，五教則是提出五部不同的大小乘經與論，指出本體識的根源。唯識學如此安排，是考慮到方法論有三量：現量、比量、聖言量。

　　現量是從現實生活經驗中尋找材料以爲證明。

　　比量是以理性思維或類比方法推理而得。

聖言量是採用來源可靠且眾人皆知的著名典籍為依據。

諸位論師早就知道本體論證的困難，當然不會冒然採用淺顯的現量，所以在幾經考慮之後，溯本追源，先從佛教內部可依賴的經典研究起。正確的聖言量其實就是比量，一位有證果的大德他所悟得的智慧話語，歷經年代久遠之後，也會成為聖言量；聖言量的接受程度是建立在縝密的理性思辨上，而非盲目的信仰權威。以下五部佛經即是聖言量的根據。

一、《大乘阿毘達磨經》（Abhidharma-Sutra）

本經漢譯本、藏譯本與梵文本皆佚，僅在瑜伽行派的各種論書中間接出現，如安慧的《唯識三十頌釋》引用一段，《中邊分別論疏》引用二段，《攝大乘論本》引用四段，《大乘阿毗達磨集論》卷七引用一大段，安慧所揉譯的《大乘阿毗達磨雜集論》卷十六也引用相同的一大段。

通常學者們認為：無著所作的《攝大乘論》與此經有直接關係，由於論中結尾之處說：

「阿毗達磨大乘經中攝大乘品，我阿僧伽略釋究竟。」（註104）

學者根據這一行文認為：《攝大乘論》只是在詮釋《大乘阿毗達磨經》其中的一品「攝大乘品」，其餘篇章結構概不清楚。

但是也有人作不同的看法，因為陳真諦三藏在《攝大乘論》卷上的一開頭就說：

「攝大乘論即是阿毗達磨教，及大乘修多羅。」（註105）

---

104 此文出自《大正藏》第 31 冊，P. 152，無著造《攝大乘論本》。
105 此文出自《大正藏》第 31 冊，P. 113，真諦譯《攝大乘論》。

　　由此語推測攝論並不只針對某一品，而是解釋全經文的。

　　今日只能從諸部論中搜羅片段經文，擇取其中相關於阿賴耶識的部份，共有四段，前三種是偈文，後面一種是長行文章。

1.「無始時來界，一切法等依。
由此有諸趣，及涅槃證得。」

　　　　此段偈文有四項重點：

　　　　a. 宇宙間一切現象的來源。
　　　　b. 世間萬有的存在依據。
　　　　c. 解釋有情眾生何以有六趣差別。
　　　　d. 既有流轉，當有還滅，修證涅槃當有主體在。

　　在佛陀的時代對於宇宙人生的本體論問題談得較少，大多都在談解脫苦惱的對治方法，經過部派時期的論辯，終於使這個問題被人正視，大乘經典認為：宇宙人生的發生根源在於蘊處界的「界」，界有種子義，也是原因的起始，種子乃吾人的習氣、業力，能產生現行，現行有苦樂果報，業力習氣親生一切現行果法，感受苦與樂，這種造作現行的來源是業力習氣，業習即是因。

　　此業因與一般穀物種子又有差別，色法種子有朽壞之時，但人類的業習種子卻是「無始有終」的，時間觀念若限定在一條直線上是有終止的，但印度輪迴觀是圓形的立體開放圈，在此意象之下，說生命是永恆的也無不可，但又不是靜態的不變不化，而是動態地流轉生滅。

　　時間無始，業種無始，宇宙現象亦無始，所以在生命的奧妙中時間也是一重因素。

　　有情眾生輪迴於六道，賢聖者的證入涅槃，都得依靠這主體識阿賴耶；阿賴耶識能生發一切因果關係，這是它的「因

緣用」，凡夫流轉與聖人還滅是靠阿賴耶有「依持用」。衆生心性中有清淨雜染多種成份，清淨的本性再加上後天的努力薰習，能證入道諦與滅諦；雜染的本性在混濁惡劣的環境中打滾，造成苦果和集因，趣向困惑煩惱，常在生死中頭出頭沒。

本體識的認識作用中有三段過程：依他起性、遍計執性、圓成實性，宇宙現象中的一切色法、心法、心所法等就是藉著依他起性才能發生作用，但衆生執以爲實，不知其因虛幻，必須悟入唯識實相，才能了知自心中本有的圓成實自性，此種澄清提昇的過程是爲「轉依」工夫。

這段經文以淡淡然的口氣點出：跨越過時間與空間，阿賴耶識是宇宙、人生一切存有的根本依據，沒有了它，就沒有衆生諸趣輪迴的現象；沒有了它，也不必提修證無爲法以期證入涅槃的崇高理想。生命主體識是一切的根本，也是存有的基礎。

2.「由攝藏諸法，一切種子識，
故名阿賴耶，勝者我開示。」

種子說在唯識學中是很重要的問題，相當於教育心理學的稟賦、性向、先天遺傳與後天環境等問題；阿賴耶識有能藏、所藏、我愛執藏等三種功能，人心對於經驗中所發生過的事都會存藏起來，諸法也會自然地落謝在本體識中，吾人各自有其特殊性向，依據不同的方式收藏不同的內容物，這些內容物就是種子。收藏種子主體的稱爲「種子識」。

所謂「種子識」，是個譬喻式的類比名詞，主要在強調第八識阿賴耶有主動的生果功能，「果」指現世生活中的果報遭遇，是不得不承認的，所以依據類比法則，自作自受的上半截是因，下半截是果，「因」也類似於種子，第八識自體分中有能生色法、心法、心所法的力用，這豈不正像草木的種子一般，能滋生芽莖，所以稱第八識爲種子識，其中的

成份內容物稱作種子。

　　種子頗近似於士林哲學中的潛能，現行相當於現實，從埋藏潛伏的種子顯現行起，遇外緣而凸顯，像一般人常說的：「士別三日，刮目相看」，過去不怎樣，但等到時節因緣到來，很可能「時勢造英雄」，這正是現行。尚未發現時的潛伏期是為種子，作用明顯稱為現行。

　　種子的內容有些什麼呢？凡是色法、心法、有漏法、無漏法、世間法、出世間法、清淨法、雜染法……概皆屬之。

　　種子的形成方式經過長時期的辯論後，有本有與新薰二者皆具的綜合說法，意即吾人旳天性有些是先天就有的，也有些是後天經驗累積而得的。種子固然能生現行，現行也能再薰習為新的種子，如此成為因果循環，且因果同時，此種觀念不同於西方的直線式單向發展，互為因果的想法看來似乎更能解釋複雜的人事現象。

　　種子識有何種性質呢？它具有六種作用：

(1) 刹那刹那生滅，儘管說本體識與時間共同無始而有，但它並非永恆不變，它呈現階段性地變化，有些種子變化慢，有些變的快，它總是不斷地在轉變。

(2) 因種必須與所生之果俱時顯現。

(3) 種子與第八識恆時相隨轉化，非與其他七識相隨。

(4) 種子有善惡性決定，當來生自果亦由此而決定。

(5) 種子要待眾緣才能生果，不可能由一因頓生眾果。

(6) 什麼樣的種子引生什麼樣的果，性質不會錯亂。

　　這六種作用強調的是種子的親因緣作用，如果六義不全，就不夠資格稱作種子。

　　至於阿賴耶（Alaya）的本義是庫藏、山的意思，古人譯

作「藏識」正是根據功能作用而來，意謂它有主動的能藏，被動的所藏，和自我抉擇的我愛執藏三種本能。

阿賴耶識自身能收攝前七識心法、心所法的種子。能包含一切善惡業力習氣與作為，蘊釀在其中，等待時節因緣的到來，八識頗像大地，容受一切，包含一切，但也陪伴著變化一切。

八識本身也是所含藏的對象物，八識無形軀，它的存在就是種子功能，所以善惡種子，有漏無漏種子就是八識自己，故名所藏。

八識被七識執持以為是自我，緊緊地依附在八識上，抓著生命主體不放，這就是「我愛執藏」，這種纏縛是難解難分的，生生世世，恩恩怨怨，永遠以自我為主題，最冷靜理智的人都難免於「面子」問題，自尊心作祟的結果可能是自大狂、自我膨脹，也有可能自卑感或自我防衛。形形色色的社會百態不正就是由「我愛、愛我」所交織而成的執著嗎？

在佛陀時代，關於生命本體論的問題看得較為謹慎，一般的弟子不夠資格聽，只講給少數上乘根器的徒弟聽，這可能是因為印度當時的社會背景，有 96 種不同宗教，諸說紛芸，易生誤解，所以佛陀多教門人修行實踐，較少空談生命本體論。

3.「諸法於識藏，識於法亦爾。
　　更互為果性，亦常為因性。」

世間一切萬法對於藏識有因果關係，阿賴耶本身是種子的倉庫，它產生許多習氣種子，為諸法出生之因；種子遇到適當的條件因素又發生各種現象，此現象成為果，再收藏到八識中去。諸法為因，不斷地把新種子放入八識中，種子生現行，現行被收入八識中後再度成為因，如此後因在上一位是為前因之果，對下一位果來講是為因，它是同時因果，循環發生的。

　　印度婆羅門教認為自然界中大梵天王能創造出宇宙萬有，這是一因頓生多果論、於理不合；如果直線式的單向發展也不夠充份，顯然是過度簡化。舉例來說：科技文明的進步是人類努力的成果，但也是環境惡化的原因。任何事情的發生非但前後環環相叩，且交互錯綜，形成網狀，所以唯識學的主要經典六經十一論包括《大方廣佛華嚴經》是有道理的，因為社會與人際關係的複雜決非單純的直線式因果能夠解釋，根本就是因中有果，果中有因的錯綜複雜，試看一本《百法明門論》，其中心法與心所法、有為法、無為法、不相應行法，就足以描繪出人生心象的波濤洶湧與詭譎難辨。

　　從教育的觀點來看，有形的教育固然是教育，無形的影響也是教育，可能是好的潛移默化、善良風俗；也可能是惡劣的大染缸，隨波逐流。色法心法能對八識產生薰習的效果，人心亦會受到外物的震撼、打擊，此時外在的法是因，八識是果；經由冷靜地下定決心，可以改變外在環境，移風易俗。譬如品種改良，精益求精；心識為因，被改變的狀況是為果。所以萬法對於八識，八識對於萬法，關係是交流互溶的，既相互影響，又彼此相感含攝，互相為果，彼此為因，人與人之間稱為互相輔助，人與物之間是相互交感，如此看來，心境與萬法原本都是開放的，沒有隔閡；前後、左右、上下、四方，皆是相互感應、彼此包含互攝，天地萬物確是一個大整體，渾然合一。

4.法有三種：圓成實自性是清淨分
　　　　　　遍計所執自性是雜染分
　　　　　　依他起自性是含彼二分

　　　譬如：金子是實有，但不可得
　　　　　　　泥土非實有，而現實可得
　　　地界是彼二分：土顯現時為虛妄
　　　　　　　　　　　金顯現時為真實

　　類比於阿賴耶識：識中所有虛妄，遍計執性顯現以無分別智火燒藏識時，此識中所有真實，顯現圓成實自性。

　　虛妄分別識依他起自性有彼二分

　　由這一段引文（註106）可以了解，《大乘阿毗達磨經》有時是長行析論，有時以偈文說明，文體不止一種（註107）。

　　三自性是人類認識過程的三個階段，其中關鍵在依他起。所謂「他」，指諸緣，自心識為能依，依賴四緣發生認識，此四緣乃：因緣、所緣緣、等無間緣、增上緣。色法發生只需因緣與增上緣二項即可，心法要四緣具足。

　　吾人闇昧，不了解世間一切萬有皆依托其他眾緣而發生，像《百法》中前面的94種有為法都是依他而起，染分的依他被六七識計執為實有存在，進一步產生人我物質爭論，其實遍計之心與所遍計之境都是依托眾緣才能產生，眾生看不透，在能緣心與所緣境之間妄執實有我法，其實遍計執是情有理無的。

　　淨分的依他可達到圓成真實的如如理境，真如是諸法實性，其體周遍，於一切日用生活中，圓成實必須立足於依他起的基礎上，一切時遠離虛妄計執，了悟人空法空，無惱無倒，〈百法〉中的六項無為法就是圓成實自性的顯現。

106　此段出自《攝大乘論本》卷中，《大正藏》第31冊，P. 140。

107　澂在《印度佛學思想概論》第四章第二節，研究經量部思想時呂認為：《大乘阿毗達磨經》的體裁大概全是頌文，其他著作引用的片斷現在只找出九段，筆者在搜尋之下發現《集論》與《雜集論》所引用的是同一段：當思考十二處法，不與共興諍論，很明顯的是字數不少的論說文，不是偈頌體。本段資料亦然，非偈頌體，由此可證：原經文體裁有長文、有偈頌，比較符合佛陀一貫的作風。

在這三項性質中，因緣有的依他起性是中間關鍵，也是染淨的樞鈕，依他起若是染分，通向遍計執的妄；依他起若是淨分，通向明澈了悟的真實圓滿真理。這三種自性都依止在心識本體上，無論染分淨分，完全含藏於阿賴耶識體中，本識的作用與體性是深奧複雜難解的，所以佛陀只對少數明悟的弟子開示。

若把《大阿毘達磨經》和《成唯識論》做比較，前者用字簡易，後者字彙增多且詳備，像本識的名詞經文只提到：種子識、阿賴耶、攝藏，但〈成論〉卻發揮為識變思想與轉依問題，甚至於提到印度數論派二十五諦，也談到「我」，我與識雖然相關卻不一樣，是個麻煩問題；識變如何轉出山河大地一直為學界所困惑；轉依論更是唯識學的獨特解脫論，這三道難題將會在後篇陸續研究，此處暫且把經文與〈成論〉作一區分，二者不相含混。

二、《解深密經》（Samdhinirmocana Sutra）

有四譯：宋・求那跋陀羅譯，名《相續解脫經》
　　　　魏・菩提流支譯，名《深密解脫經》
　　　　陳・真諦譯，名《佛說解節經》
　　　　唐・玄奘譯，名《解深密經》

經名 Sandhi 含有三個意思：一、諸物相續。二、骨節相連。三、深奧秘密。所以前面四種版本意譯皆對。但若依照經文內容，指識藏旨意深奧隱晦，不易明白，佛陀說法以解除隱晦，提出正確的教義說得清楚，故以玄奘譯名最合經意。今收錄在大正藏第 16 冊中。

《成唯識論》引用《解深密經》一段經文，以證明吾人有此主體識：

「阿陀那識甚深細，一切種子如瀑流。

　我於凡愚不開演，恐彼分別執為我。」

這段偈文出自玄奘譯本卷一的結束之處（註108），作為總結語，值得注意的是：本經新增一個名相「阿陀那識」，其中含有一切種子，它用「瀑流」來做譬喻，形容種子識作用時的形相如同瀑布般地不停歇，但是也很清楚地知道，此水非彼水，雖然不停地流，卻不會重覆。水的不停息表示本體識不中斷；此水非彼水，水的不重覆表示生命非恆一不變。類比性思考也有它優點，令人容易聯想，容易了解。

阿陀那識（adana vijnana）新譯家意譯作執持、執我，或執持識；其他各家有譯作無明識、業識、轉識、現識、智識、相續識、妄識、執識、煩惱識、染污識等諸多名稱。

《解深密經》對於本體識做了不同角度的補充，除了「心」、「阿賴耶識」外，又提出一個阿陀那識的概念，為什麼呢？因為此識於身隨逐執持故。它本身有執持之義，表示有固持的功能，保持的作用。

若與阿賴耶相比較，無論能藏、所藏、或我愛執藏，重點都在強調庫藏的作用，阿陀那的執持與根身持續有關；它能持受四樣東西：

（一）一切有為法、無為法的種子。
（二）執受五官感覺的神經。
（三）執受色身的根本依處，使得身軀不會爛壞。
（四）執持父精母血，結生以受胎

其中第三項的存續意義很重要：今天我們所攝受的營養，到了明天會被腸胃吸收，產生同化作用，也有新陳代謝作用，一年一年地身體會長高、長壯，這就是執持的功能，若沒有執持識，胎兒無法足月降生，幼兒也無法長大成人，這樣的解釋顯然著重於生理方面。

眼耳鼻舌身等五種感官知覺的統一總合稱為根身，根身

_____

108 參考《大正藏》第 16 冊，P. 692。

之所以有覺有知就在於阿陀那的執持，試看人在死後屍體猶存，五官俱在，但不能知覺，這就是少了阿陀那識的緣故。

阿陀那識中含有種子，對一切種子有執持的作用在，種子起先劣弱，逐漸增強壯大，譬如小小偷終於成為江洋大盜，小孝子終於成為愛國忠貞之士，這些種性必須要有執持識在才能逐漸累積以加強。

種子就是吾人所潛藏的能力，心理學家同意：一個人的潛能究竟有多少是很難預測的，只能以冰山浮出水面和隱藏在水下的巨大比例為喻。

吾人的種子產生現行時如瀑布之水不斷地流注，遠望過去似乎像一匹白練，實際上是視覺暫停的錯覺造成。有情眾生也如此，生生世世在輪迴，好像永恆存在一般，其實前一世非後一世，雖然性質相近，但不是同一個人，所以不能說是同一人，也不能說不是同一人。

如此思考下去就會進入中道思想「非一非異」，如此令人回想起佛陀身處的年代，印度哲學對於生命問題有人執常恆永續論，有人執斷滅唯物論，佛教面對斷與常二種說法，乾脆主張「無我」論，以避免在斷常之中打混仗。

印度思想中的「我」相當複雜，光是講一個 atman 就包含好幾種意思，atman 本意是呼吸，人沒有呼吸就會死，短暫時間無水、無糧食都不比沒呼吸更為重要；所以從「呼吸」一詞引申出生命、身體、自己，再從此引申出本質、自我、自性。後來又擴充含義變成獨立永恆的主體，此主體潛在一切萬物的根源內，支配統一個體。

自從有《梨俱吠陀》以來就有「我」一詞，它從人體生命現象的氣息演變為個體的生命，《百道梵書》中認為吾人的語言、視覺、聽覺等各種感官能力都是以「我」為基礎才能顯現，由「我」來統御。

譬如《奧義書》中提出五藏說（Panca Kosa）：

(1) 食所成我：Annarasamayātman
(2) 氣所成我：Prānamayātman
(3) 情所成我：Manomayātman
(4) 識所成我：Vijñānamayātman
(5) 喜所成我：Anandamayatman

從五藏說可以知道：每一種都有虛幻（Maya）的成份在，平常我們吃飯有挑嘴嗜食的各種毛病，這不是有個「我」在其中作怪嗎？

每個人情緒反應不同，有的冷靜斯文，有的急燥性烈，這不是有個「我」在裡面造成的嗎？

再看另一種說法：

(1) Brahman 大我：宇宙意識，中心原理，宇宙創造者。
(2) Aham 凡夫所謂的泛泛之我。
(3) 行為主體、業力我。
(4) Pudgala：諸蘊所成的假我。
(5) Aham Kāra 自我意識中的我愛、貢高我慢、我恨、我痴。
(6) Srayambhū：最高價值的根源，佛性、如來義、真我。
(7) Puruṣa：返本皈真的精神我，原初狀態純真的我。

印度哲學中一般認為「自我」是常住的，恆一性且有主宰力，《奧義書》很重視我與梵天「即是」的等同性，我即彼，梵即是我，我與梵同一。針對此種性質，佛教提出緣起性空說以反對外道梵我論，無我論並不否定假我有其作用，但不要忘記只是假眾緣和合而成。

眾生之所以有恩愛情仇起因在於執我為實，執我之後必然執著「我所有」，第七識錯以八識的見分為我，為何有此錯誤呢？因為識體持續不斷，看起來似乎恆常如一，它能隨心所欲，所以七識認為這就是主宰，執之為「我」。

我執有二種，有先天的，有後天的，七識自我之愛是先天的，六識虛偽修飾是後天學習的，後天學習的毛病較容易改正，先天的頑固自尊心就很不好改。

真正的佛教教義並不反對「大我」，在《涅槃經》中佛就申論大我的恆常快樂，他所說的「無我」論是指業力習氣作用下的偏私之我，試看印度十六神我的名稱即可知道當時的複雜狀況，這十六項是：衆生、壽者、命者、生者、養育、衆數、人、我、作者、使作者、起者、使起者、受者、使受者、知者、見者（註109）。真是琳瑯滿目，異說紛芸，無怪乎佛教以遮除的手法乾脆來個否定，消除知識上不必要的歧見。

阿陀那識在中國也造成困擾，地論師、攝論師以爲阿陀那識指七識，因爲七識恆執八識爲我，阿陀那識執持種子與有情根身，七識恆常與痴、見、慢、愛四類煩惱相應，恆審八識見分爲我，所以認爲阿陀那是末那的別名。

玄奘、窺基一派認爲阿陀那是本體識的別名。因爲阿陀那識爲執持感官、身體使之不爛不壞的根本識，執持內在一切性向脾氣種子令其不失；又執持自身業種、結生相續，稱爲執持識。所以它能執持善惡業力，維持有情的生理功能，它應當是第八識的別名。

三、《入楞伽經》（Lankāvātara Sutra）

本經全名《楞伽阿跋多羅寶經》，Lankā 是山名，在今日的錫蘭島，āvatāra 爲入，謂佛在獅子國濱海之處的楞伽山爲人說法。爲法相宗所依六經之一。

流傳至今日有梵文本與漢譯本。

梵文本在尼泊爾發現，日本學者南條文雄與河口慧海等

人在西元 1923 年將它校正然後付梓；鈴木大拙對此經作有英文版的研究論文。

漢文大藏經中收錄有三種譯本

四卷楞伽最有名，因爲是菩提達磨交待咐囑於慧可，自古以來爲禪宗所重視。乃劉宋時求那跋陀羅在元嘉二十年（西元 442 年）譯出。

十卷楞伽是菩提流支在北魏延昌二年（西元 513 年）譯出。

七卷楞伽又稱《入楞伽經》，很受學者歡迎，較爲常用，乃實叉難陀在唐朝久視元年譯出（西元 700 年）。

此經內容闡述世間萬有唯心所造，吾人認識作用的對象並非在外界，而是在心內。心可以分作二類：一是阿賴耶識，即藏識（ālayavijñāna），另一是前七轉識，此形成了心的主體與客體。前七轉識不過是由想象所幻生，變現出來的一切經驗情緒都只是心海中的波濤。爲了清淨心海，必須拋棄雜染。這種虛妄的幻想是由無始以來積集在阿賴耶識中的習氣，無論主體或客體，都只是心的變化。

此經第六品把藏識與「如來藏」等同起來，認爲如來藏包含各種虛妄與清淨的善惡成份，這些潛能種子都在藏識中，引生將來的痛苦。迷惑的根源在於無始以來的習氣，一向不能了悟諸法皆爲自心之顯現，若能澈悟於此，捨離能取所取的對立性，才能達到無分別智的境地。

此經是印度佛教後期大乘思想的代表，結合如來藏與阿賴耶二種思想，爲後世大乘起信論思想的先驅，對於後期大乘唯識學，具有明顯的影響。

《成唯識論》引用《楞伽經》的內容如下：

「如海遇風緣，起種種波浪，

現前作用轉，無有間斷時。
藏識海亦然，境等風所擊，
恆起諸識浪，現前作用轉。」

此二偈文經翻查大藏經第16冊三種版本，發現玄奘採用意譯法，與三種版本稍微有些不同。

四卷本與七卷本幾乎完全一樣，出現在卷二：

「譬如巨海浪，斯由猛風起，
洪波鼓冥壑，無有斷絕時。
藏識海常住，境界風所動，
種種諸識浪，騰躍而轉生。」（註110）

唯一的小小差異是七卷本的「溟」有三點水。十卷本作「梨耶識」而非「藏識」，風「吹」動而非「所動」。

這三者之間差別如此微小，反而可以知道玄奘所譯的是意譯，其中「作用轉」出現二次，表示他很強調前七識引生的功能。

經文以譬喻法表示：人的心識如大海，此為自身之因，遇到外境吹風，即生變化。風是緣，因與緣會合，產生水波洶湧，恰似人心的七情六慾，顯現在日用生活的經驗當中。

現前能發生作用變化的，是前七轉識，第七識末那以八識見分為根，前六識依賴於外緣而隨轉，這個「轉」有被動之意，缺乏自心明了，作不了主，隨波逐流的結果是輪轉於六道、五趣、四生。唯識學中用到「轉」字的觀念還有「轉識成智」，把雜染的八識轉變為清淨的四種智慧；也有「轉依」，此乃法相唯識的最高目標：轉所依、轉所捨、轉所

---

110 此偈出現在：四卷本卷第一，《大正藏》第16冊，P. 484。
　　　　　　　　十卷本卷第二，《大正藏》第16冊，P. 523。
　　　　　　　　七卷本卷第二，《大正藏》第16冊，P. 594。

得。這些都是後面高層階段，若在日常凡俗的七轉識，自己不能作得主宰的情況之下，只有頭出頭沒地在六道之間「流轉」了！「流轉」一詞正好與「還滅」相對，一凡一聖，儘管唯識學甚少做價值評斷，只做事實描繪，但「七轉識」、「流轉」、「作用轉」這些語詞仍然帶有雜染凡俗的語意在，標明了身不由己的被動狀況。

大海中波濤洶湧，日日夜夜，無有間斷之時。人的心識大海也像它一樣，就算你不想意亂情迷，但外在緣風仍然會來襲，永遠令人起心動念，前七轉識不由自主地被外境外緣所干擾！

可不可能大海表面風平浪靜呢？人生在世能否完全不起心動念呢？試看：有時候表面波浪翻滾，深海底卻很寧靜；人心也可以如此，身處在煩雜俗事之中而內心卻能平靜不受動搖。可能海底發生海嘯或火山爆發影響到水面產生波濤，這種內部的起因就難以類比了。

《成唯識論》之所以引用《楞伽經》，是表示：波浪的產生由水而來，一只空盆子沒有水就沒有浪。海中有水就必然有浪。我們要證明有本體識，無法直接證明，但可以從作用回溯於本體，有體才有用。反言之，有用必有體存在。雖然本體識是肉眼看不見的，但可以從功能作用上推理以得知，能思考作用的必然有一主體存在，否則是誰思考呢？會生氣憤怒的，必定有一主體在，否則怎麼解釋這種情緒呢？此段是以諸種「識浪」回歸證明有「識性」存在，從現象經驗回溯到主體性，證明人人都有的經驗，這是很明顯的反省結論。

四、《阿含經》（Āgama Sutra）

《成唯識論》也重視阿含經的早期證據，提出部派時期中的四派意見與外道七種愛著，以下一一作反省。

在漢譯經典中常見到「阿笈摩」，這是 Āgama 的音譯，

意為傳承佛陀教法的聖典，有時候 Āgama 可以和 dharma 同義，二者有互通之處。

在原始佛教時期，佛弟子們以詩文的形式記憶佛所說的教法，有點兒像中國武俠小說中方便後人背誦的「武功秘笈」，以簡短精要的詩偈記錄下精華，然後再口口相傳。阿含經在佛陀入滅後的第一次經典結集時就已誦出，阿育王時期以昂貴的銅牒片書寫記載，西元前三世紀已正式成立。

佛陀入滅後一百年，原始佛教分裂作上座部和大眾部，此後又細分作二十部，各部都擁有自己獨自傳承的三藏經典。南方上座部的經典一直到今天仍然完全保存，共有五部，以巴利文書寫，內容為：長部、中部、相應部、增支部、小部，此南傳五部又稱作南傳五阿含。

北傳經典以梵文書寫，名稱是：長阿含、中阿含、增一阿含、雜阿含等四部。一般人認為南傳經典較富於原始風格，近代學者在做原始資料採證時會引用巴利文經典作為對照。

傳統上後人對於南傳經典有「褒大斥小」的歧見，認為阿含經是小乘教，但在近代歐洲學者的研究風氣下認為阿含經具有其獨特的價值，它包含釋迦牟尼的人生觀、世界觀、及修行實踐方法，它能完整地呈現原始佛教的風貌，它的意義與價值是不容被忽視的。

原則上小乘佛教對於心識的發展只有六識，但是在某些阿含經的篇章中除了談到六識外也會提及它的「體性」，此乃本體識的存在，譬如說：

1. 大眾部的阿含經賦予本體識的名稱是「根本識」，根本識的作用是提供眼耳鼻舌身意六識依止的，正像是大樹的樹根，它是上面枝葉、基幹所依賴的根本，我們只能見到上部的花、果、枝、葉，見不到埋在地底下的根部，人體也一樣，五種感官知覺再加上心思意念，這些可覺察的功能必需依賴一個更深層，更微細

的本體識，否則無法解釋其中的奧秘。

大眾部的方法是類比式思考，以人身類比為樹木，類比推理從原始文化到高級文化都普遍存在，從人文世界到科技領域都有類比思考的蹤跡，大眾部的類比是意象性的。

2. 上座部的《分別論》主張「有分識」是生命主體，所謂「有」，指欲界、色界、無色界的有情眾生；「分」是輪迴的原因，一切眾生無論是三界中的那一種，總有個輪迴受生的心識主體在，否則如何解釋上天入地的輪迴現象？

3. 化地部主張有個「窮生死蘊」擔任連續生死的責任；一般所說的「五蘊」，是指身心包含的色法與心法，所謂蘊可以作三種解釋：

一、一念之間剎那剎那的變化，稱為「一念蘊」。

二、吾人從出生到老死之間這一段的變化，稱為「一期蘊」。

三、生生世世之間，打從遙遠的無始以來，一直到將來入涅槃之前，接連前世與今生的生命主體即是「窮生死蘊」。

試看無色界的眾生只有心靈體，沒有色身，所以連接生死的不會是色法，在色法當中是找不到這種主體的。

再看前六識的心法，雖然意識功能奇妙，但無想天的眾生不用心思意念去想，所以心法也不是生命主體。

難道是不相應行法嗎？雖說不相應行法如命根，勢速、得之類的法很深奧難懂，但它們本身也要依托色心才能生起，並非獨立自存的本體，所以也不能承當生死連續的責任。

4. 《增一阿含經》裡明白的說到：眾生皆愛、樂、欣、喜、阿賴耶，不但現世沈迷，過去也如是，將來也一樣。阿含經早就出現「阿賴耶識」的名詞，只是當時未受人重視。

眾生對於「自我」的珍愛是形形色色，各有千秋的，舉例來說吧：

有人愛著五取蘊，對於自我身心一向珍貴保全，但這種感覺不是普遍恆存的，像地獄、餓鬼與畜生道，他們的五蘊身心是在受苦的狀態下，巴不得早死早好，時時刻刻想捨棄它，有的人久病厭世，有的因殘障而苦，世間有自殺的事實存在，這可以說明迷戀五取蘊是荒唐的。

有人愛樂五欲境界，迷醉於財、色、名、食、睡的享樂之中，然而並非所有的人都貪戀五欲，有些人能斷除欲界的貪，物質慾望淡泊，已證三果的阿那含就能清淨離慾。所以迷戀於五欲，以為其中有我也是荒唐的。

凡夫都共同沈迷於「樂受」中嗎？心境的喜悅是精神層次的享受，不同於流俗的快樂，三禪以上的天人連心靈的樂受都不要，已經捨念清淨，喜與樂二者皆忘，所以愛著樂受，於其中執著有我亦是異計。

身見有我是一般人共同的見解，也是共同的本能反應，試看吃東西時挑三揀四，惜身護身的人到處皆是，以為身體即是我，我就是身軀。這不是普遍的現象，有學的聖人如須陀洹、斯陀洹、阿那含等，他們能夠信解無我，泯除我見，所以「身體我見」不是生命主體，缺乏普遍性故。

若說前六識是一切眾生的共同愛著之處，那也未必，三果聖人阿那含在入了滅盡定之時，意識中的心王和心所通通停止不行，這可以說明：並非所有的眾生皆愛著於意識，若把意識誤為主體識也是不當的。

若說不相應行法中「命根」是生命的愛著之處，也不完備，因為命根要依賴色法與心法共同作用，單獨不能自存。離開了色法或心法，命根毫無作用可言，所以也不是眾生真正的生命主體。

經過以上六項的檢查，眾生皆對自我有所愛戀，這在《楞嚴經》中稱為「我愛執纏」，說穿了就是「愛我執纏」，每個人最愛的人正是他自己，他所愛的其實是自我的投射，試看有誰會愛一個常常罵你的人？這足以說明外在的所愛對象其實都是內在我愛執纏的投射罷了！

我們由於誤解，錯愛了對象，把虛幻不實的部份當作自我，誤認為自我是生命本體識，這種種的異見造成各派哲學理論，從曲折之中能否見到真象呢？此有待於冷靜的反省。

五、瑜伽師地論（yagacārabhūmi）

此論是法相宗最重要的典籍，雖然非經典，但卻是修學唯識者必讀的論書。

本書又稱《十七地論》，乃彌勒講述，無著記錄，相傳在夜晚時分彌勒從兜率天降至中天竺阿陀踰國的講堂，只有無著能見得到彌勒的容顏身相，其他弟子們只聽得到聲音，與一團耀眼的白光，見不到彌勒的容顏。這樣的傳說增添了一些神聖的價值感。

論中詳述瑜伽修行的觀法，主張外在客觀對象皆是人類心識變現出的假象，必須遠離有、無，存在、非存在等對立的觀念，始能悟入中道。

當初唐玄奘辛苦赴印度求經，出發點就是為了學習這一部完整的〈十七地論〉，後來果然攜回全本，將之翻譯出來，共有一百卷，收錄於大正藏第 30 冊中。

漢譯本除了上述玄奘所譯以外，另有北涼曇無讖的《菩

薩地持經》十卷,劉宋求那跋摩的《菩薩善戒經》九卷,梁
真諦三藏的《決定藏論》三卷,可以知道這三種版本雖然都
是早出,但都不完整,十卷、九卷、三卷的零散譯本怎能滿
足認真勤學的玄奘?所以才引發他西行求經的念頭。部部論
著是研究大小乘佛教思想的一大寶庫,也是瑜伽行派的根本
論書。

《瑜伽師地論》解析阿賴耶識比前面幾部佛經要更為詳
細精深,如今只擇取三段以一窺其妙:

1.「此中諸識皆名心意識,若就最勝,阿賴耶識名
   心,何以故?由此識能集聚一切法種子故。於一切
   時緣執受境,緣不可知一類器境。

   末那名意,於一切時執我我所,及我慢等,思量為
   性。

   餘識名識,謂於境界,了別為相。」(註111)

若和前面四部經典相比,經典較為簡單,只講出生命有
個本體識,有延續生與死的作用;《瑜伽論》卻很有整體結
構性地道出:有情眾生有三種識,都稱作「心意識」,但由
於某些功能彰著,所以才把八識稱作「心」,自我意識末
那,認識了別是為意識。

這八個識又可以分作二類:「阿賴耶識是所依,轉識是
能依。」

把第八識當作根本識,前面七個識會起作用,隨外境而
轉,所以又稱作「七轉識」,這七轉識是能主動發生變化
的,附著在生命本體上、生命識被七轉識所依附,故稱八識
體為「所依」,能主動發生變化的七轉識即是「能依」。

至於論到阿賴耶識有何特性?如何與其他的識作區別?

---

111 本段摘自《瑜伽師地論》63卷,《大正藏》第30冊,P. 651。

可以如此說：「沒有特色才是它的特色。」《瑜伽師地論》
作這樣的辨別。

2.「阿賴耶識無有煩惱而共相應。末那恆與四種任運
　　煩惱相應。」（註112）

　　我意識經常有愛、有驕慢、有我見，更有無明愚昧相
隨，這四種特質形成眾生千奇百怪的諸種行為，也造成人我
之間的欺軋與紛爭，恩怨情愁、離情別緒正是由此而來，這
些煩惱纏繞的心理令人執以為「我」，也誤以為是「我」。
阿賴耶只是承受業力種子的本體，它是一種容量，有收藏的
作用，可以收藏煩惱，但無法與之相應。

　　有人把阿賴耶識喚做「空性」，有一些彷彿，試看：一
匹布可以被染成紅色，也可以被染成綠色，煩惱之於七識末
那正是如此，但八識卻無所謂煩惱不煩惱，因為它只是能含
藏的空性，無法被煩惱客塵所染污，這種性質也稱為「無記
性」。

　　既說八識與煩惱不相應，但是它又有一種功能：它是雜
染的根本。既與雜染不相應豈能成為雜染法的根本呢？這不
是自相矛盾嗎？

3.「阿賴耶識是一切雜染根本，所以者何？由此識是
　　有情世間生起根本，能生諸根，根所依處，及轉識
　　等故，亦是器世間生起根本，亦是有情互起根本，
　　一切有情相望，互為增上緣故。」（註113）

　　由於本體識能持一切法種子，能生諸根，也能生諸根之
所依處，即色身軀體；更能生七轉識，它能生起器世間、外
在山河大地等；一切有情眾生之間彼此相望，互相為緣，於
此八識是有情眾生在世間一切的生起根本，所以說是雜染的

112　本文出自《瑜伽師地論》63卷，《大正藏》第30冊，P. 651。
113　本段參考《瑜伽師地論》51卷，《大正藏》第30冊，P. 581。

根本；當然若能離於雜染，即能還滅，這個問題將留到後章「轉依」時再作研究。轉依哲學是唯識法相的最高成就，值得後人多作思考。

第二節 十理證識

唯識學是經由長時間逐漸發達起來的，起先有六識說，而後進步爲心意識說，再發展成末那識與阿賴耶識說，這其間難免發生屬性辨認與定義有歧見的爭論。從思想的進度來看：起先只有粗糙的六識身說，即前五種感官知覺與意識，接著發現應當有意根，這樣就成了「七界」，再接著主張有執持作用的阿陀那識，也發現不斷含藏收容的我愛執藏識，最後又爭論染污的我意識是否爲末那識？這些新說經過印度衆僧的精細思考，終於完成了八識的體系。

原本提出阿賴耶識只是配合心有種子，有所隨依止性，其體有執受性，爲異熟所攝，只講它的功能作用，卻未曾說明爲何會有阿賴耶識？生命的起源如何？《瑜伽師地論》提出八項理由證明本體識的存在，這八項理由是：執受、初受生、明了、種子、業用、身受、無心定、命終。意謂這八種生命的奧秘一定要有個主體來擔當才行，如果否認人類具有本體識，連帶的這八項問題也一併無解。這八個論證後來成爲《攝大乘論》和《成唯識論》發展學說的根基之一，只是《成唯識論》在其上加以增修成爲十項論證，以下依次詳述。

一、持種心

《成唯識論》認爲：生命現象的發生必須要有一個「持種心」作爲根本才行。

所謂「心」是一個容受的庫藏，其中聚集雜染種子和清淨種子，善種子和惡種子，它們能生起現行，從不間斷。

強調「種子」其實是在凸顯親自生果的功能，佛教很注

重因果理論，在研究因果時必定要分析爲「因」的種子義。種子若遇緣產生果時，此種子對於下位之果而言是名爲「因」，因果是相對立的名詞，因果關係有數種，裡面的複雜性由於有時間、空間的變化因素，所以在研究因果時一定要明白種子義。

種子就是功能，凡是直接爲因而生自類果者就是種子。種子也可以喚做傾向、性向、或潛能。它在未來遇上適當的機緣時能發揮力量，產生作用，譬如一粒松樹種子有生出苗芽的可能性，加以適當的土壤與空間，在山谷中成長茁壯成爲大樹。我們的心識中有種種的行爲造作，形成業力種子，這些善惡業習在心田中留下痕跡，後天的學習經驗造成習氣，在心田中不會消失，這些行爲種子將來能發生自果，這就是生果的功能。不同的種子生不同的業果；唯識學把業力習氣類比爲種子，生命本體識就是收藏執持這些種子的地方。

爲何把業力習氣比爲種子而不是他物？因爲發現到阿賴耶識有六種特質與種子很相似，所以才說它是持種心。

1.刹那滅：種子本身才生即滅，滅已即生。種子有一期生滅猶如人類有一期生死。任何一種東西都會時時刻刻地發生變化，生住異滅，在所難免。有些形體粗大明顯能被肉眼發現，有些變化隱微細密不易覺知，從長期觀察終久還是有生有滅的。

種子在發芽之前必須先毀自相，換言之：一粒穀子若不死，它始終只是一粒穀子；若是一粒穀子落地死了，卻能產生百千粒新的穀子，這不是神話，是自然界的因果法則。

刹那刹那滅其實隱含著刹那刹那生，莊子不也說過嗎？物方生方死，方死方生。不但萬物皆如此，吾人心識亦如此，念念生滅，生生不息，生命本體識也有這種功能。

2.果俱有：種子與現行果法之間有關聯，二者不相分離，現行果法並不會失去種子的性能。譬如埋在地下的那粒種子

雖然朽壞，但在地面上卻冒出新芽莖、枝葉、花蕊，種子的功能含藏在植物新芽上，將來花蕊會再結果生子，它們的功能是和合爲一的，地表的根莖枝葉就是種子的擴大，它從種子發展而來，它們是同時現行的，果中有因，因中有能生果之力，二者並行不悖。

心識中的業力與現行法也是一樣，人生一切善惡行爲在將來都會感召苦樂果報，業力種子與善惡果報是分不開的。

人身有各種生命現象，這是現行法，也是由過去的業力種子感召而來，業力的功能在初入母胎時就開始孕作，變化的期間較久長，就是嬰幼兒的成長期；小孩逐漸長大，像是幼苗逐漸成長，這種過程就是業因與現行「果俱有」。

3.**恆隨轉**：業力種子與現行果法一類相續，對外種而言，一直相隨到成熟結果之時；對內種而言一直到感召異熟報盡，或對治道生之時。此義說明種子與現行之間有時間關係，除了三度空間外還要加上時間向度。

4.**性決定**：種子與種子之間有差別，說明種子是多，隨著業力行爲造作善惡，此善惡行爲各有決定的功能，善種爲善因，將來感召樂的果報；惡種爲惡因，將來感召苦的果報。就像栽種甘蔗不會收獲西瓜，栽種什麼必定收獲什麼，其善惡性是不變的。

5.**待眾緣**：八識田中雖然含藏多種種子，但幾時發芽生果卻要看情況而定，不同的種子需要不同的條件才能發生功能，色法只要二緣即生，心法需要四種緣才能生。業力種子在識田中不失不壞，可以留存許久，像撒哈拉沙漠中不下雨，一粒種子能保存千年，等到被美國考古學家發現，帶回到美國的實驗室中，千年的種子依然保有生命力，它發芽成長了！

業力種子在八識田中能貯藏多久是不確定的，只要遇到適當的機緣它才會發芽生果，所謂因與緣相結合就是此義，如此可以解釋時間的困惑，也可以破除「一因生萬物」的迷

思。

　　6.引自果：種子只能產生自果，不能胡亂生出他果，因果法則是井然有條理的，自種引生自果，自作還要自受，不可能你代替別人吃飯，世間至親家屬也不能代替承受業果。從事相上來看因果分明，無法冤曲；從理上來看否認「一因生一切果」的怪論，創造論是說不通的，豈有唯一因創生奇奇怪怪的萬有現象？

　　阿賴耶識的重大功能之一是「受薰持種」，這個「薰」字相當於現代教育理論中的後天學習經驗。薰習（Vasana）本意是印度人以香氣薰附在衣服上，或者在壓榨胡麻油時順便加一些香花一起壓，使得本來無味的胡麻油也有香氣。

　　唯識學認為：吾人的身、口、意三業發生染淨迷悟諸法，業力行為有所勢力，薰附殘留在我們的心識中，留有印象、痕跡，所以類比為薰習作用。

　　身口意的現行是為能薰，受薰附的心識體是為「所薰」，現行作用會在所薰心體留下習氣、殘氣、餘習……等，這些就是種子。

　　經過仔細研究，唯識學認為前七轉識的現行是能薰之法，第八阿賴耶識為貯藏業力種子的所薰之處，既持種，又受薰，受薰之後形成業種；前七轉識與阿賴耶識的關係正好是能薰對所薰的關係，這也就是因果關係。

　　薰習有染薰也有淨薰，染薰造成生命的流轉現象，淨薰是為還滅的修道過程。如果忽略掉八識有受薰的功能，那對於染淨法的能薰將無法作解釋！亦即有因無果，能所相對，沒有受薰的本體識，將來要如何產生現行呢？「本有與新薰」曾經造成辯諍，但護法論師認為：心性中的本有種子和後天經驗所學習的一樣重要，人不可能完全只有先天觀念，也有必要靠後天經驗的學習，所以本有與新薰是相互為用的。

　　能與所同時並立，前七轉識造作善惡行為時薰習於八識

自體，八識有四種特性能接受薰習：

1.堅住性：本體識似一似常，始終一類，相續不斷，不像色法或轉識那樣經常變易，太易變化的即使受薰也不能持久，就像灑香水在泥土地上，雖然一時芳香，但幾經雨水沖刷，地上就不再香了。

八識從無始以來到將來究竟之位，恆時一類相續，它所接受的薰習能保留住種子。

2.無記性：其性中容，無所違拒，於善法染法皆不抗拒。反言之，善性定善不能接受染法；惡性定惡也不會接受善法，只有無覆無記的八識才能兼容並蓄。

3.可薰性：有隙可乘，性非堅實硬密，此乃自在容受之義，如薰木片為檀香扇，但不可能薰石頭，因為木性比石頭要具有可薰性；心所法依他而起，無為法不受薰，所以此持質指出八識具有一種彈性，軟硬適中，太硬的不受薰，太軟的受薰後不附著，可薰性與堅住性之間有輔助關係。

4.與能薰共和合性：能與所要共和合，所薰與能薰要同時、同處，不即、不離。此點標明時間性必須是「今生」、「自身」的本體識，與能薰之七轉識同一時、同一處，相應和合才能發生受薰，若前世或來生，他身之第八識，都非適當的和合對象。

八識心體具有上述四種特性，可以瞭解：前七識不能成為「自身」的本體識，與能薰之七轉識同一時、同一處，相應和合才能發生受薰，若前世、來生或他身之第八識，都非適當的和合對象。

八識心體具有上述四種特性，可以瞭解：前七識不能成為受薰的心體，色法也不行，不相應行法也不行，唯有阿賴耶識才夠資格擔當受薰的責任。

把「持種心」說得再白話一點，就是「能持染淨的種子

識」。之所以喚八識做「種子識」，在於強調因果法則，種子有能生果的功能，也表明生命過程實在是苦樂果報的現象，這是苦的果實，原因何在？原因在自心中的業力行為，這蓄勢待發的業力行為是種子。果報既有苦樂，追溯上去可知業力種子必有善惡，這樣的反覆思辨，不但有事實經驗的根據，也是合理的分析思考；既有現量也有比量，所以同意有業種現象就要承認有一「持種薰心」的本體識存在。

二、異熟心

異熟梵語 Vipa Ka，舊譯為「果報」，音譯「毘播迦」，依過去世的善惡而得到果報。果異於因而成熟，故新譯作異熟。

因果之間有時間的變化過程，果的性質不同於因，因有善惡性，但是果具有非善非惡的無記性；譬如偷竊得貧窮報，殺生得短命報，在偷竊之時或殺生之時，這種行為有倫理上的惡性存在，違反善良人性，不利於他人；但承受果報時，貧窮短命者本身不知道原因，只能承受如此的際況，心中感到無奈，這屬於「非善非惡」的無記性。

異熟也是因果法則的重要學說，它可以解釋俗世種種的變化，它的變化狀況有三類：

1.異時而熟：此說明從因到感果之間有一延續的時間順序，西方有句諺語說：「萬物皆有其時鐘」，意謂凡事生有時，死有時，富貴榮華亦有時。果報亦然，造業為因，果報有現報、生報和隔世報，時間不定準。

試看植物即可了解：青菜有些一個月可以採摘，高麗菜約二至三個月，但是水果比較長時才成熟，種植葡萄要四年，甘蔗二年，龍眼樹要十年。

這種因果不同時的現象本屬自然法則，所以得到結論：「不是不報，時候未到。」以時間為區分即是異時而熟。

2.異類而熟：因與果之間性質不同，果法非善非惡為無記，試想若非如此則善者永遠為善，惡者永遠為惡，豈非永遠無法改進超脫？

六道輪迴正是說明因與果的不同類，天人之轉變或者人身墮入牛胎馬腹，都是感召自己的成熟果報，佛教八大宗派中只有唯識學以異熟理論解釋輪迴的現象，關鍵正在於異熟的變化。六道之間可能互換即是異類而熟。

3.變異而熟：以轉變性質而成熟，像糖的製造，商店中包裝精美、五顏六色、長方圓尖……各種漂亮的商品，卻是由田中的甘蔗所變異而成的。米可以作醋，也可以釀酒。色法如此，心法也如此，都市的功能建設、交通系統、地下排水道管線、空中飛航安全、郵政體系，這些都是從心念變異而來，從因到果之間，變化驚人。《華嚴經》講「一切唯心造」，唯識學講「唯識所變現」即是指此。

果報之成熟需要有業力種子的啓萌才行，無記的果報與業種相望，業種是為「異熟因」（Vipaka Hetu），無記的果報是「異熟果」（Vipaka phala）。從上到下的順序來看，異熟因對於異熟果而言，說一切有部認為是因緣，但唯識宗認為是增上緣，此點有歧見，尚待進一步研究。

無論二者何者為是，能確定的是：業種子乃是思心所的種子，與第六識相應，且有善惡性質在。此思心所的種子有二種可能：

1.能自行生起現行的功能，如此種子就是親因緣，將來能感生等流果。

2.能資助其他的無記種子產生功能，如此是為增上緣，將來感召異熟果。

唯識宗把異熟分作二大類：

1.從生命主體來看，第八識是承受總報的果體，這才是

「眞異熟」。

2.從生命的作用來看，前面六種感官知覺意識是從本體發生，故稱爲「異熟生」。

這二者合起來才是「異熟果」，換言之，排除了第七識，八識是總報體，前六識是別報，第七識不是異熟的種子所引生，它附著在八識上，以爲八識的見分爲自我，本身虛幻不實，既不是由異熟所生，也不是承受業種而來，所以被排除在外。

異熟果（眞異熟加異熟生）包含從過去到現在的因果變化，也包含從現在到未來的變化，它不但是已完成的現實，更包含有未發生的潛能。這種生命的困惑實在令人驚訝，但也能讓人警覺到：善惡之間有分際，既然因果昭然，道德上更要自我節制。懂得因果的人在道德態度上會更加嚴謹。

《成唯識論》主張第八識是「眞異熟心」，它酬報前世所造下的牽引受生之業，也是普遍的生命法則：三界、九地、四生中皆有它的存在；凡是欲界、色界、無色界一切有情，生物界中胎生、卵生、濕生、化生一切眾生，無不皆有異熟心，從無始以來到遙遠的將來，中間無一刹那間斷。這是變熟而熟的變化空間（但有一點例外：佛不在內）。

由於它有變現根身、器世界的能力，作爲一切有情的依止之處，以變異而熟造就人類文明的進步；有人會懷疑：爲何不是末那識推動人類的文明？因爲一切的改進創新與自我意識有關呀！自由意志不是功能最彰著嗎？

唯識學對此提出三個條件，要符合這三個條件的才能承認是生命依止之處：

1.業果義：生命本身一定是善惡業所感召的果報，像前五識有殘障不全的，有高矮胖瘦的現象；第六識有聰明伶俐的，也有愚昧遲鈍的性向；第八識是這些現象的承受體，含有性

向發展；但七識不是業果，它有可能造業因，爲思心所的出發點，它是行爲者，依附在八識上，不是果報體。

2.不間斷義：生命的現象從生到死之間雖然有定數，但從入母胎出生到死亡之間，過程是連續發展不間斷的；我們只能眼見一期生死，從整個意識流來看不止於一期生死，是連續不斷的生生死死，有恆續性。

感官之識與意識附著在軀體上，隨著身軀死亡而中斷，七識和八識不然，由於七識以八識爲根本依，附著在八識上，所以八識不滅失，七識也永遠依附著。這不間斷正是生命不斷輪轉的內在涵義。

3.遍三界義：所謂「普遍性」，指涵蓋所有的生命領域，包括上天下地：欲界六天，色界十八天，無色界四天，一共二十八天。今生雖然在欲界，但將來隨著業力有可能到達色界或無色界。上層天界無身軀之粗糙五官知覺，無前五識，譬如色界沒有鼻識嗅香，也沒有舌識嚐味道，所以他們不需要飲食，無色界連五識都沒有。第六意識是普遍於三界的，在入定之時暫時停伏中止不用，此爲無想定的境界。

從這三個條件看來只有第八識才完全符合，所以稱它是異熟識。「異熟」一詞本身有承受善惡業果的意思，所以不包括佛果位，佛位不存有異熟因或異熟果，他既不造作善惡業也不承受苦樂果報，這個名詞只適用於十法界中的九法界，佛界不在其中。

佛教各宗派中一向只接受輪迴的教義，缺乏反省的批判，謂善根信仰即可，在學理論證上總感覺欠缺了一點兒。唯識學提出三種異熟理論：異時而熟、異類而熟、變異而熟，在學術推理上向前跨出了大大的一步，無論能否圓滿地說明，總是比過去一往的「自由心證」要高明得多，宗教注重直觀，這是宗教的特質，但理性的推理亦屬必要，不可否認的，除了直觀之外，人類天性中也有渴望理智知識的需求，八大宗

派中唯識學提供印度式的思辨哲學，不但結構精湛，思維亦精深，在東方哲學中有其獨特的風格在。

三、界趣生體

有情衆生活動的空間有三界、五趣、四生，故稱「界趣生體」，在這其間依自己一向所爲之業所導，趨向來生，這樣的實體即是「正實趣生」。

《成唯識論》認爲這種趣生體有特定的條件，提出四項如下：

1.實有性：能夠在上下三界中六道輪迴，變化四生型態的，本身生命一定是眞實的存有，不能否定這生命主體的實有性。如果否定此點，等於否定自我，懷疑自己生命的眞實豈不自相矛盾？生命的流轉現象在基本的著眼點來看必定肯定是實有不虛的。

2.恆久性：生命的存續包括時間的恆存性，時間在生命的變化流轉中，恆久性是生命的一項特質。也可以說生命在時間之流中，受到時間的擺弄操控，試看：人有生老病死，幼兒成長，成年人逐漸老化，時間本是無形無相的，就在人身上顯露形蹤，留下痕跡。

從長遠來看，生命有片段的延續，旣然生生死死，總是恆常流轉。外在的現象不斷在改變，但內在的心識恆久而常新，這是它的第二項特質。

3.普遍性：一切有情衆生都有趣生的實體，雖然上天下地，儘管牛胎馬腹，依舊有這個投生的實體在。它活動的空間無限大，除了佛果位以外，凡是一切上界天神所有動物生靈無不皆有生命實體。

4.無雜性：指業因與果報相應，因果不會錯亂，造了善業自有樂果，不會下地獄；造了惡業自然會遭報，不能上天

堂，因果複雜但不會錯亂。

　　西洋哲學在分析靈魂的特性時提出「單純性」、「不可分性」、「無部份性」，這是從物理的角度來看，好像在分解原子，分到不可再分，最後的單純物是為原質。但唯識學的「無雜」性與柏拉圖的「單純」性含義不同，重點在於強調因果法則的作用不會錯亂，包括長時期的異熟變化有條不紊，善惡果報決不顛倒，這是動態的看法；柏拉圖所說的單純性是靜態的內容分析到不可再分，二者不一樣。

　　這四個條件在色法、不相應行法中都無法滿足，前七轉識也間斷，所以得到結論是：只有「正實趣生」才符合這四項條件。「正實趣生」所擁有的成份是異熟心和心所法，這二類東西在第八識中；如果離開阿賴耶識，異熟心和心所法無法存在。界趣生體在八識中，我們既然經過上面四項條件的逐一審察，確定有趣生體的存在，所以必須承認：阿賴耶識有正實趣生的功能。有正實趣生的功能，表示有阿賴耶識的存在。

　　本體在作用中，作用呈現本體。唯識學站在「有」的立場研究生命現象，它不談「空」，只談「有」，這樣的思辨方式可以明白「空即是有」的旨趣。看起來似乎複雜，其實思考之下相當通透，「空」與「有」其實是一致的，殊途而同歸。

四、能執受根身：

　　《成唯識論》提出阿賴耶識有執受根身的功能，執受的功能出自「執持識」，即阿陀那識（Adana），執受的內容有二種：根身和種子，前面第一論證已經詳細研究過「持種心」，執持業力種子的本體心識就是阿陀那識，與前者不同的是此處強調有色根身的執受。種子執受偏向心理，根身執受是偏向生理。

　　所謂根（indriya）指有情衆生的器官，它產生強而有力的作用，以類比的思考方式，用譬喻的語言表示：草本的根部具有營養和生長功能，不但增長株芽，也生出枝幹、花葉、果實等。它有能力發展軀體，它是有機的生長現象。

　　類比於人類，就像眼、耳、鼻、舌、身等五根，這五根是感覺器官，由物質的色法所構成。五根可分作內外二層：外在血肉形成的外器官像眼球、鼻子、嘴唇、舌頭等稱做扶塵根；內部微細的神經、血管、味蕾、粘膜液…等內器官稱爲勝義根。

　　這內器官和外器官和合作用後不但有知覺的功能，且有助於人類更深一層的覺悟，若沒有知覺作用即無從收集新薰的後天經驗，吾人的知識有賴於經驗的累積，理性推理也需要符合事實的前題，所以五官是思考作用的根本，以類比法來說它有增長的機能，所以稱呼五官爲「根身」。

　　原本唯識學理論中主張五根皆是第八阿賴耶識所變現出的相分，這是從根源上說；現在既然論證是否有阿賴耶識的存在，當然不能再像那樣思考，而是倒反過來，從日常經驗現象出發：我們都有五種感官知覺，此時此刻都能接受外境刺激而產生作用：能看、能聽、能聞、能吃、能動作屈伸。

　　如果只停留在感官知覺層面會發生二個問題：

　　1.昨天吃的飯，在體內貯積了營養，今天到哪兒去了？昨天你所聽的音樂印象深刻，今天仍然記得，還想再聽，爲什麼會念念不忘？這是時間上的延續問題。

　　2.當我們聽音樂時可以配合節奏作運動，以身體的屈伸動作產生韻律，耳朵和身體可以互相配合；當我們吃東西的時候可以同時眼睛看電視，不會筷子挾到耳朵去；二種感官甚至於三數種感官可以併用，這是怎麼回事？

　　《成唯識論》對於這些疑難提供解釋：

　　第八識作爲「能執受心」對於根身有二種作用：

　　一是一類相續，吾人肉體身軀每天要吃喝拉撒睡，今天和明天之間，今年與明年之間，若沒有「執持識」來執持早就爛壞了，像摘下來的水果二三天一定爛；離開水的魚兒數小時就會死。事實上吾人並未死，從去年延續到今年，相信還可以繼續到明後年。這種持續延長生命的功能不在前五識，也不在第六識，因爲轉識有間斷，不能恆常運轉；也不是末那識，因爲末那識附著在八識上，本身虛幻不實，所以只有八識阿賴耶能擔任執受根身的工作。

　　二是普遍執受，所謂普遍指除了佛以外的其他衆生皆有「有漏色身」，凡有色根身必定有一果報體，由過去先業所感召，有的壽長，有的命促，無論夭壽總有一期生死，承受一期生死的理應是「能執受心」，如果堅持唯物論的話，試看色法的閃電、打雷，有光也有聲，但是短暫的，不能持續長久，所以主張唯物論的人是站不住腳的。

　　前六轉識並非普遍存在，有些上界衆生不需要嗅覺或味覺，有時打坐入定時不起意識，所以前六轉識不是普遍現象。在睡眠中休克昏倒時，前六識中止不用，所以不能一類相續且普遍地執受自己的內我與根身，使之不爛壞。

　　前六識的發生有時間上的「現時性」，必須依現在的緣現起作用，隨著時間過去它也會消失，像是風與聲音一樣，時而起又時而間歇。前六識有各自的根，眼識依眼根，耳識依耳根，不能互換作用，這就非普遍性了。既間斷又不普遍，如何能執受有漏色身呢？

　　我們以剔除法排除掉色法、不相應行法、前六識之後，剩下的只有七識與八識，七識是依附在八識上的，實際上只能算剩下第八阿賴耶識；我們又以內省直觀法知道昨天的我就是今天的我，童年時的我就是長大後的我，這當中確然有一恆時相續的過程在，所以不得不做出結論：阿賴耶識即是

能執受的心才對。

五、持壽煖識

《成唯識論》提出第五項論證：主張異熟識一類恆常普遍地持壽煖，此異熟識就是「壽煖識」。

所謂「煖」是指生理功能，地水火風四大元素中的「火」大與生理有關，它能維持身軀溫暖，鼻息出入微溫，有情眾生的形軀死亡時四肢冰冷發硬，這表示「煖」的作用已消失。

「壽」是有情眾生一期生命的存續期間，異熟果的流轉過程所顯現，屬於不相應行法中的命根（Jivitendriya），由過去的業所引生，也由善惡所感召，慈心者壽長，殺心重者命短。有情眾生之身心從受生到死亡之間能維持生理體溫，也與主體識共和合，其體為壽。依煖與生命識而維持一期生死者，是為壽命，又稱命根。

佛教內部對於生命現象有不同的說法：

部派佛教中的說一切有部認為命根是實有的。命就是壽命，根為增上的功能。有情眾生雖然有生理的煖，也有投胎的心識，但一定還需要一個特別的法來讓生命存續十年、百年，使它不失不壞，這個特別的法就是「壽」，所以它是實有的。

經量部認為它只是假有，是欲界、色界、無色界三界的業力所引出的共相（又名同分），在住時有自己的勢力作用，能有一段相續時間的固定功效，依其業力而有定時，以此住存十年百年，這種勢力作用給予它一個假名，稱之為「壽」，其實它不是實有，只是假名有。

大乘佛教如唯識學也認為壽命是假有，它依附在八識的名言種子上，由過去世的業力所牽引，賴以維持今生的身命，

壽的功能具有決定色法、心法住時長短的差別，本身非實有，只是假法。

《成唯識論》主張：前七轉識會間斷，也會變化更易，不能長恆持用生理和壽命。生理的溫煖和壽命一定要與本識三者互相依持，本識是恆常相續的，能夠持用另外二者。

有人提出問難：無色界的有情眾生連身體都沒有了，但仍有心識主體在，這怎麼解釋呢？

《成唯識論》的答覆是：「識」是生命的必要條件，但煖卻未必，只有有漏色身才有煖，所以無色界眾生只有壽識二項，下界眾生擁有壽煖識三項。生理機能的體溫只是維持生命的充份條件，不是必要條件。

關於命根有些不可思議的現象，在醫學上始終令人困惑，譬如植物人的生命存續，精神病患者的「多重人格」，中國大陸湘西的趕屍，海地島國的巫術對於屍體能「起屍」，西藏密宗白教的「奪舍法」，還有民間故事「倩女離魂」、「借屍還魂」……等等，諸多現象令人訝異，不知唯識學如何看待？

美國有一名少年犯下多起殺人罪，經警方依法起訴後，一再重複偵訊，最後在精神科大夫會診後，法院判決這位少年無罪，理由是：他身不由己，具有多重人格，經過錄音統計，大約有 14 重人格。這是西方的說法，若用中國的說法就是他身上被附身了十四條魂。

精神分裂者的意識狀態不同於常人，人類的意識可以粗分作五俱意識和獨頭意識，前者乃伴隨五官知覺發生意識了別作用，後者是對內單獨發生意識過程。

獨頭意識又分作四種：1.修行人的定中獨頭意識，2.平常人胡思亂想發呆發楞的散位獨頭意識，3.晚上睡覺時會做夢的夢中獨頭意識，4.精神病患者或吸食麻醉劑的狂亂獨頭意識。

對於狂亂發生的原因唯識學有沒有再深入研究呢？

唯識學提到二個原因：

自我意識中有「恆行不共無明」，這種無明是業力，起始無因，狂亂乃自我心理的不平衡，這個「我」時時刻刻伴隨著生命，有生即有「我」，但只是自己有，並非他人有，所以是「不共」，但又「恆行」，換言之，很難割捨，也很難治療，未曾有過那一位精神科大夫膽敢保證說「完全治療痊癒」，他只能勸告家屬患者可以回家生活，無暴力傾向。

第六識有的是個人化的「獨行不失無明」，每位病患各自有幻視、幻聽的困擾，耳畔常聽到有講話聲，但別人卻沒看到，也沒聽到，追究其原因當然是他個人的業力，所以說是「不共」無明。

植物人經常一拖可以拖個三年五載，無知、無覺，但有呼吸，這表示煖還在，但身體不能使喚，神智也不清醒，前七轉識已不作用，他既然未死，表示生命識還在，為何八識只有一部份在呢？為何生理只有氣息在流動呢？這種種的困難只能歸之於「與心不相應」。生命現象是不停息的，此乃「行」蘊，生理不聽心識的使喚，所以把它歸類作不相應行一類。

《成唯識論》的第五項論證強調命根的三要素中，壽與煖是有漏法，識可以有漏，也可以無漏。如果它在上界，無漏心不需要與煖和合。如果在下界，有漏識會與壽煖和合。因為第八識是一類恆久且普遍的（佛界以外），所以能擔當持壽煖的工作，前七轉識有間斷、不相續，像聲音、刮大風一般，會間歇，所以不適任。

六、生死心：

唯識學從生命過程的二個特殊現象來做研究：出生時和臨終時，生與死是人生最重要的課題，必需有個「承受」果

報和「遞傳」果報的心識做為主體才行，這個心識形相微細難知，是有情眾生自己的行業所引生，在一期生死中綿延相續，不會間斷，這種住於散位的心識正是「出生入死」的主體。

小乘佛教只發展至六識身，未能建立本識與末那識，但他們知道：在生命一開始和最後臨終之際，別有一個不同於六識的「微細意識」，它很微細，令人無法捉摸行相，對於它是否有所緣的性質也無從了解，反正在六識身之外應該還有一個微細的「識」存在就是了！

小乘行人所講的生死之時作用的微細意識其實就是第八識，只是尚在萌芽階段，學理與觀察俱不夠精深，才含含糊糊地如此說法。

關於臨終現象我們可以有較多的醫療看護經驗，例如說蘇格拉底在最後一天與朋友聊天話別，黃昏時獄卒拿一杯毒酒給他，飲盡之後平躺下去，獄卒問他有沒有感覺？先是足部沒有知覺，接著下半身沒有知覺，獄卒說蘇格拉底的身體已經冰冷僵硬，突然間他又說話了：

「Crito，我們應該獻給醫神 Asclepius 一隻公雞。」（註114）

然後他身體抽搐一下，眼睛和嘴張開，朋友把它們闔上。這是在眾人圍觀之下發生的，也符合其他人臨終的共同經驗。

《成唯識論》和《成唯識論述記》都說「將死時冷觸漸起」，其實這有語病，既然要死了，逐漸失去知覺，應該是沒有知覺；若是外人碰觸死者才有冷的感覺，對當事人而言不叫冷觸，根本是無知覺。

114　此文出自英譯本《蘇格拉底的最後時光》，P. 184。

《攝大乘論》記錄得稍微多一些：

「善業從下冷，惡業從上冷。由生勝趣惡趣別故。」

「或下或上，所依漸冷。」（註115）

人在將死時生前若造善業，識體向上脫去，下身先失去煖，故成冷觸。生前若造惡業識體往下離去，上半部先冷卻。本識所捨有方向性，不是全身突然捨離，而是或上或下，有一逐漸發生的過程，隨著捨離本識之處才漸次變冷，如此成為死身。

醫學上是不承認有什麼善業惡業的，但至少生理現象是承認的，可以實際證明，也可以理解，生理的機能逐漸在喪失中，至少有短暫的時間存續在。

這現象的原因是壽煖識三者和合，壽盡之時也是生理機能停斷之時，隨著本識的脫離，捨去執受的根身，旣無煖氣，身體當然發硬變冷，此時已是「非情」，非有情故，此時八識所承當的作用在於「執持識」，若不再執持，就是命終之時。

有人發問：打坐入定的修行人和死人有何不同？

從外貌來看二者都沒有轉識的作用在，但入定者氣息雖然微弱，體溫也降低，並非死掉，他的本識尚在。死人在將死之時身與心皆惽昧不能行使作用，熟睡無夢的人不也如此嗎？身心都不動，「睡得像死人」，就是形容外表的相似。還有昏倒休克的病人也一樣，轉識不能現起，但本識尚在，等到睡醒後或急救後，生命機能再度甦醒，這是因為在轉識的背後有一根本識在維持著，若沒有第八識的執持命根作用，「睡時如死時」，二者真的沒什麼差別。

---

115 此文出自〈費陀篇〉，《柏拉圖全集》。

眞異熟識是極微細的隱密難知，無論是行相或所緣境都無法了解。它有「續生」的作用，會延續下一世的生命，從這個老朽不堪使用的身軀離去之後，它繼續存在，以不同於肉體形式的方式存在。

《成唯識論》的「生死心」強調的是死亡狀態。伴隨著死亡的過程，生命不會消散滅亡，有一道微細本識仍然存在，它只是捨離了身軀，暫時脫離破爛的軀殼。

七、緣起依：

第六論證和第七論證都是研究出生和臨終的本識，前面先講死亡時有續生之識，現在來看看死後的情況。

有情眾生的存有可粗分作三個階段：生有、死有、中有。

死亡以後並非空空如也，靈體不會消失，只是改變生存的形態，以微細心識的方式存在。從死亡起到下一次受生之間的識身稱爲中有（Antara bhara）、中陰、中蘊或中陰有。中有之身即是識身，非由精血外緣所成，乃由意識所生，爲「意生身」，或意成身（Manomaya），屬於幻化身。處在本有壞後，次生之前暫時而起。此中有之身唯欲界、色界才有，若在無色界不必經過此階段。

中有之身由極微細的物質所造成，也是前生所爲之業所引生，中有的形象與生前本有的形象相似。

中有只是一段暫時的中間橋樑，畢竟有情眾生決大多數時間是呈現「生有」的狀態。介乎死亡與下一次投生之間的過渡狀態才是中有，這不是主要部份。

中有準備好之後會選擇投生之處，《阿含經》說：「識緣名色，名色緣識」，名與色指構成身心的五蘊：色蘊、受蘊、想蘊、行蘊、識蘊。這五種蘊涵蓋了身與心的成長發展，它們與本識互相依賴，輾轉相依，好像蘆葦紮成一束，立在

田地上，相互依持才成爲一束能夠站立。

五蘊中的物質部份是色蘊，當初在母胎中的時候有五個成長階段：

1. 羯羅藍：父精母血初和合成的雜穢，呈凝滑之膜狀，在胎內初七日的一團凝滑受精卵。

2. 額部曇：二七日內漸漸長成一粒皰仔狀。

3. 閉尸：經過三七日漸漸成爲血肉狀。

4. 犍南：經四七日後逐漸凝厚堅實，肉團堅定。

5. 缽羅奢佉：五七日後已具肢節形位，漸具六根。

這一團受精卵長成胎兒，什麼原因使它處於母胎中九個月而不爛不壞？必定要有一個生命本識才行，所以經中才說名色要緣識，識也要緣名色。

五蘊當中也有「識蘊」，爲何還要再緣識呢？唯識學解釋道：五蘊中最後一項「識蘊」指的是前六識，不過在處於母胎期間的羯羅藍位，由於沒有長成五根，所以沒有前五識的功能。

前六識是間間斷斷發生作用的，不能恆時執持這個母胎中的名色使之不壞。有人認爲父母大人給予嬰兒生命，從六轉識的間斷性就可證明其錯誤，六轉識不運轉時胎內的小生命豈不死壞？

前六轉識只能被執持，所以必須要有一個能執持的識，這正是生命本識。

「識緣名色」的識即是中有，中陰身，它不會老是停留在過渡階段，通常七天至四十九天之間，它若要投生一定要依附母胎，進入名色五蘊中，這個受胎的名色五蘊即是本識居住的地方。五蘊如果沒有生命識就不能成長，本識沒有五蘊也不能產生「識變」，識變在唯識學中是深層的哲學問

題，容後再作研究。

八、識食體：

從攝食的角度來論證本體識的存在，這是從經驗層面出發，任何人都依賴於攝食，如此才得以存活，從這個觀點來看，它是具有普遍性的；從日常生活的經驗中發現論據，是很真實的。既普遍且真實，是第八項論證的特質。

釋迦牟尼曾經昭示弟子：「一切有情皆依食住」，說明修行不可太偏激，像苦行外道者那教的門徒所過的生活：拔光頭髮、絕食挨餓，往懸崖下跳，上懸頸脖子自殺……，這些行為苦是夠苦，但無益於身心；修道是以解脫煩惱，證得清淨道果為目的，不是以自苦殘虐為目的。釋迦牟尼經過六年的苦行歲月後得到一個感想：不修行而耽溺於享樂固然不對，錯誤地修苦行也是偏激，一切有情眾生都是由五蘊聚合成身心，此身心必須要維持生長，合乎因緣法則才是順理修行，不離於中道，適度地進食是合乎中道的。

有情眾生的型態有多種，從三界、九地、五趣、四生各種不同的狀況來看，不外有四種攝食方法：段食（或搏食）、觸食、意思食、識食。眾生從下界有形到上界無形一樣都有生命存續的業果在，下界眾生攝食粗糙可見，上界無色眾生細意隱微，此間有不少內容差異，披露如下：

1.段食：《增一阿含經》稱作「搏食」，就是現在人們能供作食物的團塊，有體積的食物。它有轉變的過程，因轉變才能資養眾生，饒益所依的有情。

2.觸食：《增一阿含經》稱作「更樂食」（註116），它與心理上的感受有關，像個人有所嗜好：衣裳、香水、豪華的居所、生活的享受、愛好舞蹈音樂、愛打麻將、吸鴉片煙、

---

116 有關四食名請參閱《增一阿含》，《大正藏》第 2 冊，P. 656。

飲酒尋歡、看電影小說，這些都是能取境，以暫時見到色等
境界，心生喜樂，便能饒益所依有情。此與物質欲望有關。

3.意思食：《增一阿含經》稱「念食」，是心的作意，
凡是心中有所願望、有所希求，也有意向標的，期盼擺脫痛
苦；心中有所愛，即有所念；意識中有想念有思維，表現出
口說的文字語言，身體也會有所行為動作，由內在的心念影
響到意志力，像詞人李清照在亡夫之後守寡，作出不少「尋
尋覓覓」的感情詩詞；像曹操見士兵渴乏，鼓勵他們說前面
有一片梅子林，士兵們精神振奮之下繼續向前行，終於找到
水源。這是以內心希望而饒益有情眾生。

4.識食：阿含經的說法與《瑜伽師地論》的不一樣，在
《增一阿含經》卷二十一講得簡單：

> 「云何為識食？所念識者，意之所知。梵天為首，
> 乃至有想無想天，以識為食，是名為識食。」（註117）

從經文含義來看，指色界十八天的有情眾生由於無粗糙
色身，故不需受分段粗食，但有細妙色身，有意識存在，故
以識念為食。

識食（vijñāna āhāra）與前面三種不同，前面三種初為物
質飲食，次為慾望娛樂的精神糧食，第三種是意志力堅定以
支持求生慾望，第四種其實不是食，只以心識為主體，保持
生存的狀態。

生命主體識的功能在於能執受，由於能執受才令所依久
住。《瑜伽師地論》對於識食的解釋比阿含經要寬廣，阿含
經重視的是色界禪定功夫，四禪天的上界眾生既無粗色身當
然不靠飲食，只有心識存在，以意念存續生命，姑且稱此意
念為「識食」。這樣的想法表示上下分界，上界靠識食，下
界靠段食、觸食、意思食。反過來講，二者互無，上界不需

117　此文出自《大正藏》第 2 冊，P. 656 下。

要粗三食，下界不需要細識食。此種推理雖然經中沒有，但根據如此的經文會作出這樣的懷疑。

《瑜伽師地論》在 94 卷解釋：

第四種食前面三食所依止，由氣力、喜樂、專注、希望之所依止的諸根大種，連同並俱有壽與煖，安住不壞。這第四種食的名稱較長——能執諸根大種識食。它能令諸根大種不壞，令壽煖識不離身，此識是根身所以能住的原因。先要有此識住，然後前面三食的氣力、喜樂、專注、希望才能依此根身而轉。四種食合起來才能令有情安住、身心舒適。如此看來這樣的解釋表示欲界眾生攝食法有四種，其中識食的作用與型態就是「執受識」的作用（註 118）。《瑜伽師地論》又作了更精深的辨別：

段食雖然是以物質爲食，但本身又分粗與細二種型態：當中陰身以香氣爲食時是細的段食，嬰兒處於母胎中接受臍帶所傳送的營養也是細的段食，其他眾生自己攝食是爲粗段食。

無色界中並非只有識食一種，他們雖然沒身體不需要段食，但仍然有觸食，意思食和識食，只是比較細，有色界有依，較容易分別；無色界無依，較不易分別。其實對於上界眾生說「以識爲食」只是假法放設罷了，豈有自識還能自食？「識食」一詞畢竟是爲名言施設的假法。

四食包括物質與精神糧食，難免眾生會溺陷於貪愛中，有貪愛必起執著，繼而造作新業，又增添煩惱。有色諸根必定依止於識，識也要依止於所執受的色根，色根能長養身命，本識亦得以安住增長；如此四食之間相互循環，互爲輔助。造作貪愛之業，相續流轉世間，無有斷絕，如此看來四食中的前三食以識爲依，難免於貪愛希求，求得到就心生喜樂，

---

118 參考《瑜伽師地論》卷 94，《大正藏》第 30 冊，P. 838。

求不得就心生苦惱，這種種皆是依識而起。前三食固然能增益長養識身，也因變壞而憂愁哀嘆，修行轉依的關鍵亦在於此，能斷貪愛才能斷苦。貪愛喜樂不斷則永遠在流轉相續中。

所以四識若作一個整體來看就更能發揮它的哲學意義，從平常生活中的飲食經驗發展到心理層面，再從心理層向上提昇爲精神超脫的出路，轉依解脫雖然理想高遠，但正是由貪愛雜染的降伏開始，這正反二面的苦惱與對治若不是建立在生命本體識上，又如何作解釋呢？第八識的功能除了在前章作先天觀念的證明外，也可以從很平常的生活經驗中來發現，從飲食講到起心動念的貪愛，終止於超脫的捨棄雜染而得轉依，這是一項輾轉曲折的思辨過程。

九、住滅盡定心體：

滅盡定（Nirodha Samapatti）即是滅受想定，也稱滅盡三昧，入此定之修行人身行的出入息暫停，語行的尋伺心所亦停息，心意中的受愛與想心所亦不動，壽命仍然在，生理的煖氣也有，此時狀若無生命跡象，不言不語、不思不想、推他叫他都沒反應，好似死人一般，卻沒有死，仍然留有八識身以維持命根。

無想定與滅受想定二種都是「無心定」，心乃心思意念，暫時停息勞困的意念奔騰，然而二者有差別，無想定在其他宗教或教外人士都可以得到，只息滅思想的動作。滅受想定是佛教體系內的解脫者所修，不但息滅思維動作，連細微的感受能力也停息掉，遠離所觀的對象或能觀的自我意識，進入無心的寂靜，是爲現法涅槃。

如果再仔細作比較，無想定和滅受想定有四種區分：

1. 主體有異：無想定爲世間定，滅盡定乃出世間定，前者主
　　　　　　體爲凡夫外道，後者爲佛與羅漢。

2. 祈願有異：無想定求世間樂果，滅盡定求出世功德。

3. 業果不同：無想定爲有漏業，滅盡定爲無漏業。

　　　　　　無想定感得無想天果報。

　　　　　　滅盡定不感三界生死果報。

4. 定境有別：無想定只滅除第六識分別之見，其他思想觀念
　　　　　　尚潛伏留存。

　　滅盡定不但滅除第六識，兼能滅除第七識中的染分自我，保留清淨分爲用（註119）

　　在佛教體系以內對於滅盡定的性質有一些意見。雖然都同意它能升到無色界的第四層有頂天，但是說一切有部認爲此定是眞實存在的，採取實在論的看法。

　　經量部不認爲滅盡定爲實法，它只不過是建立在心與心所法不轉動時的分位，假立此名而已。

　　唯識學以爲此定來斷主體阿賴耶識，是心不想應行法。意謂此定非色非心，但本識尚在。

　　分別論者主張：入此定的修行人已滅受想心所，但仍有細心未滅。

　　第九項論證指出：有五種無心位：修行人的滅受想定、其他教派的無想定，生在無想天的有情，睡眠無夢的人，和悶絕休克的人，這五種人雖然都沒有心思意念活動，沒有前六轉識運行，但身根並不爛壞，依然具有壽與煖，這是因爲生命識住在其中之故，如果沒有這主體識就無法解釋修行人與休克的病患所發生的復原現象。身體氣息的復甦並不是「重生」，命根若斷了本識必定離去，然而修行人出定和病人甦醒，這中間的過程只是前六轉識停息，八識尚在，以此持續

119　參考《宗鏡錄》55 卷，《大正藏》第 48 冊，P. 736。

執受脆弱的身軀。由此看來本識是眞實存在的。

十、清淨染污根本依：

唯識學不但從理論角度作論證，也從人生經驗來作說明：爲什麼有些人一輩子行善，勤奮努力，誠懇待人，卻遭遇無情的命運打擊？他已經修到無染心的地步了，爲何生活當中還有煩惱？

另一道問題是：何以周處除三害？第三害就是他自己！何以聖奧古斯丁在年青時荒唐逸樂，以後悔改進入基督教修會，晉昇爲北非主教？這種「放下屠刀」的例子是怎麼回事？

第一個問題是：良善的人何以有煩惱苦報？

第二個問題爲：十惡不赦的壞蛋何以會悔改成聖？

若在天台宗以性具善惡和行爲善惡作解釋，唯識學以阿賴耶識作爲善惡種子的根源。

有情衆生的心中無始以來就庫藏有清淨的無漏種和染污的有漏種，這樣的觀念在西洋哲學中稱之爲「先天觀念」，「先天」即是本有種子，只是「觀念」一詞太含糊，未能再加分類。

在印度早就有幾派不同的意見：有人認爲生命識中有各種功能作用與可能性，功能作用即是執持、能藏、或我愛執藏之類，凡是已經顯發出來的現行都是。「可能性」相當於亞里士多德的「潛能」，唯識學的術語叫「種子」，無論功能作用的現行或者潛伏隱藏的種子，將來都會生果，感召果報。

以心理學來講，種子就是我們內在的性向，或者天生的遺傳、稟賦，每個人多多少少都有天生的特別個性，這是「本有住種」，但在日常生活中受到環境影響，教育學習，近朱者赤，近墨者黑，衆生也會不斷改變行爲，這種學習與改變

是為「新薰住種」，俗語說的「有樣學樣」、「積習難改」，這些習慣行為累積起來終於牢不可破，成為第二天性，又形成了種子，所以諸般辯論在護法大師看來各有其理，他認為人性當中有先天的稟賦，也有後天的經驗學習，本有種子與新薰種子都各有理由，不可偏廢，這二種是相輔相成的，必須包融來看。

　　前面所說的有漏無漏種子正好可以解釋難題：

　　「漏」是譬喻詞，印度天氣相當熱，夏天以棕櫚葉或椰子葉搭作屋頂極為涼快，但下雨時可就不妙，屋內滴滴答答，漏個不停。「有漏」就是有缺點的意思，出世法沒缺點才算是「無漏」，凡三界六趣中生死輪迴的種子即是有漏種；無漏種乃修行之後起對治，入道見道過程中的出世種子。

　　有漏種子產生雜染法，內容有：煩惱雜染、業雜染、果雜染。

　　無漏種子產生清淨法，內容有：降伏因惑的世間清淨道，無漏善的出世間清淨，所證真理能斷之德。

　　這些有漏雜染種或者無漏清淨種都貯存在第八識中，因心而生，依心而住，等到時節因緣到來善良的人就遭逢苦難，邪惡的壞蛋突然會悔改，這些現象的發生都是有原因的，決不會「無因而起」、「無因而生」。

　　於此我們可以領會出：佛教的確很重視因果律。唯識學在論證生命本識的時候也顧及到因果法則。萬事萬物不會無因而生，可能一因生多果，也可能多因生一果，更有可能因果交錯，俱時因果，循環流變。

　　我們從生物界可以觀察發現：果樹在開花時可能落英繽紛，滿地都是落花，樹上所結的果實只是一部份的花朵所造成的；魚兒在石頭縫產下千顆魚卵後，所孵出的魚苗不過是其中極少量而已。這種現象可以稱為「多因一果」、「一因

多果」，也可以了解：有因未必有果，但能肯定的是：有果必定有因，唯識學如此費心地構思，也就是在說明人生現象的種種皆非無因而生，一定有其先天種子形成，此先天種子平時隱藏在哪裡？就在阿賴耶識中！

其餘的七轉識或色法，不相應行法都沒有能力執持清淨法或染污法的種子，只有第八阿賴耶識有庫藏的作用，所以有此能耐受薰、持種。

以上是唯識學試圖從人生現象倒溯而回，追蹤生命的根源所在，它用五教、十理作為方法，比起印度時期的瑜伽行派又改進了一些，因為《瑜伽師地論》只提出八種方法：「執受、初、明了、種子、業、身受、無心定、命終，無皆不應理」，《成唯識論》根據《唯識三十頌》，增加二項，但也有美中不足之處：引用經文不夠翔實，常常不講明出處，太過精簡。

第三章　唯識學結論

　　在佛教體系以內對於生命本體識賦予許多名稱，有些是在印度瑜伽行派時期常用，有些是在中國唯識學派內常用；前者對於後人比較生疏，像《攝大乘論》列舉出十一個奇特的名字，有點兒費猜疑：身識、身者識、受者識、應受識、正受識、世識、數識、處識、言說識、自他差別識、善惡兩道生死識。無論是否從功能作用為命名的基礎，反正都有同樣的一個訴求：主張人類是有心識主體的。

第一節　本體識有眾多名稱

　　若是再從《成唯識論》本身來掌握，它又透露了一項消息：生命識在有情眾生的不同層次境界有不同的名稱，像前面不斷用到的「阿賴耶識」，它只適用於有學位，不能用在八地以上的菩薩身上。修行程度越高，他的內心我執不斷銷溶，小我提昇擴大為大我，這時的生命型態會轉變，內在的心識也不同，當然名稱也不同。以下列舉窺基大師在《成唯識論掌中樞要》卷下提出的十八個異名。（後面七項出現在《成唯識論》卷三）

1. 無沒識：本識中的一切諸種無所隱沒。

2. 本識：八識是一切事物生起的根本。

3. 宅識：八識是身心安居之所，儲放一切種子的宅舍。

4. 緣識：八識是其餘七轉識所欲發生的條件。

5. 顯識：五根與四大必須藉由八識而顯現。

6. 現識：一切事物必須藉著八識所變現。

7. 轉識：一切事物依八識而轉生。

8. 分別事識：通常指前七識對外境能起虛妄分別，但歸根究底，八識才是前七識分別的根本。

9. 根識：即大眾部所成立的「根本識」、「細心」、「細意識」。

10. 生識：即化地部所成立的「窮生死蘊」。

11. 有識：即上座部的「有分識」。

12. 心：種種諸法受薰成為種子，積聚而成本識。

13. 阿陀那：執持種子與色根，使之不爛不壞。

14. 所知依：能給與一切所學所知的法作依止之處所。

15. 種子識：本識中含藏一切世間法與出世間法的種子。

　　上面四項通聖凡位，無論佛、菩薩，或者凡夫、外道，一概都可以通用。

16. 阿賴耶：藏識有三義：能藏、所藏、我愛執藏，只有凡夫和有學位能用，因為尚有我執；阿羅漢與菩薩八地以上已捨離我執，就不再適用。

17. 異熟識：有善惡果報的生死識，除了佛果位以外，一切的凡夫和菩薩都通用。

18. 無垢識：純然清淨，只有無漏善法所依止。唯用於佛果位，其他不夠格。

　　佛教是崇信因果的。崇信因果要有一個先決條件：應該有一個承受果報的生命實體存在，這個生命實體超越有限時空。根深蒂固的相信生命永續，其實不止於樸素的相信，而且要在理智上通過這些考量：

1.五官知覺或七轉識必須要有一個依止。

2.誰在保存記憶？

3.誰會發生做夢？

4.根身爲何不爛壞？

5.善惡的改變，束縛離繫的又是誰？

　　接受因果解釋並非迷信，敏銳的直觀與深入思維才是智力的差別所在，對有些人而言生命似乎是透明的，也有一些人被生命之流衝昏了頭，這其間的差別也是生命的奧秘之一，屬於四種不可思議之一──衆生業力不可思議。

第二節　識變哲學

　　唯識學不憚其煩地以五教十理來證明世間的確有阿賴耶識存在，證明有識存在並非它的全部工作，還有更重要、更精彩的在後面──識變哲學和轉依理論。由於本論文的主旨只把希臘哲學的回憶論與東方輪迴思想做比較，重點不是佛教本體論，也非解脫學，所以以下只做摘要性的說明。

　　證明有阿賴耶存在後，才能進一步談本體識的潛能變化。前面五教十理詳細地論述阿賴耶有執持一切種子的功能，這些種子即是能變化、能運動的因，它產生現行的過程即是流轉與還滅。無論種子生現行或現行薰種子，反正都是變化，平常有情根身有「生住異滅」的生長現象，外界器世間有「成住壞空」的變化現象，這些都不外乎從生命本體識所產生，由識所變現，這一套理論在唯識學來講就是識變哲學。

　　識變（Vijñāna Pariṇāma）是指「識」的狀態有所轉化呈現，從單純的識（Vijñāna）產生境（Vijñapti），這些心境或有或無，外境時有時無，反正都非實體，vijñapti 的意思是了別，了別所生物，識造。在語法上是造格的形式，意指從有意識的行爲所引起的，或由識所製造的事物。以此與含義簡單的 Vijñāna 有區分。由於愚夫執著外境爲實有，而瑜珈行派

主張一切外境不過是「由識所變現」，所以稱爲「唯識」
（Vijñapti matra）所造。

梵文中「識」的語根 Vijñā 是「知」的意思，乃認識，了
別，識別，但是造格的 Vijñapti 不但有認知的意思，且有生
成製造的含義，意謂：眼睛能看色，有眼識，所產生的色境
是由眼識所轉出的；換言之，若眼睛不看就不承認有色境；
同樣，聲境是由耳識所轉出，嗅境是由鼻識所轉出……。前
六轉識各有其對境，境上更有愛不愛的主觀意識在，如果識
自身不作用的話，那裡會轉出六種塵境？又怎麼會有愛不愛？
喜怒憎惡諸種情緒發生？

所以《解深密經》才說：

> 「識所緣，唯識所變現。」

Vijnapti 指的正是那些境，它是包含存在的，除了認識的
過程外還創造了塵境，會有後續發展。

陳眞諦三藏在《轉識論》中對「識變」作有說明：

> 「此等識能迴轉造作無量諸法，或轉作根，或轉
> 作塵，或轉作我，或轉作識，如此種種不同，唯識所
> 作。」（註 120）

意謂本識爲藏識，它的功能除了庫藏一切種子外，尚能
使種子成熟，所長出的現行包括根身、六塵、我意識和六轉
識，換言之：轉識可以轉爲衆生和法，以唯識學的術語來說
就是：「內變根身，外變器世間」。世親構造唯識學的立意
正是標明生命本體識不但是衆生生命的存在本質，也是現象
界一切諸法的來源。原本 Vijnapti matra 有強調「表現」、
「呈現」、「呈顯」的意思，但玄奘強調主體性，所以不譯
作「唯現」，而譯作「唯識」，以主體中包含功能之故。

---

120 出自眞諦譯《轉識論》，《大正藏》第 31 册，P. 62。

識變是如何造成的？

識的內容是形形色色的一大堆業力種子，這些種子經過後天行為的經驗，或者遇上適當的外緣，本身成熟為果報有二種可能發生：

一、因果同時轉變。因能變化，果也能變化，各自成長與轉變。因能變是藏識中等流習氣和異熟習氣皆增長，像努力用功、奮發向上、技術精練、文筆進步，這是等流習氣的不斷累積。像歹事做多了終於被警察抓到，好吃貪嘴、財迷心竅去賭六合彩，這些是異熟習氣增長。果能變是由於宿業引滿，應該遭報應，被警察逮到之後判刑去吃牢飯，或者姻緣到頭終於分手。

二、從因變現成為果，也是由識的自體分變現出見分相分。怎麼說呢？像眼能見色，耳能聞聲，這些五官知覺和意識慮知為法者，皆是所緣之法，六根六識為能緣，能變是能變，所緣是所變，有漏識自體生時產生「似所緣」與「似能緣」，似能緣相說名見分，似所緣相說名相分，能緣的作用與所緣的境像皆是識體所轉變，作分析表如下：

$$本識 \rightarrow \begin{cases} 分\quad別 \rightarrow 所變見分 \rightarrow 起我相 \rightarrow 生我執 \\ 所分別 \rightarrow 所變相分 \rightarrow 起法相 \rightarrow 生法執 \end{cases} \rightarrow 生七情六欲煩惱$$

本識如何轉化出根身、器世間呢？這是由於藏識中含有一切種子（bija）的緣故，種子有生果的潛能，這種潛能也是阿賴耶識的生命力，種子數目有無限多，人的潛能深不可測，阿賴耶識究竟有多少能力是誰也猜不透的。

生命識的存在狀態是異熟性的，異熟乃經過時間、空間的變化而成熟，可能異時成熟，可能異類而熟，更可能變異而熟。受到前面善惡業的行為活動決定，先前之業為因，後面的成就結果為報。因到果之間的確是變異的過程，連綿相續，像河流一般源源不絕。前異熟既盡，後異熟又生，阿賴

耶識在此時此刻承受過去的善惡業因，現在展現為現實存在；同時當生今世的善惡行為又再埋下前因，薰生日後的果報。所以在當下的這一段時空裡，阿賴耶識既是果又是因，俱時因果是可能的，更是實然的。如此生命就這樣的綿延下去，可能流轉輪迴，也可能還滅轉依。

　　站在個別立場要了解「內變根身」尚不算難，但要了解「外變器世間」就困難的多。唯識學的解釋是：

　　有情眾生的阿賴耶識中有「共相種」和「不共相種」，共相種產生共變，不共相種產生不共變。共相種產生的果是山河大地器世間。不共相種產生的是每個人的正報根身。

　　共相種又稱「依報種子」，能生自他共同受用的果報，這其間交互作用分成四大類：

1. 共中之共：由共種所生，共同受用，像山河大地等，是由諸趣有情眾生的福份業力種子所共變，共同受用之。

2. 共中不共：雖然由共種所變生，但所見所用卻不同。例如台灣的日出是美國的日落，台灣的冬天是澳洲的夏天。魚兒在水中能悠然自得，但人類在水中不會游泳的卻會被淹死。

3. 不共中共：雖然由各別的不共種正報種子所生，但可以共同受用，像私人捐贈的圖書館、公園、當義工、救濟慈善事業等都是。

4. 不共中不共：由不共種的正報種子生根身，他人不能共用。

　　這個有情眾生所共同生活的空間，並非眾多有情以業力匯合共變出器世間，而是各自變作一器世間，各別受用。但有情能感的業力相近似，彼此互為增上緣，所感的器界外貌亦相似。在同一空間內各變各的，互相涉入，互相雜住，互不障礙。也正因為相互之間彼此互涉互入，共相混合，似乎

是和合成一體，不易為人所察覺，就像燈光，一屋之中有千盞燈，一一放光，一一遍照，光光相似，互相涉入不為妨礙，似乎見到的只是一光，光與光之間沒有差別。自他皆能受用，才稱為「共變」，此為平行的「共」，不是總合混合的「共」。

此共變之中有不共，同一家庭所生的數名子女成就各自不同，各自住在東西南北，貧富貴賤也不同，生病死亡彼此不能替代，各人有各人的業力，這即是共中有不共的釋例。

隨著有情生命的展開，心識變現的根身和器世器也開始增長，嬰兒的根身尚幼，器世界只有搖籃那麼大；隨著成長的過程，根身變老，器世界也發生火災、地震、雨災，各地區分別發生。等到生命結束之時，根身器世界也隨之消失，此時有差別；不共變的正報身只有個人消失，共變的依報器世間只滅了這一有情自變的一分，其他有情所變的他分器世界並不隨之而滅，不會因一個人而影響到其他人；就像千盞燈中有一盞滅了，其他的燈仍然在亮著，此處滅而彼處又亮，增增滅滅，無甚大變。

乍看之下「唯識所變現」的理論相當主觀，唯心主義的色彩十分強烈，若是擴大視野看看社會學與人類學所發現的，其實說法很相近，像史賓塞（Herbert Spencer，1820～1903，A.D.）的《社會學原理》談到演化觀點，他的發現是：社會是一個有機體，其中有整合、成長、分歧、衰敗等過程，部份與部份之間有互相關連的功能。

在西方十七、十八世紀的歐洲，啟蒙主義激長了科學各方面的發現，牛頓的《數學原理》和洛克的《人類悟性新論》中都同意：宇宙是理性的安排。社會是人類的創造與貢獻。試看科技總是不斷地在創新，工業革命帶來大量的生產，歷史考古也證明人類文明確實有發展的階段……。這些都是從生活經驗層面來看，彼此可以同意的想法。人類的智力有如

此大的作用，的確在社會、政治、工業、科學技術上扮演著「推動者」的角色，此時再返身回頭說：「一切唯心造」、「一切唯識所變現」就不再令人感到太突兀了！

　　識變哲學的整體性頗強，它不太在意個別的小我，也難怪在根本佛教時期教的是「無我」，佛教僧團重視團體，強調群居生活，因而有戒律的發展，印度人的民族性與中國人不同，從唯識學的概念中即可了知。識變哲學中「互涉互入」的境界可通向華嚴思想，華嚴哲學含有濃厚的社會思想在，在這一部份中土人士尚少發展，可能也是因為中國人不重視群體，大多喜歡逍遙自由的個人主義或小集團形式。無論這種猜測是否有理，反正唯識學的共變部份是有社會學的研究價值意義的。

第三節　轉依解脫

　　瑜伽行派修持實踐的目的在於轉依（āśraya-parivṛtti），其他教派的說法是解脫（vimokṣa）。乃從修行聖道，斷除煩惱障、所知障，從而證得菩提涅槃之果，這個過程就是轉依。

　　先從字義上做了解，轉依一詞也是由類比式的思考得來的，依（saṃniśraya）有二義：能依與所依。此二者是相互對待而成，一者若不存，另一者當然也不在。像青草與泥土地的依附關係，如果沒有青草的依憑，大地就不是被依附的對象；類比於有情眾生的心識意念狀態：本識是種子識，內含有形色色善惡染淨多種種子，所以是染淨依，被雜染法、清淨法所依附而生，染淨種子即是能依。

　　阿賴耶識的諸多名稱中有「根本依」、「染淨依」、「種子依」，修行的目的在於自我提昇，拔除天性中的弱點，去除染法，使之成為清淨法，這種「診療」的對象正是自己的心識，借用前七轉識自我觀察，進而愚鈍的意識會進步成為「妙觀察智」，改掉自私小氣的貪瞋痴習氣後，自我

意識的末那能提昇作「平等性智」，對於一切衆生都有慈愛的悲憫心。平常爲惡多端的身體五官是造業的工具，積極彌補之後前五識進步爲「成所作智」，造福人群社會。整個兒來講，部份與部份之間皆已改善澄淨，整體的雜染阿賴耶識此時已經轉凡爲聖，不再是平凡衆生，而是擁有高貴心靈的聖賢人，他的本識稱作「大圓鏡智」，是純然的善，也是清淨的眞如。

簡言之，「轉」是指從生死輪迴到眞如涅槃。

「依」是生死與涅槃所依附的根本依或眞如。

轉依是透過理性的悟解和道德的實踐，通過阿賴耶識中的種子消長來實踐，轉捨煩惱障才能得涅槃。轉捨所知障才能得菩提。

轉指轉變，在實踐的道路上有二層含義，先「轉捨」弱點，再「轉得」新的人格特質。捨棄昨日的故我，塑造新的面目。也可以說把本來雜染污穢的阿賴耶識捨棄，成就一個清新光明的「所依」，這個新的所依可以稱它爲眞如、佛性、如來、眞心、妙心……。名詞只是假象，不須計執。反正有爲法有所進步提昇，使得心靈變得不同。

阿賴耶識中原本藏有許多有爲法、無爲法、有漏法、無漏法各色種子、有漏法中有煩惱障、所知障，以理智悟解迷執之後不再計較執著，這是內心想法的改變，也帶動外在言語行爲模式的改變。當然業力因素也逐漸起變化，新觀念之下的現行有選擇的意志行爲，這樣的新現行又塑造不同的新個性，朝向「還滅」的逆向修道過程。

轉依是有動機的，在自覺明悟之下的清楚抉擇，爲了追尋絕對的永恆眞理，以生命歲月奉獻於這一理念，阿賴耶識是雜染的所依，只要心識不淨，世界亦不清淨。爲了尋求完美的世界與崇高的德性，先從自身做起，捨有漏以得無漏，捨染污以得清淨，「轉依」是爲修行人的理想，然而要分辨

清楚：對治雜染法人人可行，但不是人人都能成就「轉依」，轉依的程度比「對治」要高得多，二者不可混同。

從形式上來看，轉依就是轉虛妄的染污成為真實的清淨。如何轉呢？要具體地瞭解轉依，必須從主體、客體、前因後果的發展來研究：

轉依有四要素，正好是二對關係。

1. 能轉道：真正發揮判斷力與抉擇力的是藏識中的無漏種子，這才是能力的主體，眾生無始以來就具有無漏清淨種，再加上後天的聽聞薰習，無漏種不但會增盛且會生出現行。

2. 所轉依：此乃所轉的對象，無漏種子生現行以後把染法捨棄，轉得清淨，染污與清淨不能並存，若有雜質即非絕對的清淨，唯有染污逐漸消除，清淨隨分出現，一消一長，勢不兩立。

本識是為迷悟依，迷真則染法生，悟理則淨法生，迷與悟的根本在於本識，所以經過修道的實踐轉捨掉染污法，轉得清淨法，此二者都是轉依的客體對象。

此二項要素成為一對立關係的能所。

3. 所轉捨：修行的遠程目標是成就聖賢果位，但在中途也有短程目標，即是轉捨生死煩惱和劣等的無漏法。具體地說在人生旅途中若一向生活的幸福滿足是缺乏修道的動機的；唯有在心靈感到空虛，人生遭逢挫折時才會有出離的動機，心靈的空虛可能是智性的渴求，人生挫折有可能是生老病死，智性上的不足稱為所知障，生老病死各種痛苦是為煩惱障。此外還有已經入道的行人，程度不夠，尚有許多有漏法或劣無漏法的種子在，如法執觀念，修道人雖然能放棄有形的資身財物，卻很難

放棄法的執著，甚至於自己渾然不覺，若停留在「對治」的階段，這些法執是有益於修道的，但若以絕對清淨的境界來講，只停留於對治還不夠，連這些積極虔誠的有漏法和劣無漏種都要完全清除掉，所以說「轉依」有別於「對治」，轉依要求的是絕對的清淨，絕對的真理，不容有一絲絲的隱微雜質。

4.所轉得：證得菩提智慧，進入大般涅槃。

菩提是無漏的智慧，由能斷的道力斷除所知障，無漏種子生起現行後即是四智菩提：轉前五識為成所作智，轉意識為妙觀察智，轉末那識為平等性智，轉八識為大圓鏡智。此四智菩提是為「生得」，至於涅槃是所「顯得」。

唯識學對於涅槃作四種劃分：1.本來自性清淨涅槃，尚留存生命現象。2.承受異熟果報的有餘依涅槃。3.無異熟果的無餘依涅槃。4.及無住處涅槃。

捨棄虛妄染污的八識，轉得真實清淨的四智，在唯識學上是一道困難的關口，也是最高的成就，如何轉呢？

具體地講，轉依的原動力出自眾生本來具有的無漏種子，經過適當的聽聞薰習後，因與緣相結合，無漏種自然會產生無漏的現行，此即展開對治的修行過程，所以在未來成就轉依是有可能的。

不過若僅只從種子生現行的因果法則來談，似乎有唯物論與機械化因果法則的味道，光是只有種子是不夠的，還要從理智上的明悟來分析。

有一道訊息從無著造的《攝大乘論本》中透露出：

「菩薩無住涅槃，以捨雜染，不捨生死。二所依止轉依為相。此中生死謂依他起性雜染分。涅槃謂依他起性清淨分。二所依止謂通二分依他起性。轉依謂

即依他起性，對治起時，轉捨雜染分，轉得清淨
分。」（註121）

此段文章談的是菩薩不是佛，所以不住涅槃，也不捨生
死，佛果位是已無生死而入涅槃，這是二者之不同。

生死與涅槃其實是一體的二面：依他起性的雜染成份即
是生死流轉，依他起性的清淨成就即是涅槃。其中的依他起
性既可通向生死流轉，也可以通向真如還滅，所以已經點明：
真正轉依的關鍵在於這個依他起性，有這種作用才能一面轉
捨棄雜染分，一面轉得清淨分。

如此看來，無漏種子是為轉依的質料因，依他起性是動
力因。

心識活動過程中，眾生由於我執習氣所以對世界有虛妄
顛倒的認識，連帶地隨生錯亂與偏差計執。有情眾生先有能
偏計的意識與自我觀念強化，對於世間緣起緣滅的現象不了
解，週遍計度，發生各種虛妄分別，這種執著稱作「遍計執
性」（Pari Kalpita-svabhāva）。種種的偏差建立在依他緣而
起的，所謂外緣除了自身為因緣外另有對象的所緣，時間因
素等無間緣，順逆增上緣，這種依靠眾緣才能生滅的性質稱
作依他起性（Paratantra-Svabhāva）。世間一切諸種現象無論
色法或者心法，乃至於不相應行法、心所法，都要依靠緣起
法則才能作用，有賴於外緣的條件即是依他起性的「他」。

染污法由依他起所攝，同樣，清淨法也由依他起所攝，
在依他起的作用下去除自我觀念的誤執，了悟人我空，進而
放棄法執，悟入法空，證得諸法真實，此真如即是圓成實性。

轉識成智的關鍵在於軸心地位的依他起性上，起先是遍
計之執為實有，進而轉知其為依他而證知真實性，在悟性上
的扭轉實具有關鍵地位，此時依他起只是澄清的工具，像一

121 出自《大正藏》第 31 冊，P. 148，《攝大乘論本》卷下。

台淨濾器一般，把染污轉變爲清淨，當初的遍計執提昇作圓成實，當然，也不能執實依他起，依他起本身就是依他緣而起，莫再執實。

　　轉依的「依」字指出「依他起性」佔有一種居間、調整、轉換的功能、意識以分別活動爲行相，如實的理解才是無分別的智慧，必須本身有自覺地改變對現象的看法，改變平時社會大衆一向慣有的偏差想法，逆轉過來觀察事物眞正的本質是什麼？遠離於「實我」、「實法」的固執反應後，眞實的清淨中道實相才會慢慢顯露出來。事物本來的面貌稱爲「實相」，不偏激、不過當的態度是爲「中道」，困惑之時的迷可以轉變成爲心開意解的悟，從迷到悟的漫長過程即是修道。

　　依他起的「依」字是從緣起的理論所發揮的，緣起的因素有多項，所以緣起之時的因果法則不是一因一果的單純直線變化，而是複雜的網狀關係。

　　「轉依」的依字另有一義：從藏識爲「所知依」而來，所知依強調的是理智認識的動作，吾人在修行實踐中有推理思惟的認識作用，有實證確認的行爲習慣，更有心理區別的動機，這些都是內在種子，內種子依存內六處，吾人能發外在的認識功能正是內種子依存處發生差別現象。有情衆生的藏識持有內法種子，這是修行實踐上染污轉化爲清淨的所依之處。

　　轉依和解脫一樣，有一個最高的標的懸示：菩提與涅槃，這是瑜伽行派的理想，在結束本章之際，再回顧四首無著菩薩所作的偈頌：

　　1.「諸凡夫覆眞，一向顯虛妄。
　　　諸菩薩捨妄，一向顯眞實。」（註122）

122　此四首偈出自《攝大乘論本》卷下，《大正藏》第31冊，P. 149。

　　把修道過程的首尾兩端作一對比，未修道之前是生活在虛幻世界中的凡夫，直到努力轉化後，能夠捨卻妄想情執，才是了解真實。

　　　2.「應知顯不顯，真義非真義。
　　　　　轉依即解脫，隨欲自在行。」

　　修道實踐的過程中虔敬瑜伽、行業瑜伽固然很重要，但有一樣更重要——智慧瑜伽，盲修瞎練是閉門造車，應當以明悟的真實智慧來作判斷，何者是真義？何者非真而是偏見邪見？應當以冷靜的理智看透生命識的顯現作用，如此配合以真實四智後才能轉依，得解脫自在。

　　　3.「於生死涅槃，若起平等智，
　　　　　爾時由此證，生死即涅槃。」

　　平等智是七識末那所成就的，要想成就此智得先在生活經驗中多多磨練，放棄自私小氣的我癡、我愛、我慢、我貪，泯滅長短高下、貧富貴賤、爾虞我詐的敵對心態，如此才能轉化成萬物平等、無人無我的平等智慧，此時不再挑三揀四，不再避苦求樂，順逆境界等觀，苦海化為修煉場，此時能接受生死，如此安然的處世不是涅槃清淨又是什麼？

　　　4.「由是於生死，非捨非不捨，
　　　　　亦即於涅槃，非得非不得。」

　　即然已經無所謂人我世界的愛恨情仇，人生之悲歡離合也不過是幻化現象，看透現象，證得中道實相，對於入生出死無所謂厭拒脫離，當然也無所謂捨離不捨離。在有為法中修無為之道，在入世之中度出世生活，生死中有清涼。無住處涅槃並非指某一特定的時間或空間，當然，這種心境的昇華也無所謂得與不得，一切榮辱都是身外之物，不勞掛心。

　　唯識學的生命本體識原來是如此的深不可測，從本體論可以走向宗教學。在中國佛教八大宗派中唯識學的理論結構

最爲精深細密，龐大複雜；以風格來講也最具有印度味道，它的思辨性最強，可以和南北朝的佛學相比較，相形之下《弘明集》是中國佛教徒的作品，雲淡風輕，直觀性強，理論性弱。唯識學以如此的五教十理架構作爲生命本體識的論證，相信這樣雷霆萬鈞的氣勢具有相當的說服力，若是再有懷疑，只能說是先天的無漏種子尚在潛伏狀態，時節因緣未到哩！

第四部

近代
生死學的研究

第四部　近代生死學的研究

近二十多年來歐洲人士開始以不同於傳統的方式，大膽地披露內心隱藏的體驗而公諸於世。在東方信仰的氛圍下，談論個人見神見鬼的靈異傳奇是無足爲奇的，但在基督信仰的西方，這是有違於社會的信念，且似乎與理性主義所標榜的科學論據不相符合。他們敢公開詢問或自動吐訴特殊經驗，的確需要克服相當大的社會阻力。

「靈魂不滅」的主題目已經受到醫學界的關注，成爲一股新的潮流；在雷蒙·穆迪博士以醫學兼哲學教授的身份做專業調查與研究之後，獲得另一位醫學博士依莉莎白·庫布勒羅絲的共鳴，認爲處在社會變遷的當今，我們應當要有勇氣打開一扇新的大門，要以科學的態度從事新的調查工作（註123）。

有志於研究相關領域的著作，像死亡哲學、死亡意識、臨終時刻……等的著作也相繼出現，從穆迪博士1976年出版的《來生》到今天已經多得不易計算了！各國也成立有專門討論靈魂不滅的社團組織和基金會，也有期刊雜誌流通，像Society for Psychical Research 在英國倫敦，美國加州和波士頓都成立研究學會。像 International Association for Near-Death Studies 專門研究人的臨終癥兆，他們與大學醫學院有聯繫，獲得支援，專門進行科學性的研究。更有 European Research and Information Center About Life After Life 專門研究人有沒有來世，此機構歡迎有臨終經驗的參與者提供資料，爲詮釋靈魂不滅提供眞實經驗的證據。

更有科學家參加 Parapsychology Foundation，此超心理學

---

123 請參考穆迪所著《來生》P. 9 序言。

會通常在歐洲召開年會，聚集此學科的先驅學者，包括物理學家、統計學家、神經科、生理學、和心靈致動學各相關領域的專家共同研究出竅經驗或臨終經驗。

　　在這些西方學者的努力下，我們對於人的生命現象有了不同於以往的瞭解管道，他們提供不少統計上的眞實資料，能夠印證靈魂不朽的理念。大體上這些學者的入路不外乎三種：1.從醫院或病人、臨終者、瀕死經驗者搜羅而得的事實經驗。2.專業心理學家所做的催眠調查。3.唯靈主義的神秘神修者的實際修行經驗。此外還有人好奇的學印地安人的方法，食用大麻或仙人掌汁、野生菇菌之類，這種方式本文不予以接納，因爲流入幻境，且動機與形式近似於巫術宗教。本文只從哲學系統或科學依據的資料著手，試圖瞭解生命的眞象。

第一章　醫學上瀕死經驗的共同點

　　醫學臨床上被醫宣佈已經死亡的病患，對於四週環境所發生的事、別人所說過的話都能看到、聽到，照樣能做有意識的觀察，此時肉身已死，照理說五官知覺應該都不產生效用了才是，他是憑什麼知道的？死而復活的病患都有從肉體飄浮而出的經驗、有形狀，但無色，是一種飛行的感覺，死後仍然有知覺，所以當事人認為自己是一個「靈體」，很輕，沒有重量；全部有脫體經驗的人一致同意：「靈體」畢竟不同於虛無，總歸是「某種東西」，是一種實體，不同於肉身。

　　每個人對於靈體的描述不太一樣，有的說不定形，有的說像雲團，有的說與生前肉身同形，也有的說像球體，更有的說「一頭大，一頭小」，反正都肯定一定有個靈體，像霧、像雲、像煙、像蒸汽，是透明體，是彩色的雲，鬆鬆的，反正都認為有能量知覺存在（註124）。

　　雷蒙・穆迪（A.D. 1944~）在 21 歲時正讀哲學，碰到有人告訴他一個奇特的經歷：一位年輕的士兵在軍中罹患肺炎，醫生宣告病人已經死亡，於是靈魂離開身體後開始「空中飛行」的世界旅遊，飛到世界各國去遊玩，再度飛回美國德州的軍醫院，屍體上蓋著屍布，認不出自己的軀體，只好去找自己手上戴的戒指作為辨認記號而後還魂。這位講述者自己是精神科醫師，想必多少有些可信度才是。

　　爾後他在教書時談到這則故事，下課後有學生上前找他，告訴他自身的死亡經歷。在此後的三年穆迪一共知道八個如此類似的案例。

---

124 請參考《來生》P. 52、53。

　　32 歲時他繼續攻讀醫學院,許多人知道他對這些死亡經驗有興趣,紛紛自動提供資訊,如此他把超過 50 位當事人的經驗作成紀錄,出版第一本瀕死經驗的著作《Life After Life》,中文譯成《來生》,他創造了「瀕死經驗」(Near-Death Experience)這個術語。在收集的資料中找出共同的要素,發現有 15 個共同點:

　　1.死亡的知覺:臨終之際,往往在肉體痛苦到達最高點時,聽到醫生宣佈自己死亡。病人知道自己死了。

　　2.聽到難聽的噪音,像鐘聲,或嗡嗡聲,似乎由耳膜震動腦波。

　　3.靈魂出竅經驗:可能在公路上發生車禍,靈魂在屍體上方,眼見眾人把自己的屍體抬上救護車;也可能在病房內,靈魂飄浮在天花板,看醫生在施行急救,或者看著自己的屍體被推向停屍間。

　　4.隧道經驗:感覺自己很快速地通過一條黑黑長長的隧道。有些人描述不是直向飛行,而是漩渦狀的隧道。

　　5.安祥、無痛苦的感覺:原本肉體痛苦的現在已經很輕鬆地釋放了,內心很安祥,能控制自己,且習慣這種狀況。

　　6.發現自己靈力大增:習慣於靈體之後,頭腦比從前敏捷,思緒清明,感知系統優越於肉體,視力聽覺都莫名其妙地變強了,只要想看什麼,立即就到達那兒,靈體的官能似乎無限制,想看想聽的立即能體會出。

　　7.自己身上發光,有人出現要幫助死者。

　　8.有些見到過去已死的家人親友,出現在隧道的盡頭,身上發光。

　　9.見到一位或多位特別的光靈,通常與死者平素的信仰宗教有關,光靈有白光也有藍光,但藍光是高階領導人。

　　10.這位溫煦的光靈以光詢問他:要他回顧自己的一生,

評估自己作為如何？此時有影像發生，快速地畫面展開，全都是自己生平所做所為。

11.回顧過一生後，有一道障礙牆堵在面前，他過不去。

12.光靈告訴他：時候尚未到，他應該回去。

13.不願回去的感覺：心志上有掙扎，感情上喜歡這裡，有愛，有包容，回去幹什麼？

14.但再次被催促，務必要回去，可能家庭中責任未了，可能有工作待完成。

15.只好跟肉體重合，展開新的人格，內心有新的看法。（註125）

這其中未必有固定出現順序，有些死去的親友或光靈會先出現在病房；有些人只發生其中的數項，未必完全經歷十五項。

值得注意的是：

一、死後靈體能力大增，佛教稱為：中陰身有五種神通能力：天耳通、天眼通、神足通、他心通、宿命通，看來瀕死經驗報告與佛教說法相符合。

二、死者可以看到自己身上放光，有意識知覺力，有飛行流動的空間感，如此可以證明死後是「存有」的狀態，決非像雲煙一般消散。

三、死後見到光靈時都有溫暖的被愛、被包容的知覺在，表示死後的確有「我意識」，前六識是跟著身體走的，死後既然出離身體，而又有被愛、被包容的感受力，這種感受應該來自七識末那；如此若是唯識學能善用生死學資料，相信被胡適評為「繁鎖哲學」的缺點或許能有改進。

125　以上這些資料匯集於《來生》的25～26頁，和《死亡‧奇蹟‧預言》的101～102頁。

第二章 心理學以催眠術倒溯前世的記憶

在接受心理醫師治療時，受到催眠的病人講出自己前世的記憶，已經是不稀奇的事了，轟動一時的布萊恩・魏斯（Brian Weiss）醫生在經過四年的猶豫後，才出版他與病患治療過程的記錄，書名是《前世今生》（Many Lives, Many Masters），這位女病患在催眠的狀態下，回述四千年以來的轉世經歷，有時是男孩，有時是老婦人，奇妙的是：在催眠之中女病患凱薩琳竟然與醫師前世認識，講出醫師的父親身體接受手術，死於心藏病的事。

維吉尼亞大學的精神病學教授伊安・史蒂芬生博士（Ian Stevenson）擁有二千名特殊兒童的調查資料，他在長期研究之下，收集有著前世記憶的兒童詳細記錄，似乎天真單純的幼兒比較能開口說出內心的話，沒有社會壓力。這二千名兒童除了記得前世之外，有的能使用今生從未學習過的語言說話，表示前世的能力遺留到今生，也可以證明唯識學所主張的八識有「執持種子」的作用（註126）。歷年以來學界一直在爭論：人類有沒有先天觀念？以唯識學術語來講就是「本性住種」，或者「本有種子」，教育學或者經驗主義人士所主張的後天學習經驗，就是「新薰種子」，如今在醫學界的苦心經營之下，史蒂文生博士所搜集的資料可以做為「人類有先天觀念」這項學理的佐證。

心理分析醫生海倫・旺巴哈（Helen Wambach）在美國明尼蘇達、伊利諾、密西根等中西部地區開設催眠問卷測驗場，在此之先她已經在美國西部和美國西海岸施設過多次問卷調查，她認為：西海岸的人與中西部的人在文化背景下思想有

---

126 參考《與死亡對談》P. 84。

差異，比如說：西海岸的受測人多半曾經練過瑜伽術，他們
會來參加海倫博士的催眠，彼此互相通知傳達訊息。中西部
的人不一樣，他們多半信仰基督教，參加神秘的祈禱會，或
神秘的儀式之類，像以靈療治病、開拓靈能、甚至於涉略占
星術；這些人是從電視、電台、報紙上看到廣告跑來的。在
動機不同、文化有差異的條件下，海倫博士發現：西海岸有
六百人回答問卷，中西部有 150 人回答問卷，他們所揭露的
經驗都差不多，並不因地理位置或其他枝微末節而有什麼不
同，與靈魂有關的調查資料如下：

一、投胎記憶

　　有 750 位受測人接受催眠，在最後階段歷經前世的死亡
經驗，有些人經驗過三次死亡；百分之 90 的受測人發現死亡
是愉快的事（註 127）。有百之 81 的人承認：今生到此投胎
是出於自己的選擇，有些覺得是責任，必須要來，有百分之
28 的人是全心全意的心甘情願，而且在投生之前很謹慎地做
了準備才來的。

　　靈魂來此投胎不是偶然發生的，有一位編號 A-393 的受
測人說：有十二位指導者在幫他出主意，這十二個人也都各
自有指導案或功課要做，受測人對於今生是有著嚮往而來的，
並非胡亂「被拋擲下來」，像存在主義者所說的那樣。

　　編號 A-372 的受測人說：有一個六人小組在協助當事人
做選擇，這些人坐在很大的木頭椅子上，進行一種古代禮儀，
受試人承認：他來此投生有準備來學習，所以心中抱有一種
嚮往。

　　在受測人中的百之 67 全都是自己要來的，出於自願的不
必別人說服，但也知道伴隨著嚮往而來的，有困擾和有待克
服的難題。

---

127 參考《前世》P. 57。

有百之 19 的受測人表示：並未覺察自己有選擇，不是自己意願。

有百分之五的受測人沒有回答問題。這百分之五包含在前面百分之 19 當中。所以總合來說，百分之 81 的受測人做肯定的答覆：他們是自己選擇來投胎的。

百分之 26 的人積極盼望來生，他們盼望的是某種學習和成就，不是逸樂，希望今生能得到完成人生目標的成就。

百分之 90 的人體驗到：死亡是愉悅的，相反的，出生才是令人傷心而且恐懼的。

如此看來希臘哲學中畢達哥拉斯學派和柏拉圖不是曾經說過：「身體是靈魂的墳墓」嗎？現在的生命其實是靈魂的死亡，等到肉體死了，靈魂才會新生，所以赫拉克利圖斯也說：生即死，死即生，這些催眠受試者的體驗也值得學界正視之。

二、選擇在二十世紀出生，有何特殊意義否？

有百分之 51 的受測人回答：有特殊意義，因為二十世紀是個具有精神成長莫大潛力的時代，地球會改變，並且意識層次提昇。（註 128）

編號 B-76 的受測人回答：意識的擴展在二十世紀後半期會大放光芒。與此類似的編號 B-68 說：地球人的意識將提昇到一個更高的層次。或者像編號 B-88、89 所說的：這個時代的末尾要達到一個精神覺醒的時代。這是一個更高層次意識大轉換的時期。

比較有哲學趣味的是：有些提到「大我」意識或「整體」意識：像編號 B-379 說：

---

128 此文出自《前世》P. 79。

「我選擇二十世紀，是因爲這個世紀是個覺醒的新時代，許多靈魂會提昇到人類一體（Oneness）的另一層面。」（註129）

編號 B-384 說：

「我選擇二十世紀的後半期，是因爲很多高等靈魂都在投生中，我們可以攜手得到世界和平，成就人類的整體大我感（A sense of the total self of mankind）。

總合來說，超過百分之 70 的受測人認爲：地球在二十世紀的後半葉有精神覺察進展的特徵。許多受測人都覺察到人類的「一體」感，覺得人類是一個整體，每個人或好或壞、或善或惡的作爲都會對他人造成影響。二十世紀的特徵在於地球有所改變，社會有動亂，但也容許有重大的突破與發展，對於人類的精神本質有逐漸進步的反省，能得到學習的機會。

再進一步申述爲：許多人來此投胎，是要共赴難關，共同超越原有的個體，讓其他人也能覺察到：在更高的層面上人類是緊扣在一起的。

這些受測人當中最熱心且最謹愼小心做準備來投胎的那些人說：他們有感覺是來協助人類歷史上一項新的發展。

如此看來這種自我意識的覺醒與蘇格拉底的目的論有些許的關聯，人生有目的指向，任何作爲都朝向一個終極的理想去做，也許平素不知不覺，但從整體大方向來看，都是邁向這一目的行動助緣。以下有數則與個人的人生目標有關。

三、個人的目標方向：

靈魂來投胎並不是渾渾噩噩的，有些是前世心願未了，今生再度來了緣的；有些是來學習，改革自己的缺點。有百

---

129 此文參考《前世》P. 80。

分之 25 的受測人說：前來此生的目的在於增加經驗，百分之 18 的人來此再續前緣，與前世就已認識的人相會合。也有百分之 18 的受測人說今生來此是要學習去愛別人，並非指特定的人，而是普遍地對待。像「與人和睦相處」，或者「解除別人的煩惱痛苦」，還有的說是勸別人從事「整體性」（Universality），從「自我」進化到「大我」（From Me-feeling to We-feeling），接受責任，不要限制別人。

受測人中有百分之 27 認為：人生目的是在精神上有所成長，並且要教導別人。他們說：

「我這一生的目的是學習謙虛。」「每個人的內在都是一樣的，沒有好壞差別。」（註 130）

「我的目的在引導其他靈魂通過這個轉換的時代，從物質文明到宇宙文明。」

「我需要從心理分析上跟人交通，協助這個時代改變到一個更高意識的時代。」

「我的目的是克服恐懼。」

「我這輩子的目的想把西方藥學和東方治療學的概念拉到一起。」

「我的目的是為了力量與勇氣。」

整個來看，受測人幾乎全體一致排斥增加財富、名利、地位或權力，他們的目的是去愛，去學習如何配合別人，不是索取，也不是佔有。有百分之 28 的人感到自己的目標是教導人類，體會出人類是「一體不可分的」，能朝向更高層的意識發展。

這些內容說明生命本體識中的確有「持種識」存在，前

---

130 參考《前世》P. 102。

一世的心願種子未完成，留到今生再繼續去做；也可以從這個角度來瞭解：人有「一致性」，前後之間互相一致，若非用催眠法，那些不接受前世之說的人幾乎沒有可能一睹這些精彩的內容。

四、靈魂實體有無男女性別區分？

海倫博士知道至少有二千位受測人被問過前世的性別與今生是否相同？受測人多半是相反的性別。

有百分之 24 的受測人說自己沒有選擇性別，他們認為在未來的一生中什麼性別並不重要。像編號 B-28 和 B-80 兩位說得差不多：

> 「我不認為性別是什麼大不了的事。」
> 「性別對我的目的並不重要。」

在受測人當中的百分之 28 是男性，他們認為：由於我們這個社會的主宰者是男性，為了符合他們投生的目的，也為了容易實現自己的心願，所以才選擇當男人。像編號 A-19 和 A-21 說出類似的話：

> 「我選擇當男性，是因為男性參加科學上的工作比較容易。我希望這一生能參與二十世紀的科學革命。」

> 「我選擇當男人，是因為我要進入一個男性主宰的社會，以便做好一個男人的工作。」

> 另外有個人他把性別當作是「角色分配」，編號 A-27 說：「我來到今生是為了幫助我太太解決麻煩，既然她已經選擇了女性，所以我只好選擇男性。」

看的出來這對配偶女的年長於男的，俗語說的「姻緣天註定」似乎也能從這兒得到一個證據。男女之間有無緣份多

少要靠前世的緣份維繫。

選擇性別並不重要，重要的是扮演好已經選擇了的角色，選擇男性的，是爲了便利領導，扮演好統治的角色；如果扮演女性角色時，是爲了易於學習，使人們快樂，顯示自己的愛心，比較容易幫助別人，因爲：「人們接受女人的幫助比接受男人的幫助更容易一些。」（註131）

受測試問卷的 750 人竟然弄不清所謂「真實而內在的自我」有沒有性別，因爲或男、或女是生理上的變化，在性格心理上是要自覺地去適應身份，我們觀察的到：許多「娘娘腔的男人」，喜歡男扮女裝，動手術當人妖，注射雌性激素；也有少數女子像「男人婆」，反串演小生，久而久之，還有同性戀發生，所以陰與陽、雌與雄，二者其實同在一體上，從這個角度來看，可以理解這些人可能是性別錯亂，無法與今生現實的身份搭配諧調，若說同性戀或性倒錯是一椿可悲的事，倒不如說：人生如夢，人生如戲更爲傳神。

五、嬰兒何時有靈魂？墮胎是否爲殺生？

海倫博士把 750 位受測人的答案統計後發現，百分之89的受測人是在母體受孕懷胎六個月之後才進入母體，變成胎兒的一部份。

有百分之 33 的受測人說：他們是在生產程序快開始時，或者正在進行生產時，靈魂才附入胎兒體內。換言之這三分之一的人根本沒有被「懷胎九月」，根本沒有體驗胎內的生活。

這些受測人在接受催眠時喃喃抱怨：母胎體內太閉塞、太狹窄，動彈不得，很不方便，不能自由地過日子。所以有些人進進出出，始終在母體身畔徘徊，他們能知道母親的情

131　此語出自《前世》P. 91。

緒反應。

編號 A-498 的受測人說：他附體是在九個月的末了。

A-426 受測人說：他一直等到生產要開始了才到達。

A-420 受測人能在母體外看到胎兒越長越大，他一直待在外面，一直等到生產才附入胎體。

A-313 受測人說在胎體剛開始時曾經進入到母體內，但待了一會兒後嫌裡面太擠，又跟它分手，跑到外面等待出生時刻。

A-284 受測人與 A-153 一樣，都是在生產開始時才附入胎兒，不過靈魂與靈魂之間也有意見，他們要挑選金髮或是棕髮，會爲了髮色而爭吵不休。

有百分之 20 的受測人報告他們在胎體之外，這當中有些是反對來投胎的。

有些靈魂會觀察母體結構，像編號 A-520、510、472 等，對母親做橫剖面的觀察，有時從內部，有時從外部，靈魂除了觀察母體以外，也觀察胎兒身體的內部構造。有些靈魂在生產過程中附體，也有的在完成生產之後才附體，像編號 A-410 到了嬰兒滿足一週歲之後才完全附體，在那之前經常置身在嬰兒體外。A-383 在嬰兒生下地之後第六天才進入體內，同時他在另一空間中觀察到母親在生下嬰兒後第八天將死去。

總合來說，百分之 89 的受測人至少在體外有六個月，有的九個月都在體外。即使較早進入母體的也經常進進出出，萬一覺得有其他任務待做，即行離去，這似乎可以解釋爲何有些胎死腹中或早夭的現象。

這種資料能否說明墮胎與流產的責任歸屬問題？

顯然靈魂有權做選擇，因爲反對投生又不得不來的大約

只有百分之14，其他的百分之86是心甘情願來投生的。如果機緣不對頭，母親決定要人工流產，那也沒什麼了不起，靈魂大可去找另一個母體。在靈魂看來胎兒的生命只像是動物、植物的生命，沒有什麼「人權」，「尊嚴」可講。可是法律上卻很在乎胎兒的權利，若有財產繼承，未出世的嬰兒是享有合法的權利的。

若以因緣來解釋，母與子的靈魂是有業緣牽繫住的，靈魂也可以影響母親下決心是否要墮胎。醫學上常見的「猝死併發症」有可能是這些靈魂突然變卦，不肯來此度一生吧！

至於在宗教上，無論天主教、基督教、佛教、印度教都是反對墮胎的，佛教的《楞嚴經》不但主張母體從一開始受孕就有中陰身附體，還認為蛋類亦有生命，所以在佛教徒中為了能否吃雞蛋造成不少困擾。

現在催眠資料的披露無異於為過去宗教、法律、醫學上所共同關注的墮胎問題提供一個新的思考方向，生命的意義需要再多做思考。

六、催眠術的積極價值

柏拉圖的「回憶論」一直是個只有少數天生具有稟賦的人才能體驗的話題，而今透過催眠術，有心於提昇意識的人也都能一窺前世的記憶。

前世所發生的事情並不隨著時光流逝而消失，它們仍然保存在人類心識的資料庫中，像這些受到催眠的受測人有百分之 87 都說：今生他們的親友總有些是在前世就已經認識了，尤其是對某些人的印象既深且又細，他們說得出在前世是如何相識的過程。人際關係或者倫理角色是會起變化的，前一世與後一世之間沒有倫理上的連貫性，可能母女的角色會互換，但無論如何換，似乎有一股磁性般的引力，總是在同樣一堆人當中互換。

　　他們驚訝的是：帶著同樣的靈魂回來，不但又再見到自己所愛的人，也跟自己所恨的、所懼怕的靈魂一起回來，看來靈魂中有七情六慾是天生的！如此也可以印證畢達哥拉斯所認爲的「靈魂三分說」：理性、感情、意志，後來柏拉圖繼承此說，修正爲他自己的三分說：理智、感情、慾望。

　　柏拉圖提出的回憶論主要重點在於知識的發生與來源，他認爲：我們今生所學習到的知識只不過在重複前世早已知道的事。他的老師蘇格拉底說得更澈底：他不能教給別人什麼，所謂「德行」是每一個前世早已經有的，如今他與朋友談話、聊天，只不過在喚醒他們對以前的回憶，若有人說他們學到了什麼的話，其實是他自己早已埋存在前世的回憶之中。

　　所以我們可以比較得知，海倫博士爲她的受測人所做的問卷調查前世，只著重於個人生平泛泛的故事情節，並不像希臘哲人般地有學術上的詮釋，只有一位年青人算是例外，他「覺察到他的靈魂在出生之後還繼續保存有好幾輩子得來的那些知識。」（註132）這種回答並不在測驗問卷所擬定的範圍內，或許其他人也有這種覺察，但未再做進一步的哲理分析。

　　假若這名年青人所說有據的話，可以用來印證柏拉圖的回憶論，而回憶論只說明有這樣的經驗，卻未能進一步說明何以如此？此外，知識經驗的追求除了先天的靈感之外，不得不承認還有大量後天的實際經驗與教育學習，也就是說：回憶只是先天種子或本有種子，這是不夠的，社會不斷地在進步，先天種子怎麼夠用？必須再多多吸收新薰的知識才行。先天觀念只是很含糊、隱微的偶而浮現一下，現實生活中主要還是要靠實際的學習經驗才行。

---

132 此文出自《前世》P. 49。

　　受測人同意回溯前世有助於自我認知，換句話說，這也是「瞭解你自己」的一種方法，從潛意識著手，看看過去的自己有什麼樣的作為，有些人能打開心結，有些人能自我發展，能夠更了解人生，改變狹窄又閉塞的自我觀念。

第三章　神秘神學家的通靈體驗

第一節　秘教起源

西方秘教的起源相傳是希臘神話故事裡的波賽鳳（Persephone）和冥府閻王之間的婚姻有關，她的母親——大地之母每年有九個月可以和女兒相處，另外三個月波賽鳳必須留在灰色迷霧充斥的地底王國。

大地之母在雅典附近的一個城市 Eleusis 見到歸來的女兒，心中高興之下，在此停留一段時日，指導當地曾經協助她尋找女兒的人類朋友們，施行一些崇拜禮敬的儀式，可以得到植物五穀的豐收，因此這個伊留西斯城產生最早的秘教。在古希臘時期有二千位以上來自各地的人希望到此地加入秘教，其中不乏作家、哲學家、和羅馬的君主。像畢達哥拉斯、柏拉圖都曾經說過：塵世生命是靈魂死亡的形式，或者乾脆說：肉體是靈魂的墳墓。Proclus 認為：諸神會以不同的化身出現，像是光體，這道光有時與人類的形體相符，有時不是（註 133）。

希臘秘教所教導人的是：靈魂原本在充滿陽光的地方玩耍享樂，不小心墮入地獄中，波賽鳳象徵人類的靈魂，幽冥地府即是肉體人世；經由祈禱儀式靈魂得以迎向光明，但是反覆不已的再生到肉體監獄中。人類的靈魂在塵世肉體中過著悲慘的痛苦日子，必須經過淨化的儀式才能進昇到諸神的幸福境界。

以下介紹幾個知名的神秘研究團體，挑選的角度是從心靈哲學的立場來看。

133　參考《超越死亡》P. 54。

第二節　靈媒溝通陰陽兩界

一、英國心靈研究社（The British Society for Psychical Research. S.P.R）在西元 1882 年成立，以科學的態度研究心靈力量。他們感興趣的是死後的生命，成員是心理學家 William James，哲學家 Henry Bergson，科學家 Sir William Barrett，Sir Oliver Lodge, Lord Raleigh，發現電子的 J.J. Thompson，研究進化論的生物學家 Alfred Russell Wallance，更有聲譽卓著的科學家 Lord Balfour，Sir William Crookes，他們聚集在一起，透過靈媒，研究獨立個體的意識。透過客觀的觀察，在控制之下的實驗，及物理科學各方面冷靜客觀的分析，他們提出「儉省原則」（The Law of Parsimony）：解釋靈媒現象的時候不必增加無謂的假設，或多餘不必要的說明。他們對此律則都奉行不渝（註 134）。

比較有趣的是：這些 S.P.R 的成員一旦加入這個研究團體後，不但生前做研究，死後也提供訊息讓活著的成員研究，他們試圖由靈媒身上取得已死的 S.P.R 成員所輸出的心靈語句，活著的人稱這些已過世的叫「溝通人員」，所收到的訊息叫做「交叉通訊」（Cross correspondences），隨著歲月的流逝，SPR 的研究員相繼過世，學會的溝通員數量不斷在增加，這個「交叉通訊」的計劃進行了大約 30 年。他們的目的要溝通陰陽兩界，把陰間的消息傳遞回陽間。Henry Sidgewick 的遺孀認為：「證據已經充份的顯示：這些工作夥伴們在死後依然和大家一起共同工作。」這表示死後的確有靈魂，且能與活人溝通（註 135）。

S.P.R 協會試圖從大量的資料中得到死後仍有生命的事實證據，他們指出：人類心靈在肉體死後依然存在，並且會思考與計劃、活動。不過他們也有一些困難：研究人員太過注

134　參考霍華德・墨非特作的《超越死亡》P. 74。
135　參考《超越死亡》P. 81。

重重複的數據形式，靈媒各自分居在世界各地，彼此之間素昧平生，做一些無意識的心電感應溝通活動，生命的真象難道像數學一樣？有著一定的必然性？

　　這種證明死後生命的方法只憑靈媒經驗，依靠情況做判斷的不確定性是在所難免的，所以在方法論上有相當大的缺陷有待彌補。

第三節　星光體

　　英國地質學家 Dr.Robert Crookall 試圖尋找心靈的內在一致性。他透過研究結果提出一些觀點：一個在正常情況下壽終正寢的人，潛意識中知道自己行將就木，會對另一個空間發出心電感應，但這全然在潛意識中進行，他自己並不自覺。這種準備工作會由彼岸召喚來一位接應的精神人物，也許與宗教信仰有關，也許是與自己緣份最深、感情最好的親友。

　　意外死亡的人根本在心理上未做準備，所以靈界的援助大多較緩慢，在延誤的這段期間靈魂會有些困惑，不明白自己已經死去。

　　Robert Crookall 指出：死亡時，會升起一幅有形象的東西，它有二種成份：星靈體和乙太介質（etheric vehicle），我們稱此為靈魂。靈魂脫離肉體時連接二者之間的銀線（silver cord）也同時斷裂。平常靈魂出竅時都由這條銀線在牽連，可長可短，無論靈魂離開身軀跑到哪裡去，銀線始終維繫著它與肉體之間的「一對一」皈屬，但是當這條銀線斷裂時表示死亡是已經無可挽回的事了。

　　人在將死之際會發生「陰陽眼」的現象，同時看到陰陽二界，以哲學的術語來說就是感官世界和超感官世界。

　　第一次死亡是靈魂與肉體分離。

　　第二次死亡是星光體和乙太介質分離，此時高等自我會

對此生做一回顧與自我評估。他站在超然的立場不但知道當時自己的感受，也知道別人的感受（註136）。

克魯克博士所提到的「星光體」並不是他所獨創的，早在西藏密教中就已經知道人體會有光輻射，人體經常在晚上靈魂出竅去夜遊，產生星光體，跑出體外，所以在回到肉體時有一種抽搐的墜下懸崖之覺受，這種下墜的抽搐感很多人都發生過，往往在將入睡之前；通常人都以為是日常生活小事，很少有人會做進一步關心。這個問題在羅桑倫巴喇嘛的著作中有詳細的披露，他以醫學的角度做有深度的解釋。

至於克魯克博士所說「星光體與乙太介質」混合成靈魂，不知是否與道教的「三魂七魄」之說有關？魂氣清，上升於天；魄氣濁重，下降回皈於地。對於靈魂的元素提出不同於一般人的看法，此種觀點值得參考。

第四節　神智學

英國倫敦的通神學會為了追尋死亡的意義，往往又加入智論學派，繼續在印度接受教導。

通神學會（Theosophical Society）的主旨在於研究古代通神學或者神哲學（Theosophy），學員們本身要培養特殊的技巧，運用意志力提昇意識到達心靈的狀態，回憶過去宿世以來的經驗，換言之就是訓練禪定功夫以得知宿命。

這一派的方法就是運用超意識來經驗另一個時空，不必等到死後，也不經歷瀕死的危難，而是活生生的人以特殊禪定去經歷上層天界，向世人描述出來。

神智學派首先提出宇宙的結構：有二層，上層是心靈層（Mental Plane），下層是星靈層（Astral Plane），各自內分

---

136 參考《超越死亡》P. 121~123。

作七層，一共 14 層。

死亡使得意識產生重大的改變，這種改變似乎造成一個真實的世界，似幻又似真，這就是星靈層。越低層越暗，越高層越高，也有光輝閃爍著。上面七層是天界的心靈層，每高一層就更加淨化，最高的三層即是天國，但依然有因果律存在。

靈魂在通往天堂之前都要先經過七層的星靈層以淨化靈魂，需要經過多久的時間要視各人的精神發展情況而定，出色的心靈時間極短、極快。有些靈魂居住在星靈層內，做一些自己愛做的事。

人類都是善與惡的混合體，當靈魂處於星靈七層的時候，大部份的惡性會藉淨化而脫落，剩下來的集中儲存在永恒原子中，此即是來生業力種子。幸福的定義隨著精神狀態而改變，越上層越神聖。

如果生前一向熱切於精神生活，他將會在天界保持清醒的狀態，而非如夢如幻、半意識清醒的幸福狀態。這樣的靈魂在輪迴的歷程中能完好的記憶每一世所發生的事，說意識依然清醒得記得過去，他們明白自己的任務與計劃。

神智學對於靈魂的輪迴轉世或者再生的構作方式有做詳盡的描述。由上界的因果層展開颁來的旅程，轉世的靈魂穿上因果之身，每經過一層又一層的區域，它把這些層次的資料都吸納到身上，並非有意如此，而是情況使然，不得不附著吸收，這些逐漸累積成心靈體的質料，以雲霧的形式內在於因果之體內。

實體在進入地球領域之前必須經過一道關卡，有人說它是遺忘之河，或奈何橋，在此處意識波從高變為低，由強變成弱，過了這道關卡，前世的種種統統忘掉。

比較令人困惑的是：神智學說靈魂主體會把它前世的溝

通媒介帶回來，此一新生命仍然會具有前世生命的特質；因此有些孩子能清楚地憶起他們前世的內容。從因果層下降到人間，意識的波動頻率沒有太大的改變。

有些人在死後到投生前的中陰身階段，曾經在較高層的天界待過長時間，所以能擁有前世的記憶。

由於通神學所傳授的是印度古老的思想，不難發現其中有些想法介乎佛教和婆羅門教之間，這一派很重視回憶起自己的宿命，難怪此派的學員史蒂芬生（Dr. Jan Stevenson）博士有興趣調查二千位具有前世記憶的兒童，似乎兒童比成年人更有能力回憶？或者史蒂芬生是挑選印度地區兒童？

關於靈界的空間各種宗教說法不同，佛教認為三界共有 28 層天，日本研究心靈學的專家只說有許多村莊，是平面的發展，沒有垂直式的分層。

神智學的論點可以支持柏拉圖的回憶論，也比柏拉圖說得更為詳細，但是對於靈魂主體會把前世微妙的「溝通媒介」帶囘到塵世，這個問題說得不夠詳細。前面克魯克博士主張靈魂由「星光體」和「乙太媒介」二種成份構成，這兒神智學所說的「靈魂之體」和「溝通媒介」二種成份轉成，也是二種元素，印度數論派也講「神我」和「自性」二元論，中國易經談陰陽二儀，看來這些說法有共通之處，但唯識學傾向於一元論，這些問題有必要再做研究。

第五節　玫瑰十字會

玫瑰十字會（Rosicrucians）的總部設立在美國加州，他們研究死後的生命，對於靈魂有獨到的見解：

我們人類在本質上是超靈（Oversoul，至上靈）的一部份，所以人類也有神聖的本質。在死亡的過程中靈魂花十分鐘到半小時左右才能自肉體中脫離出去。由於受到在世時的

喜好影響，靈魂仍然停留在自己生前的居住地附近，所以有陰陽眼的人可以感覺得到靈魂的存在。

離開塵世的靈魂分散在十二個靈魂之家，也就是說：宇宙中有十二個區域容納這些中陰身。當靈魂居住在此十二區域時，他們所具有的人格特質是距離最近的這一世，彼此之間也以姓名爲區分。這段期間內有事要做：必得接受神聖知識的指導，淨化生前所留下的悔恨，使得精神進化與純潔。

光是心中悔恨還不夠，塵世的債必須在塵世償還，肉體所犯下的過失與錯誤也必須由肉體的痛苦來彌補，換言之：「血債血還」，因果律是絲毫不打折扣的。

在煉獄和地獄已經受過苦的人還是要再回到人世爲自己的罪行受苦，所以靈魂必須再生。這是雙重的苦難。

看起來似乎雙重的受苦不大合理，但是不可否認的，受苦能夠激發人類進步；不論人類在星靈界有多少進展，都必須再回到人世間爲品德與精神求得進步。

玫瑰十字會強調：中陰身處於死亡以後與投生之前的中間過渡階段，它有積極目的在：藉著神的意志和宇宙的智慧進一步的淨化自己，接受神的啓發。

玫瑰十字會與英國通神協會（Theosophical Society）不一樣：對於宇宙中的靈界看法有出入，通神協會採垂直式 14 層發展，玫瑰十字會採水平式橫向 12 區域拓寬。此會的勃拉瓦茨基認爲在地球之外有以太、星靈和心靈三種不同形態的質料，如果再往上昇，則沒有以太，只有二種質料；再往上就只有純粹的「心靈質料」（註 137），這有些令人困惑，心靈既然是最高最超越的精神狀態，再以「質料」來稱呼它，是否妥當？

137　文出自《超越死亡》P. 152。

　　玫瑰十字會爲了探察宇宙與心靈的奧秘,運用超意識的方法到各個區域去走一趟,並且在意識清醒時帶回詳細的記憶內容,他們的觀察力顯然與各自的文化背景有關,所以才有垂直 14 層天或水平面 12 區域。無論何者較爲可靠,都是相當的高難度,只有「較高級的生命」所擁有的「高級能力」才得以體會(註 138),不是一般泛泛之輩所能企及,這一點與醫學的瀕死經驗大相歧異。

第六節　史威登堡的靈視

　　瑞典科學家依曼紐・史威登堡(Emmanuel Sweden borg, AD. 1688～1772)研究數學及天文學,他發展出瑞典版最早的代數和微積分,他發明滑翔機、海底船、及聾子用的助聽器。

　　他在 55 歲時開始見到精神領域的事物,進入精神界,和天使與精靈們談話;他感到肩負重任,針對《聖經》經文中有關靈界與精神界的意義,重新做詮釋工作。他感覺到上帝的召喚,要他把事實的眞象提供給人們,他所知道的與當時教會中的教義非常地不一樣。

　　依曼紐提出哲學觀點:無論精神或物質界的本質都是出自感覺幻象,唯一的實體是上帝,他不承認創造論,他說:一切萬物存有是由上帝所導出的,萬物都是由上帝的自我所衍生。至於「上帝的本質」是什麼?則非人類也非天使所能理解。

　　在十八世紀時依曼紐已經擁有二百年後的原子論思想,他認爲在原子之內仍有遵循規律的更小粒子,此規律是由生命力建構而成。粒子有封閉的旋轉本性;所以有內在運動性,最小極微的粒子不具有體積或擴延性,由於它以高速圍繞著

---

138 此語乃印度的庫德・胡米大師之語,文出自《超越死亡》P. 154。

某一中心點旋轉，所以能造成一種質料性的固體外觀。

　　依曼紐能和死去的靈魂交談，這樣做是有目的性的：爲了證明交談的眞實性能爲人確信。他的著作至少有《眞正的基督宗教》（True Christian Religion）、《神聖的恩寵》（Divine Providence），在日本被以漫畫的面目呈現，廣受歡迎，台灣的九鼎文化出版社再把日文譯成中文。

　　依曼紐所看到的宇宙是上中下三個區域：天堂、精靈世界、地獄。他說：人死掉後三天會以精神的樣態復甦，感覺上似乎身體具有物質性，但那不是物質，而是實體形式。他們置身於不同團體組合成的「精神世界」，介乎天堂、地獄之間，由於具有生前的相貌，所以很快被已故的親友辨認出來，快樂地彼此相聚。

　　繼而發生與守護靈和光之天使見面，回顧一生的作爲，沒有閻羅王來審判，而是自我分析、自我判斷，最後對於自己過去的生命做一個裁決。依曼紐說：每個人的復活是在死亡時發生的。每個人在死後都有機會修正原來的生命形式，在天主的教誨下，有著天使的幫助，能朝向眞理和天堂，比較傑出者願意接受學習，像這樣的人是「內外如一」的透明澄澈，內心裡光明磊落，容顏也很光彩明亮，外表會反應出內在的本性。反言之，那些嫌惡眞理的人仍然沉淪在生前愛慾中，他們朝地獄的陡坡下滑，容貌也粗俗醜陋。

　　地獄不是天主造的，是來自於邪惡本身，邪惡的人會落入自身的懲罰中，所以邪惡與地獄是如影隨形的，人把自己投進去，不是上帝把人投入地獄。地獄是一個人類自由意志想去的地方，同樣的，當這個人已經厭倦了邪惡，學到了教訓，準備好要過精神生活時，他就可以離開地獄了。地獄不僅只是懲罰罪惡的所在，它也是修正更新生命的地方。

　　所有的靈魂都是上帝的一部份，都是唯一的永恆實體，所以不會有永恆的磨難或譴責的存在。這樣的神學觀念和傳

統基督宗教不一樣，恐怕會落入「泛神論」之嫌，既然人神同性，又如何解釋人類後來的邪惡呢？

　　另外一個不同點是：天國不是成天無所事事的地方。在天國沒有一個人閒著，每個人都做些對別人有益的事，工作內容與種類非常繁多，每個人都不同。所以我們可以知道，依曼紐・史威登堡雖然篤信天主，但他所詮釋的《聖經》有相當不同於教會的說法，他活到 84 歲高齡，壽終正寢，沒有遭遇到當時的宗教迫害，算他幸運！

結論：生死學的貢獻

生死學（Thanatology）這個名詞出自於希臘，死神（Thanatos）和睡神（Hypnos）是一對孿生兄弟，對人類而言，「睡得死熟」正是點出死亡與睡眠有關的特點，如今從死神、死亡（Thanatos）引申出生死學（Thanatology），從睡眠、睡神（Hypnos）引申出催眠術（Hypnosis）。經由人類的研究發現：催眠術可以倒溯回前世，重新探視過去的記憶，死亡或瀕死經驗可以涉足到另一個時空，看看精神體存活的相狀。

無論瀕死經驗、催眠術或者神智學，研究的目標都放在另一個時空，對象都是人類自己，換言之，就是研究人類超越時空的可能性。

研究生死學除了知識上的好奇之外，尚有幾點正面、積極的取向，我們不能忽視事實經驗所呈現的資料：

1.可以降低死亡的畏懼感

人類天性中包含有對未來的不確定感、抉擇不定的猶豫感，或者死亡毀滅的不安全感；這是從「自我」的擁抱產生的，越是自我愛執強烈的人，越是擔心憂慮的緊切。我們在日常生活中時時刻刻受到擔心憂慮的騷擾，但是又假裝忽視它，把它排除在可能範圍之外。如果我們能在事先多做一些瞭解，以理性之光除去焦燥，以事實經驗做為證明，可以看透死亡只是一個過程，不是生命的終點，如此不但活的時候安心快樂，迎接死亡時也心平氣和，且有一份期盼。

2.提高生命的熱誠

有瀕死經驗的人或接受催眠回溯前世的人，呈現出生命的活力與熱愛人生的努力態度。

有位七十歲的老婦人成天忙著種植花草，白天外出當義工，還找個兼差當娛樂，根本沒時間去談她的瀕死經驗，也就是說：她已經安定下心神，不再憂慮未來，死時與生時沒

什麼差別。

許多有經驗的受測者表示他們很忙，努力工作，不會有憤怒低潮的負面情緒出現，很樂意從別人那兒學習更高的知識。他們盡情地享受「忙碌」，似乎有工作狂，他們對於生命更加珍惜，表現得更有活力。

有瀕死經驗的人在事後追蹤報告中表示：他們常運動，吃較多的新鮮蔬菜水果，比較少服用頭痛藥或止痛藥之類的成藥。他們上班不會遲到，沒有工作倦怠症，比其他人失業率較低。

他們有身心失調的問題，情緒上少有沮喪、焦慮等潛伏症狀，他們現在不怕獨處，會多花一些時間靜坐、冥想。

他們願意多付出一些給別人，像捐錢，為社區貢獻時間與勞力，反正他們變得比較不自私，有同胞愛。樂意當看護，不厭棄照顧殘障人士，表現出人類一體的無私大愛。

3.可以轉變認知與道德感

經歷過生死關口的人會了解：自己是世界中的一部份，他的生命是有意義、有目的的。在回顧生命時他會做道德選擇，願意對做錯的事表示懺悔。他感受得到他在被關愛中，同樣他也願意去愛別人。

有一位經歷觸電送醫急救的男子，在這次事件之後之只希望能關懷人群，他的死亡經驗讓他警覺到有更多的事等著他去做。他並不清楚何以要關懷別人，但就是要朝這個方向走，他從事葬儀社，這個行業令人忌諱，但他認為：幫助家屬度過哀傷是有價值的，因為他曾經差點死去，所以能體會生離死別的苦楚。

有過瀕死經驗的人會更關心生命的價值，也更了解生命的意義，具有靈性的人瞭解到：所有一切的生命是相互關聯的，所有的生命是有目的的，在道德層次上很自然地提昇，生命不再是累贅，而是喜悅的創造。

第五部

綜合比較評論

第五部　綜合比較評論

　　本篇研究計劃中包括了希臘早期奧爾菲宗教、畢達哥拉斯學派、蘇格拉底和柏拉圖，中國魏晉南北朝時期皇族宮廷裡對於神滅不滅論的熱烈回響，乃至於印度根本佛教、部派佛教、大乘瑜伽行派對於主體識的精心構思，和最新的生死學研究⋯⋯。從這些內容可以知道：「靈魂論」是一個古今中外受到人類重視的問題，可能是正面的肯定，可能是負面的否定，無論是否承認，都呈顯出生命與靈魂是令人困惑的一個謎題。我們要問：大多數的論證方法不是直觀法，就是類比法，也有間接推理法，除了這三種方法以外，有沒有更為明確的方法以資佐證呢？

　　從邏輯層面來考慮，有一項規則就擺在眼前：全稱肯定命題不是存在命題。特稱命題或單稱命題才有存在意義。若接受生死學的報告調查資料，像 Melvin Morse 博士所主導的「西雅圖研究」，在美國西雅圖兒童醫院中研究院內與院外的 202 位有心臟病的兒童，後來再做「轉變研究」，有四百多位參與者（註 139），樣本資料加起來有六百多位；以催眠術倒溯回前世的海倫博士，她的樣本資料有 750 位；著名的依安．史蒂文生博士，他的樣本資料是二千位有前世記憶的兒童；這些經驗無論再怎麼累積終究不是全人類經驗，部份人的經驗不等同於古今中外全部人類經驗，所以就算是變換一個角度，從後天醫學經驗來看，也不能證明「凡是人皆有靈魂」這道命題。這道命題有哲學意義，但不是邏輯學上的存在意義。

　　如果再改變一個命題，不說「凡人皆有靈魂」，而說：「人是不朽的，因為人有靈魂」，顯然這樣的命題犯了循環論證的謬誤。好，再換一種說法，以三段論式如此表示：

---

139 參考《死亡之光》，林佳蓉譯，P. 43 和 P. 91。

　　大前題：生命是永恆不朽的。
　　小前題：因為人有前世的記憶。
　　結　論：所以人有來生。

　　這樣也犯了謬誤，我們可以每天看到日出，過去的每一天每一月每一年皆如此，但是無法證明「明天一定有日出」；同樣，我們可以看到過去生、過去世很多次生死輪迴，就是無法保證「一定有來生」，這是一種類比法的不當應用。

　　有人企圖從物理學的角度來保證未來事件將有序列的發生，賦予名稱為「相續一貫性」，這樣的解釋欠缺十足的說服力；即使外在世界繼續輪轉在一貫性的軌道上行走，也不能保證「人」一定能活到明天，看到旭日依然東昇。所以我們對於「時間」是難以掌握的，可以倒溯過去，卻很難操控未來。看到過去很容易，看到未來卻很難。

　　若是再換一道命題，看看是否可行？
　　大前題：凡有生命者皆有靈魂。
　　小前題：人有生命。
　　結　論：所以人有靈魂。

　　這道論式有二項缺失：第一，這樣的命題是先天命題，無法用經驗作證明，不知其真假。第二，若說它是分析的命題，則要先研究是否能從「生命」演繹出「靈魂」？靈魂是不是生命的性質之一？生命的範疇大於靈魂嗎？

　　我們也知道：肯定命題是賓詞包含主詞的，換言之是「靈魂包含生命」，如此一來分析命題與肯定命題之間有著倒錯的先後因果關係，是先有生命而後有靈魂呢？還是先有靈魂而後有生命？或者二者重合？二者平行？這很難論證。

　　如果我們能考慮到科學方法不斷在改進中，新發現可以推翻過去既有的，如此我們可以採用一種比較開放的態度，試圖以更明智的思考來做分析觀察；以下將要對前面各種靈魂論的觀點再作一次科學性的考量。

第一章　論證方法的可接受性

　　要證明任何命題，通常要借用二種工具：一是經驗，二是理智。通常越具體的事物多是特殊性的，越普遍的事物越是抽象化的。科學上的命題若越有普遍性，就很難用肉眼觀察法來證明；普遍性的命題很難直接證明真假。差不多重要的命題無一是能直接證實的，重要的命題大多指向不可觀察的實體，因此證明靈魂的存在不適用直接方法，如此不必固執於「眼見為實」的經驗。

　　當然我們也要考慮到：若完全排除了經驗層面，只剩下理智推理為方法，那豈不成了自說自話紙上談兵了嗎？這也不盡然，日常生活中有許多經驗都指向生命的實體，像夜晚做夢的經驗，像記憶寶庫的潛藏性經驗，休克昏倒的經驗，或者先天稟賦性向差別的事實，這些都屬於經驗範圍，不容許絲毫懷疑的真實存在，要解釋生命的實體奧秘就要用到這些生命現象，所以論證的合理性就要看它是否符合事實，縱然是間接推理也不能脫離生活經驗的範疇，理智推理與事實經驗之間仍然要有著關聯性。

　　嚴格地說，無論是柏拉圖的理論或者唯識學的結構，對於生命實體的研究都不能算是「證明」，只算是假設。生死學的醫學案例也只是佐證資料，不能算是「證明」。一項假設或理論要想為人所接受，在客觀上必須具備某些條件，像1.關聯性、2.驗證性、3.相容性、4.說服力、5.簡要性（註140），以下試以這五項條件做為檢證假說的底限，看看是否

140　此五項條件乃 Irving M. Copi 在其《邏輯導論》中 P.223~227 所提出。邏輯學者對於檢證標準各有不同的設定，像葛代爾認為是不矛盾性、一致性與完備性，經筆者多方考慮，撰擇 Copi 的五項條件以為標準。

滿足這些條件。

第一節　相關性（Relevance）

　　任何假設的提出是爲了解釋其它的事物，所以此項假設必需與被解釋的事物之間有所關聯，如果不相干就是答非所問，或者言不及義。一個好的假設一定與所詮釋的事務之間有關聯性在。

一、柏拉圖的論證有五項：

　　1.對立相生説：生命從死亡而來，死亡從生命發生，有生必有死，有死必有生。從生命的現象推理到不可見的靈魂，這是如何推出來的呢？前者可見，後者不可見。有生必有死與經驗有關，但「有死必有生」如何證明呢？魚兒產卵未必完全孵化，死去的人多久之後再重生是誰都摸不準的事兒，所以生命現象的對立相生與內在本質的靈魂存在未必相關。

　　2.回憶論：人類靈魂在與肉體結合之前已經獨立存在於另一個世界，早已認識了這些知識，出生之時依然擁有這些知識，只是後來遺忘了。

　　回憶論與催眠術的功效相近似，能看到自己過去世所做所爲之事，此與靈魂的確相關，只是不普遍，並非每個人都能有此種能力。

　　不過我們得謹慎一些，回憶是局限在「過去」已經發生過的事實，用來類推看不見的「未來」仍然有不確定感，此點宜再另闢專文做深度研究。

　　3.形式純粹論證：宇宙生命 nous 主宰一切有靈魂的東西，它是無限自主的，不與任何東西混合，是單一、獨立、自爲的。在萬物中是最純粹、純潔的存有。是不可分的，所以靈魂不朽。

這項假說受到巴買尼德斯的影響，從宇宙神智 nous 引申到人類靈魂，我們無法知道宇宙理智是何相狀，但與 nous 相關的原因是「主宰」，「宇宙理智主宰一切靈魂」，這道命題又如何解釋？宇宙理智是否為單一、獨立、自為，這是無法證明的，至少我們可以知道：人類不是獨立自為的，因為人類是互助的、彼此互相依賴的，人類並不純粹、也不純潔。從看不見的神智推理出看不見的靈魂，是以盲導盲，看不出有何相關性。

4.**本體論證**：靈魂的本質定義就是生命，是活生生的存活狀態，當然是不朽的。

論證靈魂的存在是「有與無」的問題，要先肯定「有」之後才能進一步研究是否「不朽」，「存在」並不等同於「不朽」，這是二種層次。

生命的等級還可分類，有生長生命、感覺生命，和知覺生命，分別稱生魂、覺魂和靈魂，若說「靈魂的本質定義就是活生生的、不死的生命」，顯然有以偏概全之嫌。以相關性而言算是弱相關，很牽強。「不死的靈魂」和生命之間是一種關係，「不朽的靈魂」和生命本質能否劃上等號，在這之前有一層隔閡，應當先解決存在命題再說。

5.**運動原理**：靈魂掌管身體一切的變化，凡是自動且推動他物者是不朽的。

此項運動原理在中國《易經》中以陰陽二儀來看待，無極生太極，太極生二儀，二儀生四象，四象生八卦…。此無極之道正是「原動不動者」，若有靈魂的話，靈魂應當放在八卦萬物的下層，決不會在高層的太極或無極，所以柏拉圖觀察到萬物的變化，推理出變化之後有一靈魂在，但靈魂本身真的不再變化了嗎？每個人的靈魂如果都是最終原理，此最終原理就不是最高的原理，因為人類本身無論在德行、才氣、智慧、能力、稟賦上都差異極大，所以從物理運動推衍

出有一靈魂存在，是未必相關的，因爲運動變化之後可能是無所不在的「道」，但是「道」不一定是某個人的靈魂。

二、《弘明集》

中國士大夫人多半很實際，從生活經驗著手，有的舉故事、夢境佐證，有的以道德立說，也有的以傳統經論爲支持點；在方法上有直觀法、類比法、因緣法。最受到廣用的是薪火之喻，以薪火相傳譬喻輪迴再生，不過我們可以指出其中的缺陷：思維是有圖象性的，薪火相傳是一支薪點燃另一支薪，是物理上的熱與光，可以一薪傳多薪，但是靈魂再生可不可以分身化身？充其量只能譬喻爲家族性的形式繁衍，不能得到靈魂投胎的結論以物論人是不相關。

鳩摩羅什的直觀法和鄭道子的因緣觀與生命主體相關，因與緣的結合才有生命過程展開；自己本身的業力種子是因，父精母血是緣，此中的因即是生命主體識，確實相關。

三、唯識學

瑜珈行派以持種心、異熟心、命根識煖壽、識食體、清淨雜染依等十項理由，充份證明人類有生命本識的存在，其中陰身即是靈魂，它叩緊主題發展，相關性極強。

四、生死學

無論瀕死經驗、催眠術或神智學，在科學的方法與數據資料上無不一一指向生體精神的確在死亡時與死亡後仍然存在，科學的生死學是高度相關的。

第二節　可驗證性（Testability）

一項假說是否合乎科學水準，就要看它能否被證實。科

學的假設應當具有觀察的可能性，就算不能直接被觀察，至少也要間接被觀察。譬如科學家所研究的電子、電波、輻射之類，這些是實體物的基本構造，輻射無法被眼見，但總可以用儀器讓人讀出指示，電力電波雖然看不到，但還是可以用電壓器測示出來，這些實體雖然看不到，但一定與現實生活中的客體事物有關，可以從事物上間接測量出。科學性的假設一定與經驗之間有所牽聯，凡有所牽聯者必定可被驗證出（註141）。以下測試靈魂論是否合乎要求。

一、柏拉圖五項論證

1.對立相生說（The Cycle of Oppisite）有循環發生之義，生生死死，死而後生，這是立基於自然界的現象，從Heraclitus 的思想得來，赫氏認爲：乾的變成濕的，濕的又變成乾的。冷了變熱，熱了變冷，所以少年變成老年，老年變爲少年是理所當然的。睡了會醒來，醒來又睡著，所以生的會死，死的會生也是理所當然的。

這是物理現象與精神實體的差異，有些人長睡不醒，屍骨朽爛，並不再回春復生，這是事實，就算真有輪迴吧，此人死後再度投胎的時間與地點是無法確定的，憑什麼說此人「死後一定重生」？對立相生說用在自然界可以，顯示萬物的重複發生依附體現象，像頭髮長了剪短，短了又長長，指甲長了剪短，短了又再長長，這些只是外在的依附體，不是實體，內在的實體變化難以被驗證，這是類比的想法。

2.回憶論：必須有親身體驗的人才能被證實，有些小孩能記得前一世住在何處、父母是誰，經過調查後確定屬實，只是這種案例不夠普遍。

3.形式單純論證：靈魂單純而非組合，Parmanedes 認爲

141　參考《邏輯導論》Copi 著，P. 223~224。

靈魂是連續不斷的，靈魂的本質特性有：不可見、不變化、不可分散離析、無始無終，保持自身的同一。此論點有些困難與複雜，假如形式論證中指回憶論的靈魂有同一性，無始無終，這樣算是具有驗證性，因爲當事人自己很清楚明白前世到今生之間有內在的心理一致性，自己可以證明。但若扯上 nous 就不易被證實了，畢竟我們知道：小我與大我層次不同，小我之所以爲小我，正因爲其駁雜，要等到淨化之後才能回歸於大我一體，小我與大我之間是否一致？是否不可分析？這是超乎驗證的範圍的，所以造成困難。

　　4.本體不朽論證：靈魂給予身體生命，決沒有「死的靈魂」，此乃先天論證，無法被驗證。

　　5.運動論證：原動不動者是不朽的，靈魂是自動原理，明明看見肉體會死，生命逐漸失去活力，此失去的活力與不朽之間如何搭上關係？這是從物理層面來做推理，恆星推動行星，無法得到「恆星永恆不朽」的結論，充其量恆星的存活期間很長，但能保證它永遠不起變化嗎？若眞的不變化又與死的有何不同？從物理運動推測向精神靈魂，是難以被驗證的。

二、中國佛教《弘明集》

　　以夢境或他人經驗作驗證的有蕭琛、曹思文、庾黔婁、僧祐、顏之推等五人。夢境經驗雖然具有可驗證性，但不夠普遍。其中梁朝人士庾黔婁用心收集經書以佐證，百家恢怪所述良多，搜神靈鬼顯驗非一，像晉朝干寶所集的《搜神記》即有數百則故事，這在當時是具有實證性的。

　　牟子以五穀結穗類比於生命，慧遠和姚興皆以薪火比喻形神關係，類比本身未必適當，所以無驗證性。

　　中國士人比較踏實，受到儒家「子不語怪力亂神」的教條約束下，不輕易相信虛玄的東西，但若是一旦掌握有相當

可靠的證據，則一改過去堅硬的態度，反而會變得很有宗教情操。像宋朝的黃庭堅在午睡夢中走到一條小徑，看到路邊木桌上放了一碗芹菜麵，他聽到有人喊他，毫不猶疑地端起麵碗就吃個精光，夢醒後還覺腹中飽飽的，好像真的吃過一頓似的。

次日他又做了同樣的夢，走同樣的路，吃同樣的麵，醒來後覺得不可思議。他好奇地想要一探究竟，走出府衙門，繞過小徑，走到一戶人家，敲敲門，一位老婦人來開門；黃庭堅詢問此名老婦人：最近幾天有沒有什麼特別的事？老婦人正在傷感，她說：這幾天她為亡女做忌，亡女生前在 16 歲時生病而死，生前愛吃芹菜麵，許諾母親死後一定會回來。老婦人惦念著女兒，每年在忌日都煮一碗芹菜麵供著，呼喚女兒回來吃。

黃庭堅入屋內參觀，走入女孩子的房間，老婦人說：櫃子打不開，她女兒把鎖匙不知放到哪兒去了！黃庭堅順手找了找，就打開了書櫃，裡面的詩稿彷彿就是他自己所作的，所以堅信了有前世投胎之說。

《弘明集》的理論都不夠精深，都是為了證實轉世輪迴而勉強立論，有驗證性的精神，但驗證的資料並未載入《弘明集》中，要另外在史傳或其他專書中去尋找。

三、唯識學：

唯識學以五教十理提出本體識的存在證明，其中多半從生活經驗中得來，像持種心是行為習慣、天生稟賦的說明。異熟心是善惡果報的因果說明。

界趣生體是六道輪迴的根據，有些人在身體上留有前世痕跡，像左手手腕上長一撮黑黑的豬毛，或者右手手背上長一叢黑黑的豬毛，有的身上有狐臭味，有的是魚腥臭味，這些只是間接證據，稀少且不夠普遍。

　　至於滅盡定心體只有修道人在高程度上才能體認，一般人難以驗證。

　　大體上來講每個人即使不能同時擁有十項驗證的經驗，至少有三、四項能被驗證，像根身執受與夢境這是每天發生的，記憶力的貯存也是事實，所以唯識學具有被驗證性。

四、生死學

　　生死學是建立在醫學調查記錄的基礎上，像瀕死經驗者的檔案是騙不了人的。心理學的催眠術用「年齡回歸法」（Age-Regression）使人倒溯回前世，當事人必須事後回答問卷調查，這也是擺明了的證據，無法作假。不過神智學請靈媒溝通就難免於主觀意識，不易再在事後做驗證，此點除了以「人格擔保誠實」外，似乎靈媒的工作含有相當大的神秘性，且對空間說法不一，有的說上下垂直式的 14 層，有的說水平式的 12 個分區，反正無法證實，也不能說他是假，只好存疑。

第三節　相容性（Compatibility）

　　意即與原有的假設相符合，有一致性，不矛盾，能共存、相容、適宜。

　　一個希望為人接受的假說必須要與先前已經建立起的假設互相一致，沒有矛盾現象（註 142）。

　　科學的目的在於探討事實真象，希望建立一套有系統的理論。在體系之內不能不一致，如此整套命題才能證明為真。研究工作在秩序之下不斷地改進修正，新的理論必須要能和原有的其他理論相容、相合。

---

142 參考 Copi 的《邏輯導論》，P. 224~225。

　　不過若是新舊理論不相符合，也不能一概推翻，決定正確或錯誤的關鍵在於經驗，在於符合事實。於此考量之下再來檢視：

　　一、柏拉圖的五種論證並非完整的一個體系，前面四項理論：對立相生說、回憶論、形式單純論、本體不朽論都出自於《Phaedo》，唯獨第五項運動論證出現在《Phaedrus》和《Laws》中，可以暸解 Plato 在同一本書內提出四項論證，表示這有一種自覺的安排，第五項不在前四項的體系中。

　　以性質來講這五種論證性質立場都不同：自然界的對立相生與前世回憶無關，形式單純不可分離和本質定義無死不朽也無關，至於自動不動說更看不出轉世輪迴的蹤影，所以不具有相容性。

　　但若從畢達哥拉斯的靈魂論來看，Plato 的回憶論與前賢畢達哥拉斯有著柔合一致的相容性，五項論證中只有回憶論能說明前世與今生的關係，不過 Plato 的重點放在知識論，不像畢氏學派著重於潔淨靈魂而吃素的苦行方式，一者向哲學發展，另一者向宗教發展，在後續上有所不同。

　　二、中國佛教《弘明集》本身在時間上延貫有 420 年，所撰文稿的人士 80 位以上，他們的想法與佛教思想是相符合的，但欠缺系統性。

　　梁武帝對於范縝的《神滅論》發動群臣圍攻，有 64 位大臣都做出回應，不過多半流於形式化，不能深入思辨，有的引經據典予以駁斥，有的站在道德風俗的教化立場不予支持，整個兒來看，《弘明集》和《廣弘明集》的文章搜羅雖多，彼此在思維分辨上有程度高低之別，本身只是一部「文集」，算不上什麼結構性或系統性；只能說它與佛教因果報應、轉世輪迴之說相符合，在經驗直觀方面有相容性，但理論發展尚嫌不足。

　　三、唯識學在理論結構上是精心構作的，不易找到毛

病，它所主張的阿賴耶識雖然與原始佛教「無我」說看似矛盾，但若再仔細搜索《阿含經》，可以發現早已就有「阿賴耶」的名稱，何況《成唯識論》提出五經來作證明：《大乘阿毘達磨經》、《解深密經》、《楞伽經》、《阿含經》、《瑜伽師地論》，在在表明賴耶緣起是符合佛說的，如此確切不疑的指出證據，的確是強而有力的具有相容性。

四、生死學

瀕死經驗在醫學界掀起風潮後有不少專家投入研究，他們共同列舉出下面的經驗：1.有死亡的自覺意識，2.平靜且無痛苦，3.出體飄浮在上空，4.隧道飛行，5.看見發光的人，6.感到光體散發出愛與溫暖，7.回顧一生，8.不想再回來，9.性格改變成更有包容性。

有這些經驗的人未必全部歷經，有的只發生一部份，不過從生死學的體系來看彼此並不相排斥，不發生並不否認別人錯誤，自己發生過也不代表是唯一獨特的，在系統之內有相當的普遍性存在。

至於談到靈媒或通神，不容易確定它們的可靠性，假設真的通靈那就具有相符合的一致性；若是假的靈媒就會狡辯：「這兒只用英文，不用中文。」這就令人起疑。靈媒像乩童一樣有真有假，很難調查證實，也很難被科學接受。

至於 Melvin Morse 醫生企圖調查因瀕死經驗見到光，或被光照射過的人有「超自然能力的增加」，這種意見很難被科學界與醫學界接受，在梅耳文醫師做病人的「轉變研究」時，不少跡象顯示出：這些病患在遭遇瀕死經驗以後會降低對死亡的恐懼或焦慮，他們更加珍惜生命，也更愛護別人的生命，顯示出較高的生活熱忱；但若說智力會提高，覺得自己「演化為較高等的人」，或者以意志力改變海洋上一艘船的航行方向以避免一次船難危機，這種事很難去察證，也流於相當主觀的臆測，所以在「轉變的研究」和超能力的增加

之間，似乎不易有學理上的符合一致性。

第四節　具有說明力（Explanatory Power）

此項說明力不僅只心理上能接受，也包括事實上能觀察。此項假說不但能說明事實發生的緣由，也能預測事件發生的方向（註143）。

一項假說的形成不但有許多事實做爲依據，也可以反身用作說明事件的原理準則。此項原理的預言力愈大，它的說明力就越強，我們對於現象才能有更透澈的了解。

一、柏拉圖的五種論證中只有回憶論具有說明力，人的前世與今生之間有相當的近似因素，每個人的悟性、智力、個性、脾氣、稟賦之不同，在在說明受到前世習性的影響，否則很難說明天才的形成原因。

二、《弘明集》中有八位採用生命的形式論證，七位採用本體論證，二位用對立相生說。宗炳提到回憶的經驗，物理論證只有姚興採用。能夠在生活經驗中找尋依據的有夢境、傳記或者因緣觀，以刀劍的類比法，薪火相傳、五穀種子之類的譬喻，都不是完全正確的事實依據。

在傳統的士人思維模式下，《弘明集》傾向於籠統的體驗型態，隱然之間流露出「你愛信不信，不信拉倒」的嘲諷冷淡。中國佛教徒比較強調內在悟性，這種內在高明的領悟很難以語言文字表現出來，直觀性較強是其特點，論證性稍弱也是事實。若說《搜神記》一類的筆記小說對某一些人有說服力，要再深入研究的話還必須指出：這些能接受的人可能先天具有慧根種姓，這並非普遍的接受，多半的人還是半信半疑的，所以《弘明集》在論述的方法不夠精湛的條件下，

---

143 參考 Copi 著《邏輯導論》，P. 225~226。

其說服力對於不信仰佛教者是相當有限的。

　　三、唯識學以投生、持種、異熟果報、夢境、記憶、休克昏迷等生命現象做為觀察，可以同意它的分析非常深入，能對於未來的善惡業力果報做出推測，一般佛教徒常說：「欲知前世因，今生受者是。欲知來世果，今生做者是。」意謂行為的善惡貫穿三世，你若是對自己的前世感到好奇，不必求神問卜地請別人為你看前世，只要看看你現在所具有的一切即可知道。要是你對未來憂慮，不知死後要遭遇到何種果報？不妨自我評量現在世的一切作為即可推測，八九不離十。

　　這其中深含著唯識學「種現相生」的道理，也表示這一套賴耶緣起的假說足足可以用作預測未來的依據，唯識學是建立在實際經驗上的心理哲學，具有相當強的說明力。

四、生死學

　　瀕死經驗是從醫院病患的親身體驗累積而成的，具相當的實證性，不容人隨意否認。它的確有說明力，在十五項共同經驗中多多少少會發生其中幾項，即使不是完全發生，其他的現象也一定在這十五項之中。

　　催眠術的回溯前世法並非百分之百成功，有的人未被催眠，有的人未留下問卷答案，只有一半的人回答問卷，有投生體驗的人只有百分之五十以下。所以說明力只有一半。但這成功的一半其價值超過理論敘述，光是有假說尚且不足，現在催眠術能以特別的方法導人回溯前世記憶，這是親身的體驗，絕對不同於理智的直觀推理，可以這樣說：成功的催眠雖然機率只有一半，但說服力卻很強，既深刻又令人難忘。

　　其他神智學的靈媒或通靈人畢竟屬於「神秘」的範圍，外界不可能完全了解他們，相對的，其說明力與預測性縱然是有，也不是普遍性地發生，缺乏共同基礎，所以說明力要

不夠明顯。

第五節　簡潔性（Simplicity）

第五項要件並不像前面四項那般嚴謹，一項假說如果表達方式較簡單，即較易為人所接受。所謂簡單，也許是與日常生活相關，較為明顯易懂，但如果簡單而不正確，那就缺乏價值了（註144）。

一、柏拉圖的五種論證中，第一項對立相生說與自然界的現象息息相關，是夠簡單的了，但並不真確。

第二項回憶論只有少數具有天生稟賦者或後天有道行的人才能看的到，並不簡單。

第三項形式單純論證和第五項運動論證是哲學思辨工作，對於某些無志於哲理思考的人而言，並不簡單。

第四項本體不朽論證從本質定義來解釋，很直接、很簡單，但未必正確，因為它陷入套套邏輯的謬誤。

二、中國佛教《弘明集》與《廣弘明集》不是一套完整的理論系統，只是南北朝時期的論文合集，其中不乏文思深奧者，「神滅不滅論」中有些人從易經的角度來做理解，像鄭道子就是，後人要研究這一段歷史還得涉獵及相關典籍，並不容易。

宗炳的滔滔偉論也很繁複，其中有唯識思想在；蕭琛頗有邏輯思辨能力，以否證法駁斥范縝的「神滅論」；曹思文引用傳統經典《禮記》、《孝經》，明山賓引用《尚書》、《詩經》，馬元和引用《易經》，庾黔婁居然引經據典用了七部經傳以佐證，從這些實例可以了解，魏晉南北朝時期對

144　參考 Copi 所著《邏輯導論》，P. 226~227。

於生命本體的重視態度，即使找尋的證據不是很成熟，但至少以傳統文化來消化外來思想，這其間有艱辛的努力，成效有限，假設也不簡易。

　　三、唯識學的雄偉結構不是一般佛教徒能領悟的，中國佛教八大宗派當中，唯識學只曾經在唐朝風光一時，而後就若隱若現地避居下風了，雖然傳承並未中斷，但也命如懸絲，困難度是其中最大的因素之一。

　　唯識學以五教十理構建一大套完整的賴耶存在論，這還只是個開端，尚未講到三能變的詳細內容，它的系統在世親的精細建造下，再加上窺基的後續發展，首尾相連，幾乎是無懈可擊；它的長處正是短處，優點就是缺點，由於太精深，所以不簡單；若有人崇尚簡易原則那就與唯識學絕緣了。

　　四、生死學中的瀕死經驗有 15 項共同現象，清楚明白。

　　催眠術能為團體人士催眠，成功回溯前世的有一半，自己不必苦苦修行，只要繳交一筆報名費，在集合地點接受催眠入睡，看見自己的入胎經驗，應該算是簡單。

　　神智學的通靈術就是高難度的技巧，有許多僧侶修行修了幾十年也沒有這種能力，所以不簡單。

　　整個反省過程並不全然完備，Irving M.Copi 提出的這五項科學詮釋判準也不是全然無懈可擊，譬如：「普遍性」是一個重要的條件，他就未曾列出，意義重大的「價值性」也未能考慮，以筆者之見，研究生命本體時應該叩緊「普遍性」做為第一要件，畢竟本體問題是人類最重要也最關切的問題，每一個人都會考慮到的，但邏輯學家的眼光未必與生命哲學相契。

第六節　普遍性（Universality）

各種論證方法是否具有普遍性，不妨如下思惟：

1.柏拉圖的對立相生說是從自然界的現象觀察開始，萬事萬物的發生與形成的確有相反對立的狀況，這種「對立循環發生」說具有普遍性，古往今來皆然。

回憶論只有少數天生稟賦的人才有，像蘇格拉底、柏拉圖能見到自己的前世，其他人卻未必，故不普遍。

形式單純論與物理現象不符合，人心的複雜是明顯的，若要抽取單純的心靈作為不朽的靈魂，顯然這是內觀法的特色，只有修道人能同意，一般世俗人未必瞭解。若談到靈魂的單純可與禪宗的心性本淨相吻合，不過柏拉圖所說的「靈魂單純不可分」是傾向於物理性質的不可分，與禪宗的「本來無一物」之清淨心不同。讓人產生誤解的學說當然不夠普遍。

本體論證認為「靈魂」之所以為靈魂，就是因為它不死所以才叫它「靈魂」，它的名字本身就是不死的意思。換言之「山」之所以為山因為它是「山」，「火」之所以為火因為它是「火」，這不是有意義的命題，而是陷入循環的套套邏輯，根本不能承認它的成立，更別說普遍性了。

運動論證就是緣起發生論，也是生滅變化的現象，一物推動另一物，或者一物影響另一物，顯然具有普遍性。

2.中國佛教的《弘明集》在南北朝時集錄文人士子的佛學論文，中國人自殷商時代就有鬼神信仰，攻伐爭戰之前還要求神問卜，原本的中國文化就普遍地有信仰，若說執意無神論的反倒是少數，「人死為鬼」，鬼即「歸」返天鄉之意，原有的祖先神靈、鬼神信仰的文化背景之下，外來佛教也講因果，六道輪迴，善惡到頭終需報……這些理論正好為文化傳統作一註解，所以接受佛教是很自然的事，信仰生有靈魂、

死後有業報是很普遍的。

　　三、唯識學雖然困難深奧，但是從人的一生開始講起：為什麼會來投胎？如何住在母胎內？為何有先天的種性？你的個性、稟賦為何與人不同？為何你會長大？為何能保存童年的記憶？做夢時會哭、會笑，休克以後又活回來……，這些全是生活中的點點滴滴，不得不承認；只要反身內觀，人確實是有本體識的存在，所以普遍性是不容置疑的。

　　四、西方生死學突破以往研究靈魂的困境，對於看不見、摸不著的生命終於有了新的進展。

　　瀕死經經驗在醫院中時有所聞，只要醫生、護士肯耐心地聽病患吐訴，他們會說出自己奇妙的經驗，近年來這些經驗已經不再被人冠上「神經病」的帽子了，有瀕死經驗的人為數不少，相對於全人口來說雖然不是多數，但對於走過鬼門關又返回來的人而言，這十五項瀕死經驗是共通的，在這一類的人身上普遍地發生共同經驗。

　　催眠術受限於施行者與受催眠的人，正式受過訓練的專業人士不多，接受催眠且能倒溯回前世記憶的只有一半，所以只能算一部份普遍。

　　神智學的通靈術是秘教的一部份，技術不能公開，外人也無從知悉。有能力當靈媒的人是極微量的少數人，這種方法不具普遍性。

　　以下試圖把這一章節所作的反省以圖表呈現出來。

類別	要件	相關性	驗證性	相容性	說明性	簡潔性	普遍性
柏拉圖	1.對立相生說	✗	✗	✗	✗	○	○
	2.回憶說	○	○	○	○	✗	✗
	3.形式論證	○	✗	◐	◐	○	✗
	4.本體論證	○	✗	✗	✗	○	✗
	5.運動論證	✗	✗	✗	✗	○	○
弘明集	1.薪火類比法	✗	✗	✗	✗	○	○
	2.夢境、經驗	○	◐	◐	◐	○	○
	3.直觀法	○	✗	✗	✗	○	✗
	4.因緣觀	○	○	○	○	✗	○
唯識學	1.五教	○	○	○	○	✗	○
	2.十理	○	○	○	○	✗	○
生死學	1.瀕死經驗	○	○	○	○	○	○
	2.催眠術	○	◐	○	○	◐	◐
	3.靈媒、通靈	○	✗	✗	✗	✗	✗

　　答案若爲肯定，以圓圈代表；否定，以叉代表；一部份即以半黑半白圓圈代表。

　　如此的估量表還不夠精確，肯定與否定之間只有三種等級，尚嫌粗糙，若能以數值量表作評斷或許更審愼一些。

第二章　靈魂不朽的意義與價值

研究人類是否有靈魂和靈魂是否永恆不朽，是一個問題的兩種層面，先確定人類有珍貴的精神生命，進而瞭解精神生命的內容特性，然後才能肯定它的不朽性。

有價值的東西才會被人珍愛？或者因為被人珍愛所以才有價值？這問題正好可以用在我們的靈性生命上。

如果一段朽木或路邊的石礫，縱然置放在路旁一億萬年也顯不出什麼特殊的意義；一個「爛人」，醉生夢死，為非作歹的混混若是一千年的壽命，不知他對他自己作何評價？別人又以何種標準來看待他？

刻意地研究人類有前世，也肯定有來生，這不就是認為「生命的永恆不朽」嗎？然而生命的質與量未必成正比例，什麼樣的生命配上永恆不朽才顯得出意義？研究靈魂不朽是否有隱藏性的貪生怕死的心理動機？知道生命持續性延長能否保證生活得愉快？能否保障生命的內涵豐富？所謂「不朽」應當如何定位？

生命哲學包括有人生的意義，人性的特質，心靈的境界。從個體人生論擴展向社會關係網，從人生的奧秘引導向宇宙形成的根源，這重重的問題似水波漾漾地泛散開來，難以透澈掌握。如今只能從心理層面、知識層、本體論與價值論來考量，看看本篇靈魂論的研究工作是否有益於人生。

第一節　靈魂論可以化解心理憂懼

怕死似乎是人的本能，筆者每一年對於學生皆問同樣的問題：「你們怕不怕死？不怕死的舉手？」接著請學生們做問卷調查，看看他們心中究竟對於「死亡」有何等猜測。

　　平均每一班至少有三十人，回答「不怕死」或者「無所謂」的人只有一、二位，其他的人都坦誠很憂慮，確實怕死。

　　我們除了對己身的生命憂慮外，也對於親近家屬的生命安危操心，似乎時時刻刻在維持「命如懸絲」的不確定感。

　　這種莫可奈何的「生命無常」感像是一種氛圍，總是彌漫在生活周遭，隨同著呼吸，隱微又細密地侵犯著人們的幸福，當你在快樂時分，自問：「我真的快樂嗎？」稍縱即逝的陰影又籠罩上來，我們無法確定是否真的幸福快樂。

　　然而一個有能力看透生死的人就不同了，直觀的體驗能增進明悟的理智，知識的拓展能怯除疑慮，事實上我們無法保證有來世，就像不能保證有明天一樣，所以蘇格拉底的妙方法值得我們學習，他說：「哲學家的任務就是不斷地練習死亡觀。」在心中一遍又一遍地排演死亡的過程，自己正是主角，平日多多演練，到時候自然「駕輕就熟」地上路。西方基督宗教也教人冥想死亡，印度佛教教弟子修死亡觀或白骨觀、膿血觀，這些都是提早面對將來要發生的事。死亡是生命的一部份，毀滅是自然的過程，自我意識是靈魂的內容；看到自己有多次的前世，了解生命是許多片段的延續，很自然地確信，生命為何不會繼續發展下去？作這樣的推理當然有臆想的成份，但其中有相當大的篤定，確信生命一定會延續，就像地球仍然會旋轉，太陽明天一定會昇起。

　　以靈魂貫穿生死二端，溝通陰陽兩界是不容易的事，渴望靈魂不朽是人類普遍的心理，人類不滿足於有限的此時此地，企盼能接觸更廣闊無垠的超自然界，這種心理上的渴望即是性靈的追求，若要追根究底只好承認柏拉圖的話：「人性之中有神性」，其實這也不是柏拉圖發明的，而是比他更早期的奧耳菲宗教所說。正因為人性當中有神性所以才企望不朽，期望打破有限的形式，趨向無限的永恆，這種「人性中的神性」以唯識學來說即是清淨的本性，先天的本性住種，人類有這樣純淨的種子才會渴望突破限制，追求超越時空的

永恆不朽。

　　柏拉圖的「人性中有神性」這句話可能令人覺得狂妄，可能冒犯上帝的唯一無二性，但在東方文化看來「人人皆可為堯舜」，「人人皆有佛性」是很天經地義的事，每個人都有能力使自己盡善盡美，為什麼人不能成佛？這樣的一種上進心激發人們探究心靈的奧秘。

　　瞭解生命的本質能去除灰暗的不安與疑慮。

　　瞭解生命的真象能體會「人我一體」感。

　　瞭解自我在社會中的定位能更熱誠的付出。

　　一個心靈開拓的人他的心眼會張開，不計較，包容力較大，他本身降低了不安的感覺，相對的為別人帶來安全感。

第二節　知識領域拓展，滿足求知慾。

　　康德認為：靈魂不死雖然沒有邏輯的確定性，但有道德的確定性。人類的知識能力只能到達表象，無法認識本質。所以在邏輯上來講有沒有靈魂是不確定的，既然不能確定豈有靈魂不朽的理論？

　　試想：心靈或者是現象，或者不是現象。

　　心靈是現象，必得受認識的法則做決定。

　　如果不是現象，那就是本體，我們既不能肯定，也不能否定。

　　所以一向主張「心靈不滅」的意見都只是假知識。（註145）

　　在這種不可知論的態度下，康德又思考到道德與意志的

145　參考鄭君著《康德學述》，P. 21。

對象。至善是意志的對象，道德法則與意志符合至善的條件，如果意志完全符合道德法則就是聖人的境界，可惜我們凡夫俗子的理性主體達不到聖人的地步。但是今生做不到可以來生繼續做，所以姑且設定生生世世有靈魂，如此才能無限地進步成爲聖賢，只有設定靈魂不滅至善才有可能達到。

所謂「靈魂不滅」只是個設定（Pastulate），是一項理論命題，本身無法證明，它與無條件的先天道德法則相關聯，如果肯定道德法則就附帶地肯定靈魂不滅（註146）。

康德把主體性、意志與道德法則分開，當人的意志完全符合道德法則時就是至善的境界，如此看來爲了追求至善，才能凸顯靈魂不滅有必要，若是不追求至善，有沒有靈魂並不重要。如此康德把道德法則的價值置於人類主體性之上，此爲問題之一，其次康德未能解決意志與靈魂是否一體，此乃問題之二。

道德是從人際關係發展出來的，人先，法後。人的存在才是保證道德法則存在的先決條件，豈有先主張永恆的至善才承認人的主體性不滅，這是本末順序的顛倒。

意志力一直是個令人困惑的難題，除了叔本華之外專門研究的人並不多，康德並沒有很清楚地分辨意志力在靈魂中所扮演的角色，它相當於唯識學四食中的「意思食」，人類靠著意志力的內容支撐生命，但有時候意志的對象並不存在，是一種精神力量，與理智不同，所以難免有錯誤。它是「執」的一部份，用在道德法則爲對象時此意志就是「法執」，法被人執，法執之所以被追求正足以證明主體性的存在，可惜康德未能反身證明到這一點，居然說無法得知，不能確定，這是很可惜的！

道德法則不是意志追求的對象，若有主客體之分的話就

---

146 參考孫振青著《康德的批判哲學》，P. 271~272。

成為主客二物，道德是人類天性中的一部份，是種性的一部份，有先天的善良種子，也有後天學習所成，康德一再強調的「意志的對象」是把道德法則當作後天的學習經驗，他沒想到人類先天也有本性善良種子。固然他說達成至善的聖賢之境需要長遠的歲月，要累積多世才有可能，但沒有必然性，人類可以成聖成賢，走向上之路，也可以自甘墮落走沉淪之路。無論向上或向下，都是意志力在追求「至善」，都是生生世世。所以用外在的道德法則來保證靈魂的不朽，是很牽強的，沒有必然性。

從內觀著手，從唯識學入門，都比抱持著不可知論的態度要強，雖說唯識學不像生死學那般有親身經驗，但理性上的認知此日常經驗的侷限要更為清晰深刻。研究生死學或靈魂學要有一顆開放的心，隨時樂意增廣見聞，也願意調整自己的偏差，增加心靈的明澈了悟，以減低自我設限的封閉。

第三節　探究靈魂的本質與特性

柏拉圖提出有名的「靈魂三分說」：頭部司理智功能，胸腔司意志功能，腹部司情慾功能；這指明靈魂不是一個單純體，而是複雜的三種性質，與他的物理論證——本質單純不可分的說法有異（註147）。

靈魂三分說顯然與前賢畢達哥拉斯有關係。畢氏與柏拉圖大約相差 160 年（Pythagoras, BC.580~500, Plato, BC. 428~348），二人的思想可作對照。畢氏認為：人類腦部會思惟推理，腦部有直覺的能力，至於感情是在心中。

畢氏不談腹部的慾望，或許與他崇尚修苦行有關，修行人原本就淡泊於慾望，當然不在意，不需多提。他把胸部的直覺力與心中感情分別開來，這樣分別當然比柏拉圖細膩，

---

147 柏拉圖靈魂三分說出現在《弟買吾斯》和《理想國》中。

但也易令人疑惑：「心」不就在「胸」中嗎？難道心中只有感情而無直覺嗎？

二者相比之下柏拉圖的三分法比較明確好懂，而且有客觀的經驗根據。畢氏的三分法集中於上部，直覺力的說法不好懂，感情的範圍也很寬泛不明確。

至於唯識學說的比較明確，但太過於詳細。像自我意識中的我愛、我慢、我見、我痴，這四項相當於柏拉圖和畢達哥拉斯的三分說，無論是慾望、感情或理智推理，都包括在自我意識的愚痴、觀念、貪愛、自大狂妄之中。

比較明確的是唯識學披露生命本體識有如下的作用：

1.它執持過去世的雜染種子和清淨種子，於未來能生起現行，這種功能稱「持種心」。

2.依據前世所造下的善惡業，感得今生投胎來承受自己的果報，這是「異熟心」，它會異時而熟、異類而熟、且變異而熟。

3.一切眾生無論在三界、五趣、四生各種型態，無不皆有生命本體識。三界指欲界六天、色界十八天、無色界四天。五趣即六道，乃天、人、修羅、鬼、畜生、地獄。四生是胎生、卵生、濕生、化生。這表示靈魂的存在是普遍性的，不過體積多大多小，一樣都有生命本識在。

4.靈魂是用來執受色身五種感官知覺的，使得感覺遍及全身，日夜相續不間斷，並且聯繫內在自我，產生統合的一體感，這種作用是「執受根身」。

5.靈魂呈現分段的壽命身，每一世有不同的果報體，維持生理機能的健全，完成一世的壽限，這其中生命本識是一維繫者，稱為「命根持壽煖識」。

6.生時死時的心意識即是靈魂，呈現昏昧狀態，不明利專注，此時處於散心位，前五識的身和第六識的心力量微弱，

不能作用，但內在有著本識支撐，此稱爲「生死心」。

7.投胎之時要有本識住進胎中，逐漸胎中的小生命開始有感覺，此時本識稱爲「緣起依」，意謂沒有神識的只是肉團，有神識以後才是名色五蘊身。

8.識食體作爲段食、觸食、意思食的根本依靠，無論在欲界或色界，不論以何爲食，反正都要依靠最根本的生命識才能存在。

9.入滅盡定的人有入有出，入定之時無出入息，不言不語，內心無思惟，彷彿死人一般，但不同於死人；當他出定以後一切照常，支持入定的正是本識。

10.靈魂的奇妙包括清淨心與雜染心的根本，因心而生，表示有先天種子；依心而住，表示有持續成長作用。心也能接受外在薰習，所以若論及人性善惡、先天後天皆有可能，唯識學認爲五種姓之中，有一種人先天就無善根種姓，但可以後天栽培。士林哲學中多瑪斯認爲惡是「善的缺乏」，沒有「本體惡」這個東西存在，因爲善有「本體善」，一物既已爲本體善，就不可能是本體惡，否則違反三一律。但從唯識學的立場看，種子當中有惡的存在，惡性可以是先天的，也可以是後天的，善惡性質分明，爲何不能有先天的惡存在？

研究過唯識學之後可以知道，「人心」是很複雜的，但靈魂更複雜，靈魂不但包括了「人心」，還包括所作所爲的一切業力與善惡果報，所以說它是 Alaya——藏。瞭解自己的性向、起心動念之後，有誰還敢說他沒有靈魂？研究靈魂的本質就已經同意靈魂的「存有」是眞實的，每一個人都有這些本質，所以不得不承認：你眞的有「識神」、「靈魂」。

其實功能作用正是本體。實體無形無相，想瞭解生命本體究竟爲何，只要從各種作用功能上研究即可。若沒有本體又哪來的作用呢？靈魂的無形無相只是對於肉眼凡胎而言，其實靈魂只是微細體，天眼可見，一般人的肉眼見不到，正

像電子、細菌、輻射能、磁力……這些事物都存在，但不落在肉眼的範圍內。

在瞭解了靈魂的本質之後附帶地要疏理一下它的特性，像 Etienne Gilson 認為：靈魂是精神、單純、不可分割（indivisible）、不可毀滅（indestructible）的實體（註148），這樣的說法在希臘時期的柏拉圖早已經說過了；筆者搜尋各家宗教哲學，發現宗教哲學的大半興趣都在證明神存在，不太理會人的主體性。若是尋找心理學與人類學，也一樣失望，心理學重視的是生理解剖與實驗心理學，未曾見過哪一部心理著作是在談論心理現象的主體性。人類學更龐雜，走向人類文化與考古學、解剖學去了，也未談論人類最珍貴的主體性。在這種資料難尋的情況下，筆者突發奇想：既然柏拉圖與奧耳菲宗教、畢達哥拉斯學派的人都同意：「人性中有神性」，那我們何不以神的特性來作參考呢？看看是否合用在靈魂的特性上？

神的形上本質及「自有性」（Subsisting Existence），從此為根源，引出其他特性五項：單純性（Simplicity）、不變性（Immutability）、永久性（Eternity）、獨一性（Unity）、無限性（Infinity）（註149），合計有六項，以下依序思考之：

1.自有性：人類的靈魂從哪兒來？神學所說的自有性只專屬於唯一上帝，他的子民是受造物，靈魂是由他創生或流溢出（普羅丁之語）。柏拉圖的思想與希臘傳統背景有關，認為人類是天上的神被貶謫到人間的，所以他的「另一半」是觀念原型，仍然停留在天上，終有一日他會與觀念至善在天上相結合，所以依畢達哥拉斯和柏拉圖，只說靈魂從天上

148 此語出自吉爾松所著《中世紀的哲學精神》，第九章〈人類學〉，P. 195。
149 此六項特點乃參考曾仰如《宗教哲學》中篇‧第二章。

來，未說其他來源。

唯識學主張是業力種子造成無明，而後形成賴耶源起，所謂「緣起」是自己的業力結合父母緣份，內因加外緣，二者互為緣起，雖然不是創造說，但也不是自有的。

生死學較複雜，近日有許多基督教的教友旣相信自己有靈魂，也相信死後的境況，超過聖經或教會的指導，他們對於靈魂的來源受到原有的宗教信仰影響，有些接受業力論，有些仍然愛天主，在神學系統上似乎他們無意爭論。

2.單純性：神學主張神性單純顯然這個概念出自蘇格拉底靈魂論中的物理論證。靈魂不是組合物，不能分離。

組合物可能是物理的組成，如原質、原型，有數量，有多少、有部分、可切割。

或者是形上的組合體，像潛能到現實的變化，自立體與依附體的包攝關係，或者本質與存在的搭配。

還有邏輯上的組合體，像近類加種差的思想合成。

如果僅僅從物理的角度來看，靈魂的確不再由什麼東西組合成，符合「單純」的定義；但若從功能作用來看的，能藏、所藏、我愛執藏……眞是複雜的要命，佛陀有謂：「衆生業力不可思議」就是講它的內容千奇百怪，社會上層出不窮的為非作歹都是由它來的，所以在內容上絕不單純。

3.不變性：神學的不變性包括外在改變和內在改變，內在改變又包括了從存有到毀滅的形上變化，實體與依附體的物理變化，以及意志欲求的倫理變化。靈魂是異熟識，隨著種子成熟而承受苦樂果報，不必論及來生，只要今生有善惡作為都會影響命運或相貌，人的一生中不斷在改變，人只要活著就會成長，成長即是改變；內在的心靈也跟隨著變化，靈魂不斷在增增減減業力種子習氣，豈會不變呢？不變的只有神，咱們凡夫俗子，一定會變的。

4.永久性：神學的 Eternity 即是永恆，謂超越時空，從永遠到永遠，壽命無盡無限。

在印度有斷見與常見二派經常爲生命的壽限起爭執，「斷見」人士屬唯物論，認爲人死了就像貓像狗一樣，沒有來生。既然無來生也沒有因果報應，在行爲上無所謂對錯善惡，不必有倫理道德的拘束。「常見」人士主張人類生命是永恆不朽的，有來生的因緣果報，既然人有來世禍福，所以在行爲造作上要嚴謹遵守道德規範。

可以看的出來形上學的本體思想直接影響到倫理學；佛教認爲這二種意見都不可取，各走偏激之途，眞正的生命是持續間斷而又相連的，也就是「分段生死」，「一期相續」，在某一階段中生命是連續不斷的，在此段落內暫時爲「恆」，過了這一階段他可以提昇得更好，改換一種新的型態。

佛教體系內同意生命是「相續」的，但不是「恆常」，只要是活的就一定會變，只有死的才不變。所以不變性與永恆性相關，變化會襯托出時間的脈動，若一無變化也顯不出歲月的流轉。反過來看，歲月的消失表現在外觀的改變上，如果有什麼事物能超越時間與空間，那才能不變，然而我們人類活在地球中，處在時間、空間的網架下，豈有不改變的道理？所以人不是永恆的，爲了求新、求變，爲了追求無限眞理，人類不需要永恆，也害怕永恆的死寂不變。靈魂只是在一期生命中暫時「相續不斷」，不同於永恆的神。

5.單一性（Unity）與獨一無二性（Unique），在西方一神宗教思想中特意強調一神信仰的唯一無二，但多神論、泛神論或二元論卻未必同意。

不但柏拉圖之前的希臘傳統是多神論，柏拉圖自己都認爲「人性當中有神性」，後來也有「神人同性論」的意見，在東方，不但印度佛教主張眾生有佛性，連中國傳統的儒家也認爲「人人皆可爲堯舜」，這是體認到人的主體性擁有無

限的潛能，如果人人都有可能成聖成賢，那麼再堅持什麼「唯一無二」性就是不必要的了。

若只談 Unity 單一性尚可考慮，譬如說業力種子一類相續，不會雜亂，各人承受各自的善惡果報，別人無法代替，共業中有不共業，這個「不共業」正是「單一性」的落實應用。善惡分明，推倭不得，也狡賴不掉。在軀體作用上也能適用，一個人少了一支胳臂並不影響他的靈魂完整性；一位殘障人士眼睛瞎了，靈魂並不瞎；腿麻痺了走不動，靈魂不會跛；這指出靈魂是自為一個整體的，與別人不相雜亂。

如果再講得層境高一點兒，一個有瀕死經驗的人，走過鬼門關一趟回來之後，他看到過自己一生的回顧，了解人類是一體的，人我原本是一個整體，他在救回生命之後通常都有所改變，變得不但珍惜自己的生命，也更愛惜別人的生命，常常待人更有愛心，志願幫助人，也不再計較。此時這種行逕與 Unique——標榜唯一無二的心態是背道而馳的。

若從修行人的體驗來看，無我相、無人相，人我一體，將來水皈於水，火皈於火，百川回皈於大海，小我溶合在大我中，此時再談什麼「獨特性」是枉然的，這時的 Unity 一體性意義已改變，小我昇華為大我，雖然名目上是一個整體，但實質義涵已不同。

靈魂在學習的歷程上是一個 Unity，不是 Unique。

6.無限性：神學的無限性意指上帝的全知、全能、全善三種特性。

人類靈魂企望知識，佛教對於完美的知識分作三類，一切智、道種智、一切種智。意謂聲聞緣覺的成就者、菩薩和佛所知所學有範圍的寬窄差別，有的是世間智，有的是出世間智，在長夜漫漫的修道路途上，沒有人是成就一切道種智的，除非是少之又少的圓覺者。

　　同樣，凡夫的靈魂不可能達到全善、全能的境地，說穿了就是：如果這個人是全然聖善的話他就不會來到人間遭受果報了。也許有人反駁：倒駕慈航的聖賢人也會來此五濁惡世投胎，與眾生結善緣啊！這種情形或許會有，但有願力也必須配合業力，沒有相當的業力還來不了人間呢！

　　所以靈魂有朝向無限的企望，但不等於完美的無限，只能說：靈魂有開放的空間供他選擇，但一經過選擇之後就被固定住，有所局限了。

　　無限是一種可能性，靈魂這個庫藏 Alaya 究竟有多少能耐始終是個謎，我們不能隨意論斷一個人，可能你會看走眼，「一念三千」正是這個意思，人是活在開放性的時空中的，的確擁有無限性，但對於盲目的人來說，他未必珍惜這份空間。

　　除了上述六項特性外，有人提出同一性（Identity），乃前後同一，前世與今生是同一個人。這種同一性也存在於一期生命當中，像童年時的你和 60 歲時的你，仍然是同一個人，儘管外貌上兒童與老人的改變太大，但內心裡你很肯定你就是昔日那個小孩子。這是第七項。

　　應當還要立第八項特性：普遍性存在。由於神學標榜的是上主的獨一無二性，當然不會自相矛盾地說到普遍性。靈魂是遍於三界、六道、四生，一切生靈都有的，從這一點我們也看到了公平性。

　　無論生前你是王公貴族或是販夫走卒，終究都有一死。在手術檯上的病人對醫生而言都一樣是個 Case，你的生命意義與價值，你的威風顯赫，此時都得面對死亡。一切生靈都有靈魂，所以都有死亡，辛苦了一輩子的靈魂也應該回頭看看來時路。

　　姑且列出靈魂的八種特性反省，人類靈魂只具有其中一部份，像一類相續、普遍性、恆時執受根身和一體性、不單

純性、變化性；若與神性相比，人類靈魂顯然太不完美，也正因爲不完美才顯得出心靈抉擇的可貴，不斷的學習才能不斷的改進，這樣的靈魂不是很快樂嗎？

第四節　自覺到靈魂存在本身就是價值

在歐洲哲學史上第一位創造「靈魂」概念的人是蘇格拉底，希臘文中的φυχή相當於英文的 Psyche，本義是生命原理，使身體存活的法則（The principle of life），尚未肯定它是精神生命。到了 Heraclitus 他認爲φυχή這個生命原理像一團躍動的火，很神聖奧妙的火，它也是宇宙中的原質。到了奧耳菲宗教和畢氏學派，他們認爲φυχή是被囚禁在肉體裡面的神靈，肉體是神靈的墳墓，神靈被關在身體中暫時呈現假死的狀態，除非靠著苦行、贖罪、修道的方法才能喚醒它。

蘇格拉底首先賦予φυχή理性與道德的位格，唯有呈顯這種特質出來才能成爲一個眞正的人。至此「靈魂」一字滲入心靈的可貴作用，它發揮了人的理智、意志、目的、品德，不再是原本簡單的生理生命原則。

如果靈魂僅是生活原則的話，實在談不上什麼善惡是非標準，所以可以瞭解希臘衆神爲什麼也有凡間百態，一樣會飲酒作樂、四處好色偷情，還要打架報復，心胸狹窄……。希臘神話以象徵的手法點出人性的弱點，但也表示了神與人之間是「同性」、「同形」的，最佳的明證是人神之間可以通婚，且能留下具有天賦的孩子。

蘇格拉底把靈魂當作先天知識的來源，也是道德良心的開端，他把靈魂定位爲「眞實的自我」，是「生命中最重要的東西」。做爲一個眞正的人理當以冷靜的智性指導慾望，莫放情縱慾，蘇格拉底除了發現自我的理性位格之外，還強調σωφροσύνη——自我節制，凡事不放縱，不可縱情任意行事，此相當於中國儒家的中庸思想，與原始佛教的持之中道。

　　柏拉圖是進一步作出學術系統，在西方哲學史上第一位把靈魂不朽論發展向知識論、本體論、方法學和道德哲學諸門學科中，使得這些學術思想首尾相聯，都以眞實的生命做爲根本，給予靈魂不朽論完整的人生觀與道德觀。在他之前奧耳菲宗教流入於飮酒狂歡的風俗型態，畢氏學派走向刻苦嚴謹的封閉苦修團，到了柏拉圖他賦予主體位格以學術地位，正式地作爲諸科知識學門的根本結構。

　　在筆者多年的體會下，認同靈魂是「理性與德性的位格」說法，不贊成外在規範說，儘管有科學家提出見解：宇宙的本質是有道德性的（註 150），要了解宇宙的本質不容易，但要瞭解自己的本質卻是輕而易舉。

　　如此就要反問：爲何「人是理性與道德的位格」呢？人也可以是享受歡樂、追求幸福的存有呀！

　　嚴格說來，德性不來於外在，它根本就是人性的自然流露，有人稱它是愛心、慈悲心、一體的感覺，Oneness。是否稱它爲「德性」並不重要，反正它是人性本然的流露，要注意的重點在「人性」，因爲宇宙間生物是分等級的，隨著性靈的高低，呈現出不同的生命型態，相信大家都能認同此點。先要具有「人」的條件才能具有人類形象，不具有人的條件就不算是人。而人的條件中包括有愛心，同理心和相當充份的理性，憑著這種條件才夠資格來到人間。

　　會有人反問：不是一切生靈都有靈魂嗎？動物豈有「理智與德性的位格」呢？本篇論文的興趣在於人類，對於蟑螂、螞蟻、蚊蟲類的靈魂位格不在研究範圍內。對於泛靈魂論者認爲靑菜蔬果皆有生命靈魂的人來說，適當的等級劃分是有必要的，從生魂、覺魂，乃至於靈魂因生命的等級有差異，靈性成份亦不同，在「尊重生命」的口號下，易讓人模糊焦點。在「尊重」的意念之先，得澄清內在價值與意義。如果

150　此語出自卡爾貝克所著《超自然經驗與靈魂不滅》，P. 297。

本身掌握不住價值觀，沒有建立內在的目的指標，那麼空喊「尊重」是缺乏內容的。

　　所以又再回到論題：靈魂是否永恆不朽要看它本身的價值如何才能繼續談。如果矇昧無知，重視財富虛榮更甚於靈性的話，對這個人而言財富才是永恆的，「擁有」財富的感覺才是最珍貴的，他的價值感是建立在物質上，靈魂是否不朽並不重要。如此也可以瞭解：價值感是相當主觀的。

　　一個關心靈魂的人本身就已經確定了靈魂是有價值的，否則他不會關心。人性當中成份很多很雜，把完美的人性發揮出來就是德行，道德不是外在之物，不需要追求，只要充份地了解人與我的群體關係，很自然地會拓展自然與我、天地與我的縱橫上下、圓滿十方的立體關係網，每一個人的身上都有其他人的影響在，人不是獨立自存的；同樣別人身上也有你的影響力在，互融互攝的作用在不知不覺中進行著，如此我們在默然之中可以體會出天地、神人、人我，這整個寰宇是一道洪流，你在其中，你也包含洪流於其中，你的心量有無限大，心靈的廣幅可以無限拓展。人性中有彼此一體感就不會再自私地傷害，這就是愛，也稱為品德。人性的光輝是理性，也是德性。理性是不衝動、不偏私；德性是包容人、成全人。其實理性與德性是人心的高貴本質，像這樣高貴的心靈不是神性是什麼？也可以瞭解中國人會在某些英雄人物死後封他為神，為他建廟立祠的原由了，像關羽、韓愈、岳飛、伍子胥……這種例子不少，在在說明了「人有高貴的神性」的實例。

　　如果我們能改正一些觀念，不再強調特殊性 Unique，而重視 Unity，放棄 Unity，進步為 Universality，從個人本位開放為整體人類，在這樣的認知心態下研究靈魂不朽才有意義，這樣的幸福感不再是 me-feeling，而是 we-feeling，促進整體的靈性，提高理智認知，彼此互助，德行與愛就在其中，這樣的「靈魂不朽」論才是真正的價值所在。

參考書目

英文類：

1. A. E. Taylor: *Plato- The man & his work*, The World Publishing Cor. Ohio, U.S.A., 1956.

2. A. E. Taylor: *The mind of Plato*, The University of Michigan Press, U.S.A., 1960.

3. A. H. Armstrong: *An Introduction To Ancient Philosophy* , Beacon Press Boston, U.S.A. 1947Ⅰ, 1968Ⅴ.

4. Alan F. Blum: *Socrates- The Original and Its Images*, Routhedge & Kegan Paul Ltd., London, 1978.

5. Anahn Sumedho, Midfullness: *The path to the Deathless, Amaracati Publication*, England Hertfordshire, 1987.

6. Edith Hamilton and Huntington Cairns: *Plato, The Collected Dialogues*, Bollingen Foundation, 1961.

7. F. M. Cornford: *From Religion to Philosophy*, Harper & Row Press, N.Y., U.S.A., 1957.

8. F. M. Cornford: *Beford and After Socrates*, Cambridge University Press, 1932.

9. F.E. Peters: *Greek Philosophical Terms*, New York University Press, U.S.A,1967.

10. Francis H. Fobes: *Philosophical Greek:An Introduction*, Chicage University Press, Illinois, U.S.A, 1957.

11. Frederick J. E. Woodbridge: *The Son of Apollo, Themes of Plato*, Ox Bow Press, U.S.A., 1929.

12. G. Lowes DicKinson: *The Greek View of Life*，先知出版社，台北，1975.

13. G. M. A. Grube: *Plato's Though*t, Beacon Press, Boston, U.S. A., 1958I,1968V.

14. Gregory Vlastor Edited: *The Philosophy of Socrates*, A Collection of Critical Essays, Anchor Books, U.S.A.,1971.

15. Gregory Vlastor: *Reasons and Causes in the Phaedo*, in G.V. ed., Plato I, New York, U.S.A,1970.

16. Gregory Vlastor: *The Paradox of Socrates*, in G.V. ed., The Philosophy of Socrates, N.Y. U.S.A,1971.

17. Gregory Vlastos: *Socrates-Ironist and Moral Philosopher*, Cambridge University Press,1991.

18. Hans George Gadamer: *Dialogue and dialectic*, Yale University Press,1980.

19. Ignatius Brady: *A History of Ancient Philosophy*, Bruce Publishing Company, U.S.A,1959.

20. John Jay Chapman: *Plato and Greek Morals*, Houghton Mifflim, Boston, U.S.A, 1931.

21. Jonathan Barnes: *The Presocratic Philosophers*, Routledge & Kegan Paul,雙葉出版社，台北，1979.

22. K. Sri Dhammananda: *Buddhism in the Eyes of Intellectuals*, Buddhist Missionary Society, Malaysia, 1992, Jalan.

23. K. Sri Dhmmananda, Human Life and Problems, Buddhist Missionare Society, Malaysia, 1997.

24. K. Sri Dhmmananda: *Why Worry*, Singapore Buddhist Meditation Ceatre, Singapore, 1967.

25. Karl Popper: *The Open society and Its Enemies*, George Routledge and Sons, London, 1945.

26. Karl R. Popper: *Conjectures and Refutations*, 1968, Harper & Row, New York, U.S.A.

27. Kenneth M. Sayre: *Plato's Analytic Method*, Chicage University Press, U.S.A, 1969.

28. Leslie Stevenson: *The Study of Human Nature*, 1981, Oxford University Press.

29. Loeb Classical Library: *Plato (I)*, Republic (II), London Willian Heinemann Ltd, 1914 Ⅰ, 1971 Ⅵ.

30. Martin Hollis: *Models of Man -Philosophical Thoughts on Social Action*, Cambridge University, 1977.

31. Jerry S. Clegg: *The Structure of Plato's Philosophy*, Cranbruy, N.J. U.S.A, 1977.

32. Narada Maha Thera: *The Buddha and His Teachings*, Singapore Buddhist Meditation Centre, Singapore, 1973.

33. Naya Ka Thera Piyadassi: *The Buddhist Doctrine of Life After Death*, Vajirarama, Colombo 5, Sri Lanka, 1981 I, 1994 III.

34. Nicholas P. White: *Plato On Knowledge and Reality*, Hackett Publishing Company, Indianna, U.S.A, 1942.

35. Nora M. Spurgin: *Insight into the After Life*, 台北, 言鼎文化, 1995。

36. Peter D. Santina, Fundamentals of Buddhism: *Srilankaramaya Buddhist Temple*, Singapore, Vesak, 1984.

37. R. Hackforth: *Plato's Phaedo*, Cambridge University Press, England, 1952.

38. R. M. Mare: *Plato-Past Masters*, Oxford University Press, Great Britain, 1982.

39. R. M. S. Crossman: *Plato Today*, Oxford. University Press, N. Y. U.S.A, 1939.

40. R. W. Livingston: *Portrait of Socrates*, Oxford University Press, Great Britain, 1938.

41. Rex Warner: *The Greek Philosophers*, The New American Library, N.Y. U.S.A, 1958.

42. Richard Kraut Edited,: *The Combridge Companion to Plato*, Cambridge University Press, U.S.A, 1992.

43. Ronald B. Levinson: *In Defense of Plato*, Russell & Russell,

Harvard University, U.S.A,1953 I,1970 Ⅲ.

44. Simone Weil: *Intimations of Christianity Among the Ancient Greeks*, Routledge & Kegan Paul Lt.d., Great Britain, 1952.

45. W. H. Werkmeister Edited: *Facets of Plato's Philosophy*, Van Gorcum & Comp. B.V. Assen, The Netherland, 1976.

46. W.K.C. Guthrie: *Socrates*, Cambridge University Press, Great Britain, 1971.

47. Warner Fite: *The Platonic Legend*, Scribner, N.Y. U.S.A, 1934.

48. Wilhelm Windelband: *A History of Philosophy I*, Macmillan Company, N.Y. U.S.A, 1901.

49. Will Durant: *The Life of Greece Aegean Prelude & The Rise of Greece*.

50. Yen Yun, *The Spiritual Shangrila*,慈濟功德會，Taipei, 1996.

51. Zeller, E,: *Socrates and the Socratic Schools*, New York., 1962.

中文類：

1. 《論語》，〈先進第十一篇〉。

2. C. H. Pan 著，石印滇譯，《尼米與佛教哲學》，成文出版社，民國 66 年。

3. Carlos Castaneda 著，魯宓譯，《力量的傳奇》，台北，方智出版社，民國 85 年。

4. Carlos Castaneda 著，魯宓譯，《巫士的傳承》，台北，方智出版社，民國 86 年。

5. Carlos Castaneda 著，魯宓譯，《做夢的藝術》，台北，方智出版社，民國 84 年。

6. Frazer 著，汪培基譯，《金枝-巫術與宗教之研究》，台

北,久大桂冠出版,民 80 年。

7. Fulton J. Sheen,吳文宗譯,《宗教哲學》,台北,幼獅文化出版社,民國 63 年一版,75 年二版。

8. Heinrich Ott 著,《不可言說的言說》,林克、趙勇譯,北京,三聯書店出版,1994 年。

9. Hugh Tredennick:《The Last Days of Socrates》,雙葉出版社,台北,1954.

10. Jerome A. Shaffer 著,周勳男、高俊一譯,《心靈哲學》,台北,幼獅文化出版社,民國 64 年。

11. Joachim Wach 著,包可華譯,《比較宗教學》,台北,大乘文化出版社,民國 69 年。

12. Max Weber 著,劉援、王予文譯,《宗教社會學》,台北,桂冠出版社,民國 82 年。

13. Melvin Rader 著,傅佩榮譯,《宗教哲學初探》,台北,黎明文化事業出版社,民國 73 年。

14. Norman L. Geisler 著,吳宗文譯,《宗教哲學》,香港,種籽出版社,1982 年。

15. Peter Brooke Smith 著,秦英等譯,《不可思議》,台北,書泉出版社,民國 80 年。

16. 三浦聖龍裕雅著,《探訪四度空間》,台北,慧眾文化出版社,民國 82 年。

17. 山崎章郎著,林眞美譯,《且讓生死兩相安》。

18. 丹波哲郎著,《靈界之旅》,台北,慧眾文化出版社,民國 81 年。

19. 方東美著,《中國人生哲學》,台北,黎明文化,民國 71 年。

20. 方蕙玲譯,肯內斯克拉瑪著《宗教的死亡藝術》,台北,東大圖書公司,民國 86 年。

21. 方蕙玲譯,霍華德墨菲特著,《超越死亡》,台北,東大圖書公司,民國 86 年。

22. 日‧波多野精一著，吳振坤譯，《宗教哲學》，台南神學院出版，1968。

23. 王鵬、陳祚敏譯，《希臘的誕生》，台北，時報文化，83年。

24. 王靈康譯，卡爾貝克著，《超自然經驗與靈魂不滅》，台北，東大圖書公司，民國86年。

25. 世友造，玄奘譯，《異部宗輪論》，《大正藏》第49冊。

26. 世親造，玄奘譯，《攝大乘論釋》，《大正藏》第31冊。

27. 世親造，玄奘譯，《辯中邊論》，《大正藏》第31冊。

28. 北魏‧菩提流支譯，十卷《楞伽經》，《大正藏》第16冊。

29. 史垂特著，張汝釗譯，《佛教與耶教的比較》，台北，大乘文化出版社，民國69年。

30. 史泰斯著，《希臘哲學史》，1920年著。

31. 台灣開明書店編譯，《兩晉南北朝史》，民國58年。

32. 失譯，《三彌底部論》，《大正藏》第32冊。

33. 失譯，《那先比丘經》，《大正藏》第32冊。

34. 永六輔著，《大往生》，台北，方智出版社，民國84年。

35. 田士章、佘紀元撰，《柏拉圖‧亞里士多德》，台北，書泉，80年。

36. 印順撰，《印度佛教思想史》，台北正聞出版社，民國77年。

37. 朱光潛譯，《柏拉圖文藝對話集》，台北，蒲公英，72年。

38. 西哲編譯組，《古希臘羅馬哲學資料選輯》，新竹，仰哲出版社，70年。

39. 余英時著，《中國近世宗教倫理與商人精神》，台北，聯

經出版社，民國 76 年。

40. 吳汝鈞著，《佛教的概念與方法》，台灣商務印書館，民國 77 年。

41. 吳村山譯，石上玄一郎著，《輪迴與轉生》，台北，東大圖書公司，民國 86 年。

42. 吳康著，《西洋古代哲學史》，台北，商務，73 年。

43. 吳康著，《康德哲學》，台北，台灣商務印書館，民國 69 年二版。

44. 吳錦裳譯，《饗宴》，台北，協志工業叢書，53 年。

45. 呂大吉主編，《宗教學通論》，台北，博遠出版社，民國 82 年。

46. 呂武吉譯，《柏拉圖的哲學》，台北，商務印書館，75 年。

47. 呂健忠編譯，《蘇格拉底之死》，台北，書林，80 年。

48. 呂澂著，《中國佛學思想概論》，台北天華出版社，民國 71 年初，民國 75 年二版。

49. 呂澂著，《印度佛學思想概論》，台北天華出版社，民國 76 年二版。

50. 呂澂著，《呂澂文集》，台北・文殊出版社，民國 77 年。

51. 宋文堅著，《西方形式邏輯史》，北京，中國社會科學出版社，1991 年。

52. 宋・志磐撰，《佛祖統紀》，《大正藏》第 49 冊。

53. 宋・延壽集，《宗鏡錄》，《大正藏》第 48 冊。

54. 宋贊寧等撰，《宋高僧傳》，《大正藏》第 50 冊。

55. 李永平譯，James Redfield 著，《靈界大覺悟》，台北，遠流出版社，1997 年。

56. 李費甘譯，彼德克魯泡特會著，《人生哲學起源及發展》，初版 1922 年，台北，帕米爾書店印，民國 62 年。

57. 李震著，《希臘哲學史》，台北，三民，61 年。

58. 李澤厚著，《康德評述》，台北，谷風出版社，民國 76 年。

59. 沈清松譯，Etienne Gilson 著，《中世紀哲學精神》，台北，國立編譯館印行，民國 76 年。

60. 沈劍英著，《佛邏輯》，台北商鼎出版社，1994 年。

61. 汪少倫著，《多重宇宙與人生》，台北，台灣中華書局，民國 59 年。

62. 卓新平著，《西方宗教學研究導引》，北京，中國社會科學出版社，1990 年。

63. 周國平譯，尼采著，《希臘悲劇時代的哲學》，台北，商務，83 年。

64. 周勳男譯，Jerome A. Shaffer 著，《心靈哲學》，台北，幼獅文化，1968 年。

65. 孟祥森譯，Erich Fromm 著，《生命的展現》，台北，遠流出版社，民國 78 年。

66. 明·一如法師編，《三藏法數》，華藏講堂印，1986 年，台北。

67. 明忠譯，《印度現代哲學》，北京商務印書館，1985 年。

68. 東晉·瞿曇僧伽提婆譯，《增一阿含經》，《大正藏》第 2 冊。

69. 林佳蓉譯，Melvin Morse 著，《死亡》，台北，方智出版社，民國 85 年。

70. 法舫著，《唯識史觀及其哲學》，台北天華出版社，民國 67 年。

71. 法救撰，吳維祇難等譯，《法句經》二卷，《大正藏》第四冊。

72. 長安譯，Helen Wambach 著，《前世》，台北，方智出版社，民國 84 年。

73. 長安譯，Raymond A. Moody 著，《來生》，台北，方智

出版社，民國 80 年。

74. 南懷瑾、徐芹庭註釋，《周易今註今譯》，台北，商務，民國 63 年初版，民國 70 年六版。

75. 姚秦・鳩摩羅什譯，訶梨跋摩造，《成實論》，《大正藏》第 32 冊。

76. 姚秦・鳩摩羅什譯，龍樹造，青目釋，《中論》，《大正藏》第 30 冊。

77. 威爾杜蘭著，幼獅文化譯：《希臘的興起》、《希臘的黃金時代》、《希臘的衰落》，台北，幼獅，61 年初版，84 年九印。

78. 後秦・佛陀耶舍共竺佛念譯，《長阿含經》，《大正藏》第 1 冊。

79. 柯清心譯，Ganga Stone 著，《與死亡對談》，台北，遠流出版社，民國 86 年。

80. 段德智著，《死亡哲學》，台北，洪葉出版社，1994 年。

81. 苗力田主編，《古希臘哲學》，台北，七略，84 年。

82. 英國渥德爾著，王世安譯，《印度佛教史》，河北商務印書館，1987 年。

83. 韋伯著，康樂、簡慧美譯，《宗教與世界》，台北，遠流出版社，民國 78 年。

84. 候健譯，《柏拉圖理想國》，台北，聯經，69 年。

85. 唐・不空譯，《大乘密嚴經》，《大正藏》第 16 冊。

86. 唐・玄奘譯，《解深密經》，《大正藏》第 16 冊。

87. 唐・玄奘譯，五百阿羅漢造，《大毘婆娑論》，《大正藏》第 27 冊。

88. 唐・地婆訶羅譯，《大乘密嚴經》，《大正藏》第 16 冊。

89. 唐・李師政撰，《法門名義集》，《大正藏》第 54 冊。

90. 唐・實叉難陀譯，七卷《大乘入楞伽經》，《大正藏》第

16 冊。

91. 唐・窺基，《成唯識論掌中樞要，《大正藏》第 43 冊。

92. 唐・窺基撰，《成唯識論述記》，《大正藏》第 43 冊。

93. 孫振青著，《康德的批判哲學》，台北，黎明文化，民國 76 年三版。

94. 宮城音彌著，李永熾譯，《人性的心理分析》，台北，水牛出版社，民國 57 年初版，79 年三版。

95. 馬玉珂主編，《西方邏輯史》，北京，中國人民大學出版，1985 年。

96. 馬昌儀著，《中國靈魂信仰》，台北，漢忠文化出版，1996 年。

97. 商戈令譯，John Bowker 著，《死亡的意義》，台北，正中書局，民國 83 年。

98. 張三夕著，《死亡之思》，台北，洪葉文化出版社，1996 年。

99. 張君勱譯，《柏拉圖對話集六種》，台北，先知出版社，21 年。

100.張身華譯，Irving M. Copi 著，《邏輯概論》，台北，幼獅出版社，1968 年三版。

101.張智光著，《生死輪迴》，台北，新視野出版，1996 年。

102.梁・沈約撰，《宋書》，洪氏出版社，民國 64 年，台北。

103.梁・眞諦譯，《決定藏論》，《大正藏》第 30 冊。

104.梁・慧皎撰，《高僧傳》，《大正藏》第 50 冊。

105.許爾慳譯，《蘇格拉底傳》，台北，志文出版社，67 年。

106.陳郁夫著，《人類的終極關懷》，台北，幼獅出版社，民國 83 年。

107.陳・眞諦譯，《佛說解節經》，《大正藏》第 16 冊。

108.陳・眞諦譯，《婆藪槃豆法師傳》，《大正藏》第 50
　　冊。

109.陳・眞諦譯，《轉識論》，《大正藏》第 31 冊。

110.陳・眞諦譯，《攝大乘論釋》，《大正藏》第 31 冊。

111.陳康著，《論希臘哲學》，北京，商務，1990 年。

112.陳榮富著，《比較宗教學》，北京，世界知識出版社，
　　1993 年。

113.麥欣譯，Leo F. Buscaglia，《追求完美的人生》，台北，
　　桂冠出版，民國 81 年。

114.傅佩榮譯，《西洋哲學史（一）希臘與羅馬》，台北，黎
　　明，75 年。

115.傅佩榮譯，White Head 著，《科學與現代世界》，台北，
　　黎明文化，民國 76 年。

116.傅偉勳著，《西方哲學到禪佛教》，台北，東大出版社，
　　民國 80 年二版。

117.彭基相譯，《希臘的生活觀》，台灣，商務印書館，55
　　年。

118.曾仰如著，《宗教哲學》，台北，台灣商務印書館，1986
　　年。

119.曾仰如著，《柏拉圖的哲學》，台灣，商務，61 年一
　　版，84 年二版。

120.湯用彤著，《漢魏兩晉南北朝佛教史》，駱駝出版社，民
　　國 76 年，台北。

121.無性造，玄奘譯，《攝大乘論釋》，《大正藏》第 31
　　冊。

122.無著造，玄奘譯，《攝大乘論》，《大正藏》第 31 冊。

123.無著造，玄奘譯，《顯揚勝教論》，《大正藏》第 31
　　冊。

124.無著造，眞諦譯，《攝大乘論》，《大正藏》第 31 冊。

125.程石泉著，《柏拉圖三論》，台北，東大，81 年。

126.黃天中等著,《生涯與生活-死亡教育》,台北,桂冠,民國 80 年。

127.黃藿譯,Risieri Frondizi 著,《價值是什麼?》,台北,聯經出版社,民國 73 年。

128.慈航著,《成唯識論講話》,台北汐止慈航堂,民國 70 年。

129.楊中芳、高尚仁合編,《中國人中國心》,台北,遠流,民國 80 年。

130.僧祐著,《弘明集》,《大正藏》第 52 冊。

131.演培著,《唯識法相及其思想演變》,台中慧日講堂印,民國 61 年。

132.趙世淋、李秀娟合著,《精神分裂照護》,匯華圖書,1991 年。

133.劉宋‧求那跋陀羅譯,四卷《楞伽經》,《大正藏》第 16 冊。

134.劉震鐘、鄧博仁譯,《死亡心理學》,台北,五南出版社,民國 85 年。

135.蔡坤鴻譯,《蘇格拉底》,台北,聯經,79 年。

136.諸橋轍次著,《中國人的智慧》,台北,喜美出版社,1965 年。

137.鄭君著,《康德學述》,台北,先知出版社,民國 63 年版。

138.錢穆著,《靈魂與心》,台北,聯經出版社,民國 65 年。

139.霍韜晦著,《絕對與圓融》,台北東大出版社,民國 78 年二版。

140.彌勒說,玄奘譯,《瑜伽師地論》,《大正藏》第 30 冊。

141.薛保綸著,《心靈哲學》,民國 72 年。

142.酈健行譯,克舍挪方著,《蘇格拉底追思錄》,新竹,仰

哲，76 年。

143.羅伯特・茱希曼著，《愛因斯坦論時間》，台北，漢光文
化，民國 78 年。

144.羅若蘋譯，Danniom Brinkley 著，《死亡奇蹟預言》，台
北，方智出版社，1996 年。

145.羅時憲撰，《唯識方隅》，香港佛法相學會，1993 年。

146.護法等造，玄奘譯，《成唯識論》，《大正藏》第 31
冊。